Kai Ambos

Apartheid in Palästina?

Eine historische und völkerrechtliche Untersuchung

WESTEND academics

Mehr über unsere Autoren und Bücher:
www.westendacademics.com

Die Deutsche Nationalbibliothek verzeichnet diese Publikation in der Deutschen Nationalbibliografie; detaillierte bibliografische Daten sind im Internet über http://dnb.d-nb.de abrufbar.

FSC
www.fsc.org
MIX
Papier | Fördert gute Waldnutzung
FSC® C014889

ISBN: 978-3-949925-24-5

Lektorat: Emil Fadel
Umschlaggestaltung: Buchgut, Berlin
Satz: Publikations Atelier, Weiterstadt
Druck und Bindung: Friedrich Pustet GmbH & Co. KG, Regensburg
Printed in Germany

Für Vânia,

deren Geist auch in dieses Projekt Eingang gefunden hat

Inhalt

Vorwort

Die folgende Untersuchung geht auf meine langjährige Beschäftigung mit dem israelisch-palästinensischen Konflikt zurück, die bis in das Jahr 2011 zurückreicht, als ich mehrere Monate im Rahmen einer Forschungsgruppe Gastwissenschaftler am *Institute for Advanced Studies* der Hebräischen Universität Jerusalem war. Ich habe mich seitdem immer wieder mit dem Thema befasst, sei es als Experte im Rahmen der Vereinten Nationen oder im Zusammenhang mit den seit 2015 laufenden Ermittlungen der Anklagebehörde des Internationalen Strafgerichtshofs (auf die wir unten zurückkommen werden). Zuletzt habe ich an einigen Aktivitäten, u. a. der Stiftung Wissenschaft und Politik und der Heinrich-Böll-Stiftung, zum Apartheidvorwurf gegen Israel teilgenommen. Die Polemik um diesen durch die Berichte der Menschenrechtsorganisationen Amnesty International und Human Rights Watch wieder neu aufgekommenen Vorwurf hat mich dazu veranlasst, der Sache aus historischer und völker(straf)rechtlicher Sicht mit Blick auf die besetzten palästinensischen Gebiete (insbesondere das Westjordanland) näher auf den Grund zu gehen.

Der durch die schrecklichen Angriffe der Hamas auf Israel vom 7. Oktober 2023 ausgelöste Gaza-Krieg und die seitdem wieder verstärkt stattfindende Diskussion über die

Lösung des Israel/Palästina-Problems haben der Untersuchung überraschend eine traurige Aktualität verliehen. Gerade in solchen Zeiten höchster persönlicher und emotionaler Betroffenheit ist vor allem Empathie mit den Opfern notwendig, doch zugleich zeigt sich die Wichtigkeit objektiver wissenschaftlicher Untersuchungen. Solche Untersuchungen und die damit verbundene völkerrechtlich begründete Israelkritik (»menschenrechtliche Israelkritik«) tragen zur Stärkung Israels als demokratischem und liberalem Rechtsstaat bei, Antisemitismusvorwürfe (»israelbezogener Antisemitismus«) sind insoweit abwegig. Wir werden darauf in den Vorbemerkungen und im zweiten Teil (Kapitel III.3.) zurückkommen. Insoweit kommt auch dem (Völker-)Recht ein Konfliktlösungspotential zu. Entgegen der weitverbreiteten Skepsis gegenüber dessen Leistungsfähigkeit spricht die zunehmende Inanspruchnahme gerichtlicher bzw. quasigerichtlicher Streitbeilegungsmechanismen, auch und gerade auf internationaler Ebene, immerhin dafür, dass Staaten und Einzelpersonen diesen Mechanismen einiges zutrauen. Der altehrwürdige Internationale Gerichtshof hat heute so viele anhängige Rechtsstreitigkeiten wie noch nie in seiner Geschichte. Das von Südafrika angestrengte Genozidverfahren gegen Israel (ICJ 2024a) und das Gutachtenverfahren zur israelischen Politik in den besetzten Gebieten (ICJ 2024c) fügen sich in diese Reihe ein. Zu ersterem habe ich andernorts Stellung bezogen (Ambos, 2024), auf die jüngsten Anhörungen (19.2.–26.2.2024) in letzterem wird in einigen Endnoten Bezug genommen.

Ich danke meinen israelischen Kollegen Tamar Hostovsky Brandes, Yael Ronen und Yuval Shany sowie Alexander Heinze, Miles Jackson und Victor Kattan für wichtige Kommentare, insbesondere zum dritten Teil der Untersuchung. Stefanie Schüler-Springorum und Lothar Zechlin danke ich für Kommentare zum Antisemitismus-Abschnitt. Meron Mendel hatte immer ein offenes Ohr für meine Fragen und Zweifel. Meinem studentischen Mitarbeiter Jonathan Stelter danke ich für unentbehrliche Unterstützung bei der Erstellung des zweiten Teils sowie bei der Formatierung des gesamten Texts. Ferner danke ich meinen ehemaligen studentischen Mitarbeiterinnen Marlene Nebel (für wichtige Unterstützung bei Recherche und Erstellung des Texts) sowie Paula Schaaf (für Unterstützung bei Erstellung der Verzeichnisse). Übersetzungen stammen, wenn nicht anders vermerkt, vom Autor. Alle Hyperlinks wurden zuletzt Anfang Februar 2024 abgerufen.

Kai Ambos, 10.März 2024

Gang der Untersuchung und notwendige Vorbemerkungen

Die Untersuchung besteht aus drei Teilen. Im *ersten Teil* geht es um den Begriff der Apartheid in seiner rechtlichen Dimension. Der Rechtsbegriff der Apartheid ist von der inflationären Verwendung als populistisches Schlagwort abzugrenzen. Apartheid im rechtlichen Sinne steht für völkerrechtliches Unrecht und ein völkerrechtliches Verbrechen. Apartheid als internationales Verbrechen lässt sich als solches eigenständig rechtfertigen. Apartheid ist nicht sachlich und territorial beschränkt.

Der *zweite Teil* handelt von Geschichte und Praxis der Apartheid. Im Mittelpunkt steht das südafrikanische Apartheidregime. Es hat Präzedenzcharakter, doch kann es von Südafrika emanzipierte Apartheidsysteme geben. Das folgt schon aus den Darlegungen zum völkerrechtlichen Apartheidbegriff im ersten Teil. Als wichtigstes – und zugleich umstrittenstes – Beispiel eines solchen post-südafrikanischen Apartheidsystems wird immer wieder das von Israel in den besetzten Gebieten Palästinas (insbesondere dem Westjordanland) errichtete Besatzungs- und Herrschaftssystem genannt.

Ob es sich bei dem israelischen Besatzungsregime tatsächlich – im völker(straf)rechtlichen Sinne – um ein Apartheidsystem handelt, wird im *dritten Teil* eingehend untersucht. Hier kann dem Leser/der Leserin eine reichlich technische

Detailanalyse der Tatbestandsmerkmale des heute geltenden Apartheidverbrechens nicht erspart werden, denn nur auf dieser Grundlage ist eine saubere Anwendung (rechtlich: »Subsumtion«) auf die Situation in den besetzten palästinensischen Gebieten (Occupied Palestinian Territory, OPT)[1] möglich. Die Ausgangsfrage der Untersuchung (Apartheid in Palästina?) wird sodann in einem Schlussabschnitt zusammenfassend zu beantworten versucht.

Die Untersuchung ist in zweifacher Hinsicht begrenzt. In *rechtlicher* Hinsicht konzentriert sie sich auf das *Verbrechen* der Apartheid und bezieht sich auf das völkerrechtliche *Verbot* nur insoweit, als es dem Verbrechenstatbestand zugrunde liegt. Damit wird zugleich der weitverbreitete populistische Gebrauch des Apartheidbegriffs (dazu sogleich im ersten Teil, Kapitel I) aus der Betrachtung ausgeschieden.

In *tatsächlicher* Hinsicht beschränkt sich die Untersuchung auf die besetzten palästinensischen Gebiete,[2] konkret das Westjordanland und Ost-Jerusalem, allerdings ohne den Gazastreifen und den Golan.[3] Der Status Gazas ist umstritten, doch gehe ich davon aus, dass die israelische Besatzung mit dem militärischen Rückzug im Jahr 2005 jedenfalls formell beendet wurde.[4] Dafür spricht auch der Angriff der Hamas auf Israel am 7. Oktober 2023, denn ein solcher Angriff hätte weder vorbereitet ausgeführt werden können, wenn Israel tatsächlich noch effektive Kontrolle über den Gazastreifen gehabt hätte. Realistischer ist es insoweit – jedenfalls bis zur militärischen Gegenoffensive und der Wiederbesetzung Israels nach dem 7. Oktober 2023 – von einer De-facto-Kontrolle der Hamas auszugehen.

Ich halte an der Beschränkung auf die besetzten Gebiete fest, obwohl man mit guten Gründen argumentieren kann, dass eine »schleichende Annexion« (»creeping annexation«) dieser Gebiete stattfindet, die sich u. a. in der kontinuierlichen Ausweitung des israelischen Rechts und der Hoheitsgewalt ziviler Behörden zeigt (wie von zahlreichen Staaten gerade vor dem IGH [ICJ 2024c] getan).[5] Deshalb kann man von einer Ausdehnung israelischer Souveränität in diese Gebiete hinein sprechen, woraus weiter folgt, dass zunehmend von einer einheitlichen israelischen Souveränitätsausübung in einer Art »Großisrael« (*Eretz Yisrael*) auszugehen ist[6] – einem Ziel übrigens, das gerade von der gegenwärtigen[7] rechtsnationalistischen Regierung aggressiv vorangetrieben wird.[8]

Schon am Ende dieser Vorbemerkungen sollte klar geworden sein, dass der Apartheidvorwurf – so empörend er aus Sicht der israelischen Regierung auch erscheinen mag – nicht mit dem Gegenvorwurf des Antisemitismus (»israelbezogener Antisemitismus«) entkräftet werden kann (sofern man Antisemitismus nicht als populistisch verformten Kampfbegriff verwendet).[9] Denn hier steht nicht das Existenzrecht des Staates Israel in Frage und schon gar nicht geht es um Kritik an Juden *als* Juden; vielmehr geht es um völkerrechtlich begründete und damit legitime Kritik an der Politik des Staates Israel (»menschenrechtliche Israelkritik«, Näheres dazu im zweiten Teil, Kapitel III.3). Eine solche Kritik ist nicht nur *nicht*-antisemitisch, sie ist vielmehr *pro*-israelisch, denn sie trägt zur Erhaltung des Staates Israel verstanden als demokratisch-liberaler Rechtsstaat *und* Heimstätte der Juden bei. Für die Erhaltung eines solchen israelischen Staates ist die Lösung der Palästinafrage in Übereinstimmung mit dem Völkerrecht nachgerade existenziell. Das wird gerade von jüdischen Wissenschaftlern und Intellektuellen anerkannt.[10]

Insoweit kann konstruktive Israelkritik – als Kritik an der israelischen Besatzungspolitik – auch für sich in Anspruch nehmen, bei den liberalen, pluralistischen und auf Versöhnung bedachten Teilen der israelischen Gesellschaft sowie bei großen Teilen der jüdischen Diaspora anschlussfähig zu sein.

Erster Teil: Apartheid als Rechtsbegriff

I. Begriffliches: Etymologie, populistische Verformung, Rechtsbegriff

»Apartheid« meint den Zustand der Trennung oder Absonderung. Das folgt – *etymologisch* – aus der Kombination von »Apart« – »getrennt« oder »abgesondert« – und dem Suffix »-heid« (dt. »-heit«), was zur Bildung von Substantiven genutzt wird und oft einen Zustand, eine Eigenschaft oder eine Qualität beschreibt.

Der Begriff stammt aus dem Afrikaans (das sich aus dem Niederländischen entwickelt hat). Bereits die Bestimmung des genauen Entstehungszeitpunkts bereitet Schwierigkeiten. Hexham verweist auf die Verwendung durch einen Lehrer im Jahr 1914.[1] Giliomee und Pienaar meinen, dass ein gewisser Reverend J.C. du Plessis das Wort 1929 als Erstes im später gewöhnlichen Gebrauch verwendet hätte.[2] Nach Clark/Worger wurde »Apartheid« Mitte der 1930er Jahre zunächst gebraucht, um die eigenständige Bedeutung der kulturellen Identität der Buren[3] – in Abgrenzung zu der der englischsprachigen Europäer in Südafrika – zu betonen.[4]

Während des Ersten Weltkriegs trat ein Begriffswandel ein. Buren-Politiker begannen eine Kampagne gegen die schwarze Bevölkerung, um insbesondere die Stimmen der Afrikaans sprechenden weißen Arbeiter in den Städten zu erhalten. Diese fühlten sich einerseits von den britischen Kapitalisten ausgebeutet und andererseits fürchteten sie die billigeren schwarzen Arbeitskräfte als Konkurrenz auf dem Arbeitsmarkt.[5] Giliomee verweist auf die erstmalige Verwendung des Begriffs durch die einflussreiche Zeitung *Die Burger* im Jahr 1943.[6] Im Parlament wurde »Apartheid« nach einhelliger Auffassung erstmals 1944 verwendet – vom damaligen Oppositionsführer und späteren Premierminister Daniel F. Malan.[7] In den 1940er Jahren wurde der Begriff über die Grenzen Südafrikas hinaus bekannt und beschrieb das System der rassistischen Diskriminierung und räumlichen Trennung in Südafrika zwischen 1948 und 1994.[8] Insbesondere seit dem Ende des Apartheidregimes in Südafrika wurde auch der Bedeutungsgehalt des Begriffs erweitert. Heute wird er als Synonym verwendet für jede Politik der Rassentrennung und Diskriminierung, die von einer Regierung gegen einen Teil der eigenen Bevölkerung angewandt wird.[9]

»Apartheid« als *Rechtsbegriff* geht auf den südafrikanischen Präzedenzfall – den wir im zweiten Teil dieser Untersuchung genauer betrachten werden – zurück und findet sich in zwei völkerrechtlichen Abkommen. Das Internationale Übereinkommen der Vereinten Nationen zur Beseitigung jeder Form von Rassendiskriminierung von 1965[10] nimmt in der Präambel Bezug auf die Apartheid, ohne diese jedoch zu definieren.[11] Artikel 3 lautet dann expliziter:

> »Die Vertragsstaaten verurteilen insbesondere die Segregation und die *Apartheid* und verpflichten sich, alle derartigen Praktiken in ihren Hoheitsgebieten zu verhindern, zu verbieten und auszumerzen.«[12]

Die im Jahre 1973 verabschiedete Apartheid-Konvention (ApKonv)[13] erkennt die Apartheid als Verbrechen gegen die Menschlichkeit an und definiert sie in Artikel II als

> »die [...] unmenschlichen Handlungen, die zu dem Zweck begangen werden, die Herrschaft einer rassischen Gruppe über eine andere rassische Gruppe zu errichten und aufrechtzuerhalten und diese systematisch zu unterdrücken«.[14]

Wir werden auf diese grundlegende Konvention sogleich im nächsten Abschnitt zurückkommen. Als weitere wichtige völkerrechtliche Quelle ist hier schließlich noch das 1998 verabschiedete Römische Statut des Internationalen Strafgerichtshofs (IStGH-Statut)[15] zu nennen. Nach dessen Art. 7 Abs. 2 lit. h gilt Apartheid als Verbrechen gegen die Menschlichkeit und wird definiert als

> »unmenschliche Handlungen ähnlicher Art wie die in Absatz 1 genannten, die von einer rassischen Gruppe im Zusammenhang mit einem institutionalisierten Regime der systematischen Unterdrückung und Beherrschung einer oder mehrerer anderer rassischer Gruppen in der Absicht begangen werden, dieses Regime aufrechtzuerhalten«.[16]

Diese Definition wird uns im Folgenden häufiger begegnen und auch die Grundlage unserer Detailanalyse im dritten Teil dieser Untersuchung bilden. Jedenfalls dürfte damit schon jetzt klar geworden sein, dass das geltende Völkerrecht durchaus einen mehr oder weniger präzise definierten Rechtsbegriff der »Apartheid« kennt.

Gleichwohl wird der Begriff in bestimmten politischen Zusammenhängen häufig diffus oder sogar *populistisch verformt* verwendet. Aktuelle Beispiele sind insoweit der Vorwurf der »Impfapartheid«[17] im Zusammenhang mit der Covid 19-Pandemie, die Verwendung mit Blick auf das Kastensystem in Indien[18] und als »Genderapartheid«[19]. Letztere verdient eine genauere Betrachtung. Sie wird insbesondere als Vorwurf gegenüber den Taliban in Afghanistan erhoben.[20] »Genderapartheid« meint dabei die ökonomische und soziale Diskriminierung gegenüber Individuen aufgrund ihres Geschlechts oder ihrer sexuellen Orientierung.[21] Der Begriff bezieht sich auf ein Regierungssystem, das eine systematische Trennung von Frauen und Männern vorschreibt und Frauen aus dem öffentlichen Raum verbannt.[22] Es gibt sogar Vorschläge, die Genderapartheid als völkerrechtliches Verbrechen zu formulieren.[23]

II. Völkerrechtliches Verbot und Verbrechen

Zunächst ist es wichtig, zwischen dem (völkerrechtlichen) *Verbot* und dem (völkerstrafrechtlichen) *Verbrechen* der Apartheid zu unterscheiden. Das Verbot geht auf Artikel 3 des gerade zitierten Rassendiskriminierungsabkommens von 1965 zurück. Demgegenüber wurde das Verbrechen der Apartheid, das Mitte der 1960er Jahre zunächst als Verbrechen gegen die Menschlichkeit klassifiziert wurde,[24] erst in Artikel II der ebenfalls oben zitierten Apartheidkonvention von 1973 definiert. Deshalb wird diese Konvention als »der ultimative Schritt in der Verurteilung der Apartheid« angesehen.[25]

Ein Verstoß gegen das Verbot begründet die Verantwortung des Verletzerstaats, die Begehung des Verbrechens begründet die individuelle strafrechtliche Verantwortung des Täters bzw. der Täter. Gemäß (des schon teilweise zitierten) Artikel II der Apartheidkonvention umfasst das Verbrechen »ähnliche Politiken und Praktiken der Rassentrennung und Diskriminierung, wie sie im südlichen Afrika praktiziert werden.« Es

> »gilt für [...] unmenschliche Handlungen, die zu dem Zweck begangen werden, die Vorherrschaft einer rassischen Personengruppe über eine andere rassische Personengruppe zu begründen und aufrechtzuerhalten und diese systematisch zu unterdrücken«.[26]

Als unmenschlichen Handlungen werden dann folgende aufgezählt:

> (a) Verweigerung des Rechts auf Leben und Freiheit der Person für ein Mitglied oder Mitglieder einer rassischen Gruppe oder Gruppen:
> (i) durch die Ermordung von Mitgliedern einer rassischen Gruppe oder Gruppen;
> (ii) indem sie den Mitgliedern einer oder mehrerer rassischer Gruppen schwere körperliche oder seelische Schäden zufügen, ihre Freiheit oder Würde verletzen oder sie der Folter oder einer grausamen, unmenschlichen oder erniedrigenden Behandlung oder Strafe unterwerfen;
> (iii) Durch willkürliche Verhaftung und rechtswidrige Inhaftierung von Mitgliedern einer oder mehrerer rassischer Gruppen;
> (b) Vorsätzliche Auferlegung von Lebensbedingungen für eine oder mehrere rassische Gruppen, die darauf abzielen, diese ganz oder teilweise zu zerstören;
> (c) Alle gesetzgeberischen und sonstigen Maßnahmen, die darauf abzielen, eine oder mehrere rassische Gruppen an der Teilnahme am politischen, sozialen, wirtschaftlichen und kulturellen Leben des Landes zu hindern, sowie die absichtliche Schaffung von Bedingungen, die die volle Entfaltung einer oder mehrerer solcher Gruppen verhindern, insbesondere durch die Verweigerung grund-

legender Menschenrechte und Freiheiten für Mitglieder einer oder mehrerer rassischer Gruppen, einschließlich des Rechts auf Arbeit, des Rechts, anerkannte Gewerkschaften zu gründen, des Rechts auf Bildung, des Rechts, ihr Land zu verlassen und dorthin zurückzukehren, des Rechts auf eine Staatsangehörigkeit, des Rechts auf Freizügigkeit und Aufenthaltsfreiheit, des Rechts auf Meinungsfreiheit und freie Meinungsäußerung sowie des Rechts auf friedliche Versammlung und Vereinigung;
(d) Alle Maßnahmen, einschließlich gesetzgeberischer Maßnahmen, die darauf abzielen, die Bevölkerung entlang der Rassengrenzen aufzuteilen, und zwar durch die Schaffung getrennter Reservate und Ghettos für die Mitglieder einer oder mehrerer Rassengruppen, das Verbot von Mischehen zwischen Angehörigen verschiedener Rassengruppen, die Enteignung von Grundbesitz, der einer oder mehreren Rassengruppen oder deren Mitgliedern gehört;
(e) Ausbeutung der Arbeitskraft von Angehörigen einer oder mehrerer rassischer Gruppen, insbesondere durch Zwangsarbeit;
(f) Verfolgung von Organisationen und Personen, indem ihnen die Grundrechte und -freiheiten entzogen werden, weil sie sich gegen die Apartheid stellen.«[27]

Während das Verbot der Apartheid als Völkergewohnheitsrecht,[28] ja sogar sogenanntes zwingendes Völkerrecht (*ius cogens*),[29] gilt[30] und damit praktisch unumstritten ist,[31] bleibt der gewohnheitsrechtliche Status des Verbrechens der Apartheid bis heute kontrovers.[32] Die Frage wird dadurch erschwert, dass die Entwicklung seit Verabschiedung der Apartheidkonvention keineswegs einheitlich und konsistent war. Einerseits bestätigt das schon genannte IStGH-Statut den strafrechtlichen Charakter des Verbots und stuft Apartheid als Verbrechen gegen die Menschlichkeit ein. Dies wurde vom im Juni 2014 angenommenen Malabo-Protokoll (zur Errichtung eines Afrikanischen Strafgerichtshofs)[33] und schließlich auch von der UN-Völkerrechtskommission übernommen.[34] Andererseits erstreckt sich jedoch die Zuständigkeit keines anderen internationalen Strafgerichts auf das Apartheidverbrechen.[35]

Was die UN-Praxis angeht, so ist diese zwar konstant und konsequent in der Anerkennung der Apartheid als völkerrechtliches Verbrechen[36] – beginnend mit einem Beschluss der UN-Generalversammlung im Jahre 1950[37] und endend mit einem des UN-Sicherheitsrats im Jahre 1984[38] – und auch im Rahmen des humanitären Völkerrechts wurde die Praxis 1977 als schwere Verletzung anerkannt.[39] Doch während die UN-Antirassismuskonvention Anfang Februar 2024 182 Vertragsstaaten zählte,[40] hat die Apartheidkonvention nur 109 Vertragsstaaten[41] (die größtenteils aus dem sogenannten Globalen Süden[42] kommen, wohingegen keiner der G7-Staaten vertreten ist).[43]

Auch die Aufnahme der Apartheid als Verbrechen gegen die Menschlichkeit in das IStGH-Statut war keineswegs unumstritten, sondern das Ergebnis eines langwierigen Verhandlungsprozesses, der entscheidend von Südafrika zum Erfolg geführt wurde.[44] Ebenso hat die innerstaatliche Umsetzung des Verbrechens erst mit der Verabschiedung des IStGH-Statuts effektiv begonnen und sie ist alles andere als einheitlich. Vor allem Rechtsordnungen, die dem kontinentaleuropäischen civil law-Rechtskreis zugerechnet werden (z. B. Deutschland, Frankreich, Italien und Spanien),[45] haben angesichts der mangelnden Präzision des Apartheidtatbestands[46] Umsetzungsprobleme mit Blick auf die Anforderungen des Gesetzlichkeitgrundsatzes,[47] insbesondere bezüglich des Bestimmtheitsgebots *(lex certa)* und des Analogieverbots (*lex stricta*). Der deutsche Gesetzgeber hat das Apartheidverbrechen deshalb nicht als eigenständigen Tatbestand innerstaatlich umgesetzt, sondern die Tatbegehung im Rahmen eines Apartheidregimes als straferschwerenden Umstand erfasst.[48]

Die mangelnde Präzision des Apartheidverbrechens ist wohl auch der Hauptgrund für die praktisch nicht vorhandene Gerichtspraxis.[49] Selbst im Südafrika nach der Apartheid wurde das Verbrechen jahrzehntelang nicht strafrechtlich verfolgt[50] und erst im Jahre 2021 wurden dort zwei Personen angeklagt.[51] Ob das Apartheidverbrechen Gegenstand der Palästina/Israel-Vorermittlungen der Anklagebehörde des IStGH ist, erscheint unklar;[52] immerhin wird es aber in der Staatenüberweisung[53] Südafrikas und anderer Staaten vom 17. November 2023 erwähnt.[54]

III. Rechtfertigung der Apartheid als eigenständiges völkerrechtliches Verbrechen?

Im Kern handelt es sich bei Apartheid um eine verschärfte (institutionalisierte) Form von Rassendiskriminierung.[55] Es stellt sich allerdings die Frage, ob wir dafür ein gesondertes Verbrechen brauchen, wird das betreffende (diskriminierende) Verhalten doch schon von anderen Verbrechen gegen die Menschlichkeit erfasst, nämlich insbesondere von der Verfolgung (»persecution«) aus diskriminierenden Gründen oder – subsidiär – von dem Auffangtatbestand der unmenschlichen Handlungen.[56] Hat also die Erfassung der Apartheid als eigenständiges Verbrechen überhaupt einen zusätzlichen Mehrwert und wenn ja, welchen?

Die Frage ist zu bejahen. Apartheid als eigenständiges Verbrechen stellt ein spezifisches Unrecht dar, das von den anderen genannten Verbrechen nicht erfasst wird, nämlich ein Unrecht, das »systemische und strukturelle Formen der Diskriminierung erfasst, die Gleichheit und Freiheit zerstören«[57], und zwar im Rahmen eines institutionalisierten Repressionsregimes.[58] An das zugrundeliegende Verbot der Apartheid knüpfen sich zudem zusätzliche Rechtsfolgen (Recht auf Gegenmaßnahmen anderer Staaten, Verbot der Unterstützung eines Apartheidstaates usw.) aus dem Recht der Staatenverantwortlichkeit.[59] Das spezifische und einzigartige Apartheidunrecht hat ferner eine symbolische[60] beziehungsweise expressive[61] Funktion, was sich schon aus den heftigen (israelisch-jüdischen) Reaktionen auf den Apartheidvorwurf ergibt.[62] Aus all dem folgt freilich zugleich, dass der Apartheidvorwurf nicht leichtfertig erhoben werden darf, sondern erst nach gründlicher und unvoreingenommener Prüfung und auch dann mit Bedacht geäußert werden sollte.

Aus der Perspektive einer rationalen Kriminalpolitik und Strafgesetzgebung ist überdies zu bedenken, dass die symbolische oder expressive Wirkung von Straftatbeständen keine hinreichende Rechtfertigung für ihre Existenz liefert. Sie sind vor allem daran zu messen, ob sie tatsächlich eine Abschreckungswirkung im Hinblick auf das erfasste Verhalten entfalten können. Dies hängt unter anderem davon ab, wie präzise dieses Verhalten umschrieben wird, denn nur seine möglichst genaue Be-/Umschreibung ermöglicht die praktische Handhabbarkeit und Anwendbarkeit von Straftatbeständen. So gesehen besteht der Hauptkritikpunkt an einem primär symbolischen Straftatbestand wie dem der Apartheid vor allem darin, dass er schon deshalb keine Abschreckungswirkung entfalten kann, weil er nicht präzise genug formuliert ist und deshalb in der Rechtspraxis auf erhebliche Anwendungsprobleme stößt. Mit anderen Worten: Diejenigen, die den Apartheidvorwurf gegen individuelle oder kollektive Akteure erheben, müssen sich selbstkritisch fragen, ob damit die Lage der betroffenen Opfer eines so bezeichneten (Apartheid-)Regimes – über ihre symbolisch-expressive Aufwertung hinaus – tatsächlich verbessert wird. Dies wird man verneinen müssen, wenn sich die materiellen Bedingungen vor Ort, maßgeblich geprägt etwa durch eine Besatzung mit der daraus resultierenden Gewalt und Diskriminierung, nicht ändern.[63]

IV. Sachlicher und geografischer Anwendungsbereich

Was den sachlichen Anwendungsbereich des Apartheidverbrechens betrifft, so ist anerkannt, dass es nicht auf die – unten näher betrachtete[64] – südafrikanische Apartheidpraxis beschränkt ist.[65] Dies ergibt sich bereits aus dem Wortlaut von Artikel II der Apartheidkonvention, in dem von »*ähnlichen* Politiken und Praktiken der Rassentrennung und Diskriminierung« die Rede ist;[66] es folgt auch aus der Entstehungsgeschichte (*travaux preparatoires*),[67] obgleich zuzugeben ist, dass die Apartheidkonvention ihren Ursprung und historischen Vorläufer im südafrikanischen Apartheidregime hatte.[68] Das IStGH-Statut mit seinem bereits erwähnten Artikel 7(2)(h) hat dann aber zu einer vollständigen Emanzipation des Apartheidverbrechens von dem südafrikanischen

Präzedenzfall geführt,[69] indem die oben zitierte allgemeine Definition eingeführt wurde. Aus diesen Gründen kann die südafrikanische Apartheiderfahrung zwar durchaus als nützlicher historischer Bezugspunkt zur Veranschaulichung bestimmter Apartheidpraktiken dienen, nicht aber als eine Art Standardmodell oder Schablone,[70] die das Verbrechen auf die südafrikanische Praxis beschränkt.[71]

In geografisch-räumlicher Hinsicht (*ratione loci*) ist die Anwendung des Apartheidverbrechens nicht auf das Staatsgebiet eines bestimmten Apartheidregimes beschränkt, sondern es kann auch außerhalb dieses Gebietes (extraterritorial) gelten, wenn dieses Regime außerhalb seines Staatsgebiets Hoheitsgewalt, etwa im Rahmen einer Besatzung, ausübt. Dies folgt zum einen aus Artikel 3 der UN-Antirassismuskonvention, denn dieser erstreckt das Apartheidverbot auf »Gebiete unter ihrer Hoheitsgewalt« (»territories under their jurisdiction«), womit auf die extraterritoriale Ausübung von Hoheitsgewalt durch die Vertragsstaaten (»ihrer«) abgestellt wird. Zum anderen folgt es aus dem Präzedenzfall Namibia. Bei diesem ging es um die Rechtmäßigkeit der südafrikanischen Besatzung des damaligen Südwestafrikas (heute Namibia) und der (extraterritorialen) Anwendung seiner Apartheidpolitik in diesem Gebiet. In seinem bahnbrechenden Namibia-Gutachten von 1971 stellte der Internationale Gerichtshof (IGH) insoweit fest, dass die »Apartheidpolitik, wie sie von Südafrika in Namibia angewandt wird«, eine »flagrante Verletzung der Ziele und Grundsätze der Charta« darstelle.[72] Damit hatte der Weltgerichtshof klargestellt, dass das Apartheidverbot auch einen Staat außerhalb seines Staatsgebiets bindet, also insoweit extraterritoriale Wirkung entfaltet.

V. Verhältnis zum Besatzungsrecht

Das Apartheidverbot/-verbrechen ist auch während einer Besatzung anwendbar, das heißt, das Besatzungsrecht, wie es insbesondere in der Haager Landkriegsordnung (HLKO) von 1907[73] und der Vierten Genfer Konvention von 1949 (GK IV)[74] geregelt ist, verdrängt das Verbot/Verbrechen nicht.[75] Vielmehr muss die »Wechselwirkung« zwischen Apartheidverbot und Besatzungsrecht »von Fall zu Fall in Bezug auf die spezifischen Voraussetzungen des Verbots bewertet werden«.[76] Im Falle eines Konflikts zwischen diesen beiden Rechtsregimen kann das Apartheidverbot aufgrund seines *ius-cogens*-Charakters nicht außer Kraft gesetzt werden;[77] und erst recht kann die Begehung eines Apartheidverbrechens nicht durch Besatzungsrecht gerechtfertigt werden. Zwar liegt es in der Natur einer militärischen Besatzung und des sie regelnden Besatzungsrechts, dass die einheimische Bevölkerung des besetzten Gebiets und die Staatsangehörigen der Besatzungsmacht (oder von Drittstaaten) unterschiedlich behandelt werden, doch darf diese Differenzierung nicht zu einer (systematischen) Diskriminierung jener führen; im Gegenteil, die einheimische Bevölkerung, die sich in den Händen der Besatzungsmacht befindet, zählt zu den geschützten Personen (»protected persons«) im Sinne von Artikel 4 GK IV[78] und hat insoweit einen privilegierten Status.

Damit soll nicht geleugnet werden, dass im Rahmen einer militärischen Besatzung das Risiko der Errichtung eines Apartheidregimes höher sein kann als bei einer rein innerstaatlichen Ausübung von Hoheitsgewalt. Denn eine Besatzung geht immer mit einer mehr oder weniger intensiven militärischen Kontrolle des Besatzers und der Ausübung von

Zwang gegenüber der lokalen Bevölkerung bei gleichzeitigem Schutz der eigenen Bevölkerung einher.[79] Diese Situation kann leicht in eine apartheidähnliche Diskriminierung der lokalen Bevölkerung umschlagen, zumal dann, wenn die Besatzungsmacht (wie Israel) kontinuierlich und systematisch eigene Bevölkerung (Siedler) in dem besetzten Gebiet ansiedelt. Während also eine Besatzung als solche die Geltung des Apartheidverbots/-verbrechens unberührt lässt und insoweit das Verhalten der Besatzungsmacht ebenso zu beurteilen ist wie das eines Staats innerhalb seines souveränen Territoriums, die Besatzungssituation also – ungeachtet ihrer (Un-) Rechtmäßigkeit[80] – keineswegs den Besatzer irgendwie privilegiert,[81] kann eine bestimmte Besatzungspolitik, etwa die kontinuierliche Ansiedlung von (fremder) Bevölkerung der Besatzungsmacht (etwa in Form einer proaktiven und aggressiven Ansiedlungspolitik), zu einer zunehmenden Spannung zwischen einheimischer und angesiedelter Bevölkerung führen. Dies bringt die militärischen Besatzer in die Situation einer permanenten Pflichtenkollision: Schutz der eigenen Bevölkerung versus (völkerrechtlich geforderter) Schutz der einheimischen (»eingeborenen«) Bevölkerung. Konkretisiert mit Blick auf die Lage in den von Israel besetzen palästinensischen Gebieten: eine permanent wachsende israelische Siedlerbevölkerung, die von »ihren« Besatzersoldaten Schutz fordert und zugleich die Risiken für die einheimische palästinensische Bevölkerung im doppelten Sinne – als Opfer von Angriffen der Siedler und Zwangsmaßnahmen der militärischen Besatzer – erhöht, und zwar proportional zu ihrem Wachstum und ihrer räumlichen Ausbreitung, obwohl doch eigentlich diese einheimische Bevölkerung der primäre (völkerrechtliche) Adressat der Schutzpflicht der Besatzungsmacht ist.[82]

VI. Wichtige Nuancen: UN-Antirassismuskonvention, Apartheidkonvention und IStGH-Statut

Die Klärung des Verhältnisses zwischen der UN-Antirassismuskonvention, der Apartheidkonvention und dem IStGH-Statut ist eine weitere wichtige Vorfrage im Hinblick auf die Detailanalyse der tatbestandlichen Voraussetzungen des Apartheidverbrechens, die im dritten Teil dieser Untersuchung erfolgen wird.

Während das Apartheid-Konzept der UN-Antirassismuskonvention in die Apartheidkonvention einfließt, insbesondere im Hinblick auf die Definition der Rassendiskriminierung in Artikel 1(1) der UN-Antirassismuskonvention, ist die IStGH-Definition insofern autonom, als dass sie die vorangehende vertragsrechtliche Definition bzw. die gewohnheitsrechtliche Ausformung des Verbots nicht berührt.[83] Dies ergibt sich schon aus dem allgemeinen Grundsatz, dass das IStGH-Statut außerhalb von ihm existierende völkerrechtliche Strafbarkeiten unberührt lässt,[84] ja unberührt lassen muss, denn als völkerrechtlicher Vertrag zur Etablierung eines internationalen Strafgerichtshofs ist das Statut gleichsam ein in sich geschlossenes Regelungswerk, das zwar auf das allgemeine Völker(straf)recht zurückgreifen kann (und dies auch tut),[85] aber dieses nicht ändern kann. Damit soll nicht geleugnet werden, dass die Verhandlungsführer des IStGH sich an einschlägigen Rechtsinstrumenten und Präzedenzfällen, so etwa der Apartheidkonvention, orientiert haben.[86] Für Verfahren vor dem IStGH muss aber die Definition von Art. 7 Abs.2 lit. h des

IStGH-Statuts in ihrer nun geltenden Fassung zugrunde gelegt werden.

Daneben ist es wichtig, zwischen den – oben wiedergegebenen – Definitionen der Apartheidkonvention (Art. II) und des IStGH-Statuts (Art. 7 Abs.2 lit. h) zu unterscheiden. Erstere hat eine eindeutig subjektive Tendenz, denn die relevanten Handlungen müssen – als Teil »ähnlicher Politiken und Praktiken der Rassentrennung und Diskriminierung, wie sie im südlichen Afrika praktiziert werden« – zu dem Zweck (»purpose«)[87] begangen werden, »die Vorherrschaft einer rassischen Gruppe [...] über eine andere zu errichten und aufrechtzuerhalten und sie systematisch zu unterdrücken«.[88] Demgegenüber verlangt die IStGH-Definition objektiv, als spezifisches Kontextelement, ein »institutionalisiertes Regime der systematischen Unterdrückung und Vorherrschaft einer rassischen Gruppe über eine andere« und dann subjektiv eine »Absicht [intention], dieses Regime aufrechtzuerhalten«.[89] Infolgedessen sind nach Artikel II der Apartheidkonvention zwei Voraussetzungen (Handlungen als Teil einer Politik und spezifischer Zweck) nachzuweisen, nach Artikel 7 des IStGH-Statuts aber drei (Handlungen, institutionalisiertes Regime und Absicht).[90]

Dies ist zugegebenermaßen eine feine Unterscheidung – was erklären mag, warum sie in den einschlägigen Stellungnahmen zu Israel/Palästina oft übersehen bzw. vernachlässigt wird.[91] Jedenfalls setzt eine genaue Prüfung eines Apartheidverbrechens voraus, dass man zunächst die Unterschiedlichkeit in den existierten Definitionen sauber herausarbeitet, insbesondere mit Blick auf den unterschiedlichen Grad der Subjektivierung (der, wie wir gerade gesehen haben, bei der Apartheidkonvention stärker ausgeprägt ist als beim IStGH-Statut).[92] Zwar muss ein spezifisches Absichtserfordernis immer aus den objektiven Umständen des betreffenden Verhaltens abgeleitet werden und diese Umstände können das spezifische Kontextelement (die Gesamttat) implizieren,[93] doch bleibt die Unterschiedlichkeit der Voraussetzungen wichtig, um den mutmaßlichen Tätern einen bestimmten Sachverhalt korrekt und präzise zuordnen zu können.

VII. Gerichtsbarkeit, Rechtsschutz

Völker(straf)rechtliche Verträge enthalten in der Regel sogenannte Streitbeilegungsklauseln, die die Zuständigkeit eines Gerichts (in der Regel des IGH) im Falle von Streitigkeiten zwischen den Vertragsparteien bezüglich der Auslegung oder Anwendbarkeit des betreffenden Vertrags begründen. So werden die derzeit vor dem IGH laufenden Genozidverfahren – Gambia/Myanmar, Ukraine/Russland, Südafrika/Israel[94] – alle auf die Streitbeilegungsklausel der Genozidkonvention von 1948 gestützt.[95] In diesem Sinne sieht auch Artikel XII der Apartheidkonvention die Zuständigkeit des IGH im Falle von Streitigkeiten der Vertragsparteien über die Auslegung, Anwendung oder Umsetzung der Konvention vor.[96]

Ferner kann der IGH vom UN-Sicherheitsrat oder von der UN-Generalversammlung um ein Rechtsgutachten (»advisory opinion«) ersucht werden.[97] So hat in unserem Zusammenhang die UN-Generalversammlung den IGH im Dezember 2022 um ein solches Gutachten zu den Rechtsfolgen der andauernden israelischen Besatzung, der Siedlungspolitik und der Annexion von palästinensischem Gebiet, einschließlich der damit zusammenhängenden »diskriminierenden Gesetzgebung und Maßnahmen«, ersucht.[98] Damit sind derzeit drei Verfahren, die den israelisch-palästinensischen Konflikt betreffen, vor dem IGH anhängig: Zum einen das gerade genannte Gutachtenverfahren (»advisory proceedings«) zum Besatzungsregime (zu dem im Februar 2024 öffentliche Anhörungen stattgefunden haben);[99] zum anderen das schon im Vorwort erwähnte streitige Verfahren (»contentious proceedings« oder »cases«) zu dem von Südafrika gegen Israel erhobenen Genozidvorwurf wegen des Gazakriegs[100] sowie ein von Palästina gegen die USA angestrengtes Verfahren wegen der Verlegung der US-Botschaft nach Jerusalem.[101]

Aus individualrechtlicher Sicht die wichtigere Frage ist allerdings, wie die in einem bestimmten völkerrechtlichen (menschenrechtlichen) Vertrag enthaltenen Rechte effektiv geschützt werden können. Dies kann zum einen durch im Vertrag vorgesehene Überwachungsorgane geschehen, gegenüber denen die Vertragsstaaten berichtpflichtig sind und an die sich mitunter auch Einzelpersonen wenden können.[102] In diesem Sinne wurde in der Apartheidkonvention eine vom Vorsitzenden der (damaligen) UN-Menschenrechtskommission (heute: Menschenrechtsrat) ernannte Dreiergruppe eingesetzt.[103] Deren Überwachungstätigkeit wurde jedoch im Jahre 1995 ausgesetzt, weil man damals davon ausgegangen ist, dass mit dem Ende der südafrikanischen Apartheid eine solche Überwachung nicht länger notwendig sei.[104]

Zum anderen kommt eine (völker)strafrechtliche Verfolgung eventueller Apartheidverbrechen in Betracht. Diese kann sowohl dezentral – durch nationale Strafjustizsysteme (sofern diese das Apartheidverbrechen im innerstaatlichen

Recht anerkannt haben) – als auch zentral durch ein internationales Strafgericht erfolgen. Hier tritt nun der Internationale Strafgerichtshof auf den Plan, dessen Gründungsstatut ja, wie schon mehrfach erwähnt, das Apartheidverbrechen als Verbrechen gegen die Menschlichkeit kriminalisiert.[105] Zwar finden, soweit ersichtlich, insoweit bisher keine (Vor-) Ermittlungen statt, doch existiert jedenfalls eine Zuständigkeit für die in Frage kommenden Situationen Israel/Palästina[106] und Bangladesch/Myanmar.[107] Wir werden auf beiden Situationen im zweiten Teil zurückkommen.

Zweiter Teil: Geschichte und Praxis der Apartheid

I. Der südafrikanische Präzedenzfall

Das südafrikanische Apartheidregime wurde offiziell im Jahre 1948 errichtet. Es kam nicht »aus dem Nichts«, sondern war das Produkt einer spezifischen historischen (kolonialen) Entwicklung, die wir deshalb zumindest im Überblick betrachten müssen. Sodann wenden wir uns dem (formalen) Beginn der Apartheid mit der Wahl von 1948 zu, gefolgt von einer systematischen Darstellung des für die Apartheid so charakteristischen Dualismus von Verrechtlichung und Institutionalisierung der rassistischen Diskriminierung und Unterdrückung. Die folgenden Abschnitte sind dem (vor allem innerstaatlichen) zivilgesellschaftlichen Widerstand und der wachsenden internationalen Kritik, insbesondere innerhalb der Vereinten Nationen, gewidmet. Einige wenige Ausführungen zum Ende der Apartheid und deren Aufarbeitung schließen den Abschnitt ab.

1. Historische Entwicklung

Südafrika hat unter den Ländern südlich der Sahara schon immer eine Sonderrolle gespielt. Es war das Wunschziel für die ersten europäischen Siedler auf dem afrikanischen Kontinent. Der Menschenhandel in Form des Imports von Sklaven blühte, exportiert wurden diese aber kaum. Mit der Entdeckung von Diamanten und den damals größten Goldvorkommen der Welt wurde Südafrika im 19. Jahrhundert die reichste Region des afrikanischen Kontinents. Vor diesem historischen Hintergrund fanden die Ereignisse statt, die schließlich zur Apartheid führen sollten.[1]

Die Rassentrennung nimmt ihren Beginn mit der Ankunft der Niederländischen Vereinigten Ostindien-Kompanie *(Verenigde Oostindische Compagnie,* VOC) am Kap der guten Hoffnung im Jahr 1652.[2] Die VOC kontrollierte das Kap etwa 150 Jahre lang. 1795 kamen die Briten nach Südafrika, um – mit niederländischer Zustimmung – die Eroberung der (ehemals) niederländischen Kolonien durch Napoleon zu verhindern. 1806 gründeten die Briten die *Kapkolonie,* die sich vom Atlantischen Ozean (Kap) auf über 500 000 km² in den Norden und Osten erstreckte. 1815 zahlten die Briten 6 Millionen Pfund an die Niederlande und durften das Gebiet behalten.[3]

Die britische Kolonialmacht führte ein System von Passierscheinen und Zwangsarbeit ein, den *Hottentot-Kodex,* der vor allem die indigenen Khoikhoi[4] betraf.[5] Allerdings konnten die englischen Siedler keine Sklaven besitzen, da im gesamten britischen Königreich bereits 1807 der Sklavenhandel verboten worden war. Damit waren die englischen Siedler gegenüber den Afrikaans sprechenden (niederländischen) Siedlern (*Buren*) benachteiligt. Deshalb verboten die Briten die Sklaverei im Jahre 1833 in der von ihnen beherrschten Kapkolonie.[6] Als Reaktion darauf verließen im *Großen Treck* (afrikaans »Groot Trek«) zahlreiche Buren[7] das britische Kolonialgebiet, um weiterhin Sklaven halten zu können.

Sie gründeten eigene Staaten, die bedeutendsten waren der Oranje-Freistaat und Transvaal (Südafrikanische Republik).[8] Die ersten Funde von Diamanten (1866) und Gold (1886) veränderten die ökonomische und politische Lage im südlichen Afrika grundlegend – die sozioökonomischen Unterschiede zwischen Arm und Reich sowie zwischen Weißen und Schwarzen verschärften sich.[9]

Es folgten der Erste (1880–1881) und Zweite Burenkrieg (1899–1902) zwischen Buren und Briten, in denen es vor allem um die Kontrolle der Ressourcen ging. Letztlich konnten sich die Briten, obgleich unter großen Verlusten, durchsetzen.[10] Mit dem Frieden von Vereeniging wurden die Auseinandersetzungen im Mai 1902 beendet.[11] Die Burenrepubliken wurden in das britische Reich eingegliedert, die Buren erhielten aber alle Rechte britischer Staatsbürger sowie die Aussicht auf weitreichende Autonomie. Zudem wurde Niederländisch (»Dutch«) in der Oranjefluss-Kolonie (ehemals Oranje-Freistaat) und der Transvaal-Kolonie (ehemals Südafrikanische Republik) an öffentlichen Schulen als Unterrichtssprache eingeführt und – wo notwendig – bei Gericht zugelassen.[12]

Die ehemals selbstständigen Burenstaaten und die beiden weiteren britischen Kolonien (Kapkolonie und Natal) gingen in der im Jahre 1910 gegründeten *Südafrikanischen Union* – mit erheblicher Autonomie der einzelnen Provinzen (Kapprovinz, Natal, Oranje-Freistaat[13] und Transvaal) – auf. Von Beginn an spielten Rassentrennung (»segregation«) und die Etablierung der weißen Vorherrschaft eine entscheidende Rolle. Das Wahlrecht war in jeder Provinz – »verfassungsrechtlich merkwürdig«[14] – unterschiedlich geregelt: In der Kapkolonie bestand das Wahlrecht für Schwarze nur auf dem Papier, faktisch war es an bestimmte finanzielle und ökonomische Voraussetzungen gebunden, die dazu führten, dass 85 Prozent der Wähler weiß waren, obwohl sie nur 24 Prozent der Bevölkerung ausmachten; in Natal bildeten Inder und Schwarze nicht einmal ein Prozent der Wahlbevölkerung; in Transvaal und dem Oranje-Freistaat durften schon formaljuristisch ohnehin weiterhin nur Weiße wählen.[15] Erster Premierminister wurde in einer britisch-burischen Koalitionsregierung unter Führung der neu gegründeten *South African Party* (SAP) Louis Botha, ein früherer Burengeneral.[16]

In der Folge wurde die Rassentrennung auch gesetzlich verankert. Das Eingeborenen-Landgesetz (*Natives Land Act*) von 1913[17] trennte zwischen »weißem« und »schwarzem« Land, mit der Folge, dass der schwarzen Bevölkerung nur ca. sieben Prozent des Staatsgebiets als Wohn- und Nutzfläche zur Verfügung standen.[18] So wurden »die Ureinwohner Südafrikas effektiv zu Holzfällern und Wasserschöpfern für diejenigen mit überlegener Waffengewalt aus Übersee«.[19]

Das Eingeborenenwohngebietsgesetz (*Natives (Urban Areas) Act)* aus dem gleichen Jahr[20] zementierte die Rassentrennung im städtischen Bereich und erlaubte Afrikanern den Aufenthalt dort nur noch, soweit sie sich um die Bedürfnisse der Weißen kümmerten.[21] Mit dem Schwarzen (Eingeborenen) Verwaltungsgesetz (*Black (Native) Administration Act)* von 1927[22] hatte der Minister für »Native Affairs« die Möglichkeit, schwarze Personen zur Umsiedlung zu zwingen. Zudem konnte in den afrikanischen ländlichen Gebieten per Verordnung regiert und eine gesonderte Verwaltung eingerichtet werden.[23]

Die burischen Afrikaaner wurden ab 1914 immer unzufriedener mit der Politik des damaligen Premierministers Botha. Die 1914 von Barry Hertzog[24] gegründete *Nationale Partei* (»Nasionale Partei«, NP) gewann bereits 1915 27 Sitze im Vergleich zu 54 Sitzen der SAP, was bei einer Gesamtzahl von 130 Sitzen insgesamt einen Anteil von ca. 20 Prozent bedeutete.[25] Bei den Wahlen 1920 schien sich das Blatt weiter zugunsten der NP zu wenden: Die SAP – nach dem Tod Bothas 1919 jetzt unter Premierminister Jan C. Smuts – hatte trotz Unterstützung der Unionisten[26] lediglich eine Mehrheit von vier Sitzen.[27] 1924 konnte die NP, die einen Pakt mit der Arbeiterpartei (»Labour Party«, LP) zur Sicherung der weißen Vorherrschaft bei der Arbeitsbeschaffung geschlossen hatte, die SAP erstmals deutlich schlagen und mit der LP eine Mehrheit bilden.[28] Hertzog wurde Premierminister[29] und blieb es bis 1939. Zwischen 1924 und 1939 gab es allerdings einige politische Turbulenzen. 1929 konnten sowohl die NP als auch die SAP ihre Stimmenanteile steigern: Die NP kam nun auf 78 Sitze, die SAP auf 61, während die LP auf 8 Sitze deutlich reduziert wurde.

Im Jahre 1933 gewann eine Koalition von NP und SAP die Wahlen mit überwältigender Mehrheit.[30] 1934 stimmte Hertzog der Fusion mit Smuts' SAP zur Vereinigten »Südafrikanischen Nationalen Partei« (»United South African National Party«, kurz: United Party, UP) zu. Dieser Fusion widersetzte sich ein Teil der NP um Daniel F. Malan, der – mit 27 Sitzen – die »gereinigte NP« (»Gesuiwerde Nasionale Partei«, GNP) gründete.[31] Dank der nun deutlichen Mehrheitsverhältnisse – auch ohne die GNP hatte die neu entstandene UP mit 109 Sitzen eine Zwei-Drittel-Mehrheit – konnte Hertzog 1936 seinen lange gehegten Wunsch, die vollständige und flächendeckende Abschaffung des Wahlrechts für Schwarze, durchsetzen.[32] 1938 gewann die UP die Wahlen deutlich gegen die GNP.[33] Im folgenden Jahr wurde die von Hertzog geführte Mehrheit jedoch herausgefordert. Obwohl Hertzog gegen einen Kriegseintritt zugunsten Großbritanniens war, stimmte das Parlament mit einer knappen Mehrheit von 13 Stimmen dafür. Hertzog trat zurück, doch anstatt das Parlament aufzulösen und Neuwahlen anzusetzen, beauftragte der britische Generalgouverneur,[34] Sir Patrick Duncan, Jan C. Smuts mit der Bildung einer neuen Regierung. Hertzog und seine Anhänger schlossen sich der GP an; es entstand die »wiedervereinigte« NP (»Herengide NP«, HNP). Als 1943 der Sieg der Alliierten absehbar war, gewann dennoch Smuts die Wahlen mit großer Mehrheit.[35]

Smuts war in der Folge vor allem mit dem Ende des Zweiten Weltkriegs und der Errichtung der UNO beschäftigt, sodass er häufig abwesend war und die Regierungsgeschäfte seinem designierten Nachfolger, Jan H. Hofmeyr, überließ. Dieser hatte liberalere Ansichten. Die UP selbst hatte keine klare Linie, es gab eine liberale und eine erzkonservative Strömung. Die Anzahl von Afrikanern in den Städten stieg von 1936 bis 1946 um 57 Prozent, was Wasser auf die Mühlen der burischen Nationalisten war, die die Angst um ihre Vorherrschaft schürten und denen das Prinzip der »separation under segregation«[36] (etwa »Trennung durch Entmischung«) nicht mehr weit genug ging.[37] Aus ihrer Sicht war nun endgültig die Zeit für ein formalisiertes und institutionalisiertes System der Rassendiskriminierung gekommen: Apartheid.[38]

2. Die Wahlen von 1948 als formaler Beginn der Apartheid

Die Wahlen von 1948 wurden von der NP[39] unter Führung von Daniel F. Malan gewonnen.[40] Der Wahlsieg wird auf eine Kombination aus der Angst vor der »Schwarzen Gefahr« (»black peril«) und dem Aufruf zur Einheit der Afrikaaner zurückgeführt.[41] Mit der Machtübernahme der NP bekam das nun einzigartige System von Rassentrennung und systematischer Diskriminierung auch den Namen »Apartheid«.[42] Allerdings kam die Apartheid nicht aus dem Nichts, sondern war eine radikale Konsequenz der schon vor 1948 existierenden und, wie wir oben gesehen haben, gesetzlich abgesicherten Diskriminierung der schwarzen Mehrheitsbevölkerung. Genau genommen kam der Rassismus schon 1652 mit den Niederländern nach Südafrika[43] und er wurde von den britischen Kolonialherren und der weißen (burisch-britischen) Herrschaftskaste perfektioniert. In den Worten der südafrikanischen Wahrheits- und Versöhnungskommission (*Truth and Reconciliation Commission*, TRC):

> »[...] es ist offensichtlich, dass es nicht die Regierung der Nationalen Partei war, die rassendiskriminierende Praktiken in diesem Teil der Welt eingeführt hat. Ebenso unwahrscheinlich ist es, dass die Regierung der Nationalen Partei die erste war, die einige oder die meisten der schweren Menschenrechtsverletzungen begangen hat [...]«.[44]

Die »Wurzeln« der Apartheid reichen also »weit zurück in Südafrikas koloniale Vergangenheit«,[45] sodass man durchaus, wie auch im NS-Zusammenhang, von einer rückwärtsgewandten Kontinuität sprechen kann.[46] Ebenso stellt sich aber auch das Apartheidsystem – wie das NS-System – als die

Radikalisierung und Perfektionierung des bisher Existierenden dar. Wir werden auf die Strukturmerkmale dieser Radikalisierung mehrfach zurückkommen.

Mit dem Wahlsieg der NP wurde die schwarze Bevölkerung endgültig von allen Bürgerrechten ausgeschlossen. Es war der Beginn einer gesetzlich abgesicherten und institutionalisierten Rassentrennung von bis dahin unbekanntem Ausmaß.[47] Für die schwarzen Menschen Südafrikas begann nun der alltägliche Alptraum von Verbotsvorschriften und Passierscheinen.[48] Zwar gab es auch in anderen Kolonien europäischer Staaten eine – mehr oder weniger stark ausgeprägte – Rassentrennung und rassistische Diskriminierung, doch war diese meist informell und mitunter flexibel.[49] Während das rassistische NS-Regime von den Alliierten besiegt worden war, in den USA die Bürgerrechtsbewegung immer stärker wurde und andere ehemalige Kolonien in Afrika und Asien ihre Unabhängigkeit erkämpften,[50] schien sich Südafrika in menschenrechtlicher Hinsicht sogar zurückzubewegen.[51] Apartheid erwies sich als »die spezifisch südafrikanische Antwort auf die innergesellschaftliche Dynamik, die der Zweite Weltkrieg ausgelöst hatte«.[52]

Wie wir oben gesehen haben, trugen verschiedene Faktoren zu dieser Entwicklung bei.[53] Jedenfalls haben sich mit der Errichtung der Apartheid die nationalistischen Buren durchgesetzt. Kontrovers diskutiert wird, ob die Umsetzung der Apartheid durch die Regierung einem vorher ausgearbeiteten Plan, einem »Blueprint«, folgte.[54] Immerhin hatte die NP schon vor dem Wahlsieg – auch und gerade in den ihr nahestehenden Zeitungen[55] – Apartheid-Parolen verbreitet. Hendrik F. Verwoerd, der als »Baumeister« (»master-builder«) der Apartheid galt und ab 1950 Minister für »Eingeborenenangelegenheiten« und später Premierminister war,[56] soll laut seines Biografen im Jahre 1936 gesagt haben, dass eine Partei schon vor der Übernahme der Regierungsaufgaben ein völlig ausgearbeitetes Programm benötige.[57] Schließlich spricht auch die schnelle Verabschiedung der zentralen Apartheidgesetze (um die es im Folgenden noch gehen wird) in den ersten Regierungsjahren für eine gewisse Planung.[58]

Die Vertreter der NP und der Regierung versuchten, die Apartheid als die Fortsetzung der Politik der Segregation – durchaus im Sinne der oben genannten rückwärtsgewandten Kontinuität – darzustellen.[59] Doch die Apartheid war nicht einfach nur die Formalisierung der schon vorher bestehenden Segregation und Rassendiskriminierung,[60] sie diente auch nicht zur Konfliktvermeidung zwischen Schwarzen und Weißen, wie von Apartheid-Architekt Verwoerd vertreten.[61] Vielmehr war sie für die Afrikaaner-Nationalisten ein zentrales politisches Projekt[62] und ihr umfassender Charakter sowie die Radikalität und schiere Brutalität ihrer Durchsetzung stellten eine historische Zäsur dar.[63] Das Jahr 1948 markierte den »Beginn einer Verfeinerung und Intensivierung von Repression, Ungerechtigkeit und Ausbeutung«.[64] Der nun im Entstehen befindliche »Apartheid Staat« hatte »Dimensionen, die ihn von den vorangegangenen diskriminierenden Ordnungen unterschieden«,[65] es ging um nichts weniger als die »autoritäre Umgestaltung und Modernisierung von Staat und Gesellschaft«,[66] den Erhalt der »weißen Vorherrschaft durch Herbeiführung eines massiven gesellschaftlichen Wandels«,[67] also einen »qualitativen« Sprung:

> »Das Apartheidsystem war von einer qualitativ anderen Art [...]. Die neue Regierung machte sich daran, jeden Aspekt des politischen, wirtschaftlichen, kulturellen, sportlichen und sozialen Lebens zu

segregieren, indem sie existierende Rechtsgrundlagen nutzte und, wo sie nicht existierten, neue schuf. [...] Sie errichtete eine totalitäre Ordnung, die in ihrer Substanz alles andere als demokratisch war.«[68]

Die nun oppositionelle UP – überwiegend die Interessen der englischsprachigen Weißen vertretend – warf der NP-Regierung eine »regressive Grenz-Mentalität« (»regressive frontier-mentality«) vor, mit der Apartheid als einer Art »ethnischer Rückfall« (»ethnical throw-back«) in den *Großen Trek*.[69] Die Formalisierung der Diskriminierung aus ökonomischen Interessen diene insbesondere dazu, die Ausbeutung der unterbezahlten schwarzen Arbeitskräfte zu ermöglichen und so die Profite der von der weißen herrschenden Klasse geführten Unternehmen zu steigern. Zur Wahrheit gehört aber auch, dass alle weißen Arbeiter und Farmer von der diskriminierenden Gesetzgebung profitierten, da damit die Konkurrenz durch schwarze Arbeiter und Produzenten verhindert oder zumindest vermindert wurde.[70]

3. Die Verrechtlichung und Institutionalisierung der Apartheid

Die NP sicherte nach ihrem Wahlsieg im Jahre 1948 das Apartheidregime durch gesetzgeberisches Handeln so ab, dass selbst bei einer möglichen Wahlniederlage der ehemalige Zustand nicht ohne Weiteres wiederhergestellt werden konnte. Die Verrechtlichung und Institutionalisierung der Rassentrennung sowie die systematische Unterdrückung der nichtweißen Bevölkerung (zur gesetzlichen Klassifizierung sogleich) wurden damit zu wesentlichen Merkmalen und den Existenzbedingungen des Apartheidsystems.[71] Das Recht sollte der Apartheid eine demokratisch-rechtsstaatliche Fassade geben, es diente zu ihrer »demokratischen« Durchsetzung[72] und wurde damit tatsächlich zu einem Instrument institutioneller und struktureller Gewalt.[73]

In der herrschenden politischen Klasse war das alles weitgehend konsentiert. Auch die Opposition, die ja vormals an der Regierung beteiligt gewesen war, hatte keine ethischen oder moralischen Einwände, ihre Bedenken bezogen sich alleine auf die Realisierbarkeit und sie fürchtete die Folgen für das »Weiße Südafrika« und das »Weiße industrielle Südafrika«.[74] Denn zum einen würde das schier unerschöpfliche Reservoir an billigen schwarzen Arbeitskräften zur Arbeitslosigkeit der weißen Arbeitnehmer oder zumindest zu einem unfairen Wettbewerb führen. Zum anderen, so der ehemalige Premierminister Smuts, stünden der Industrie zugleich nur noch (schwarze) »minderwertige Arbeitskräfte« (»inferior workforce«) zur Verfügung.[75] Smuts fürchtete, dass die schwarzen Arbeiter durch die Apartheid »einfach Barbaren bleiben, [die] auf dem niedrigsten Niveau arbeiten« würden.[76] Er forderte deshalb, dass sie zu einem »ökonomischen Werkzeug geformt« und »ökonomisch und industriell effizient« gemacht würden.[77] So erwies sich die Rassentrennung als maßgeblich für die damalige kapitalistische Entwicklung Südafrikas.[78]

Das gesetzgeberische Programm von 1948 bis in die 1980er Jahre wurde als »atemberaubend« bezeichnet.[79] Es führte dazu, dass das gesamte südafrikanische Leben durch Rassengesetze und -verordnungen beherrscht wurde.[80] Zumindest die wichtigsten sollen im Folgenden kurz angesprochen werden.

Eines der ersten Gesetze – und Grundlage des gesamten Apartheidsystems – war das »Gesetz zur Registrierung der Bevölkerung« (*Population Registration Act*) von 1950.[81] Damit wurde ein striktes System »rassischer Klassifizierung« (»racial classification«) über ein Einwohnermelderegister eingeführt – vergleichbar mit dem »Ariernachweis« in Nazi-Deutschland.[82] Eine Reklassifizierung war allerdings möglich.[83] Die Klassifizierung war maßgeblich für die Inanspruchnahme von Bürgerrechten beziehungsweise deren Versagung. Nach § 5 (1) wurde eine Person als »weiße Person« (»white person«), »farbige Person« (»coloured person«) oder »Eingeborener« (»native«) klassifiziert. Die konkrete Klassifizierung wurde von bestimmten Kommissionen durchgeführt. Eine »farbige Person« war nach § 1 (iii) eine Person, die weder weiße Person noch »Eingeborener« war. »Eingeborener« wiederum war nach § 1 (x) eine Person, die »tatsächlich oder allgemein als Mitglied einer eingeborenen Rasse oder eines eingeborenen Stammes Afrikas anerkannt ist«.[84] Schließlich definiert § 1 (xv) eine weiße Person als eine, die ihrem Aussehen nach offensichtlich eine weiße Person ist oder die allgemein als weiße Person akzeptiert wird; darunter fällt jedoch nicht eine Person, die, obwohl sie ihrem Aussehen nach offensichtlich eine weiße Person ist, allgemein als »farbige Person« angesehen wird. Die damit entstehende Zwischenkategorie der »coloured« Personen diente als Auffanggruppe, um möglichst viele Personen aus der privilegierten weißen Gruppe auszugrenzen. Die rein negative Definition führte jedoch zu erheblichen Abgrenzungsproblemen und häufig wurde die Entscheidung willkürlich getroffen.[85] Inder wurden erst später als dauerhafte Einwohner anerkannt und 1959 in der Kategorie »Asiaten« (»Asians«) ergänzt.

Das »Gesetz über die gesonderte Repräsentation der Wähler« (*Separate Representation of Voters Act*),[86] das zunächst durch den Obersten Gerichtshof aus formalen Gründen für nichtig erklärt wurde,[87] strich die »farbigen Personen« aus dem allgemeinen Wählerverzeichnis. Für sie wurde ein separates Wählerverzeichnis eingerichtet, über das sie (nur) Weiße wählen konnten. Mit anderen Worten, wahlberechtigte Schwarze konnten damit nur Weiße aus einer separaten Wahlliste wählen. Im Zusammenspiel mit weiteren Gesetzen wurde dafür gesorgt, dass politische Rechte, insbesondere das Wahlrecht, nur Weißen zustanden.[88]

Darüber hinaus kann man insbesondere zwischen Gesetzen, die das soziale Leben regelten (»kleine Apartheid«) ,und solchen, die eine Trennung der Wohngebiete anstrebten (»große Apartheid«), unterscheiden.[89]

Das »Gesetz zum Verbot von Mischehen« (*Prohibition of Mixed Marriages Act*)[90] von 1949 war Teil der »kleinen Apartheid« und verbot die Heirat von Weißen und Nicht-Weißen. In der parlamentarischen Debatte um das Gesetz begründete die NP die Notwendigkeit des Gesetzes mit der zunehmenden Unterwanderung der weißen Bevölkerung durch »coloured people«.[91] Tatsächlich war das Gesetz – durchaus mit den *Nürnberger Gesetzen*[92] vergleichbar[93] – ein Ausdruck von blankem und übertriebenem Rassismus, denn zur Zeit des Erlasses gab es nur etwa 75 »Mischehen« gegenüber 28 000 weißen Ehen.[94]

Bereits seit dem Beginn des 19. Jahrhundert musste Schwarze bestimmte Dokumente vorlegen, um ein »weißes« Gebiet betreten zu dürfen oder sich dort aufzuhalten. Jedoch gab es bei diesen Kontrollen erhebliche regionale Unterschiede. Erst mit dem »Gesetz zur Änderung des Eingeborenenrechts« (*Natives Laws Amendment Act*)[95] und dem »Gesetz zur Abschaffung von Passierscheinen und Koordinierung von Dokumenten der Eingeborenen« (*Natives (Abolition of Passes and Coordination of Documents) Act*),[96] beide von 1952, wurde der Gebrauch von Passierscheinen landesweit einheitlich geregelt. Das erste Gesetz verkleinerte die Gruppe von Schwarzen, die ein Recht zum dauerhaften Aufenthalt in Städten hatten,[97] das zweite schrieb die Einführung eines sogenannten Referenzbuchs vor, in dem Fotos, Angaben zum Herkunftsort, Beschäftigungsnachweise, Steuerzahlungen, Fingerabdrücke und »Begegnungen« (»encounters«) mit der Polizei dokumentiert werden mussten.[98] Schwarze Menschen mussten dieses Dokument und Passierscheine stets bei sich tragen, andernfalls war sogar eine einmonatige Gefängnisstrafe möglich.[99] Durch diese Gesetze wurden eine flächendeckende Identifikation und Kontrolle aller Schwarzen erreicht.

Das »Gesetz über die Reservierung gesonderter Annehmlichkeiten« (*Reservation of Separate Amenities Act*)[100] von 1953 sah vor, dass bestimmte Räumlichkeiten (Geschäfte, Lokale etc.), Fahrzeuge, Schalter, Bänke, Sitzplätze oder andere Einrichtungen nur von bestimmten Bevölkerungsgruppen – entweder Weißen oder Schwarzen – genutzt werden konnten; lediglich die öffentlichen Straßen waren davon ausgenommen.[101] Dies wurde durch entsprechende Schilder und Kennzeichnungen deutlich gemacht, etwa »Nur für Weiße« (»Whites only«) oder »Bushaltestelle für Nicht-Weiße« (»Bus stop for non Whites«).

Im Rahmen der »großen Apartheid« sei zunächst das »Gruppenbereichsgesetz« (*Group Areas Act*)[102] von 1950 erwähnt. Es schuf den rechtlichen Rahmen, um bestimmte

Stadtteile als »Gruppengebiete« festzulegen, in denen das Wohnen nur Angehörigen einer bestimmten »Rasse« gestattet war.[103] Damit wurde für ganz Südafrika definiert, wer wo leben, wohnen und besitzen konnte.[104] Die Folge war eine territoriale Fragmentierung,[105] infolge derer Hunderttausende schwarze Bürger vertrieben sowie Familien und Gemeinschaften auseinandergerissen wurden.[106]

Das »Gesetz über die Bantu-Behörden« (*Bantu*[107] *Authorities Act*)[108] sollte schwarze Menschen dauerhaft von den Städten fernhalten. Es wurden sogenannte Heimatregionen (»Homelands«) geschaffen, die von »Chiefs« verwaltet und nach und nach »unabhängig« werden sollten. Dies brachte jedoch weitreichende Nachteile mit sich: Wer dort wohnte, verlor seinen südafrikanischen Pass sowie sein Wahlrecht.[109]

Die gravierendsten Auswirkungen – vor allem langfristig betrachtet – hatte aber wohl das »Bantu Erziehungsgesetz« (*Bantu Education Act*)[110] von 1953. Dieses Gesetz war das Ergebnis der Arbeit einer 1949 eingesetzten »Kommission für Eingeborenenerziehung« (»Commission on Native Education«, auch »Eiselen Commission«) unter dem Vorsitz des Anthropologen W. W. M. Eiselen.[111] Die Kommission empfahl, radikale Maßnahmen zu ergreifen, um das »Bantu-Schulsystem« wirksam reformieren zu können. Fortan sollte nicht mehr das Bildungsministerium, sondern das Ministerium für »Eingeborenenangelegenheiten« (»Department for Native Affairs«) zuständig sein. Den von christlichen Missionseinrichtungen betriebenen Institutionen, die sich um die Bildung der Schwarzen kümmerten, wurden die bisher gebilligten staatlichen Subventionen gestrichen,[112] woraufhin die meisten geschlossen oder an die Regierung verkauft werden mussten.[113] Der damalige Erzbischof von Kapstadt,

Kardinal Owen McCann, begründete dies damit, dass es für die schwarzen Kinder besser sei, eine miserable Ausbildung als gar keine zu erhalten.[114] Der bereits erwähnte Minister Verwoerd hatte das Gesetz federführend vorangetrieben und sah für die »Bantu« in einer europäisch geprägten (südafrikanischen) Gesellschaft nur die Existenz in gewissen (sprich: niederen) Arbeitsformen vor.[115] Die Erziehung müsse, so Verwoerd, »mit beiden Beinen in den Reservaten stehen und ihre Wurzeln im Geist und Wesen der Bantu-Gesellschaft haben«.[116] Nur so könnten die »Bantu« »entsprechend ihren Chancen im Leben« ausgebildet werden.[117]

Natürlich entsprach diese Sichtweise nicht der der betroffenen Schwarzen selbst. Diese hatten die rassistische Erziehung schon vor dem Erziehungsgesetz angeprangert.[118] Gerade vor dem Hintergrund dieser Entwicklung konnte das Bantu-Gesetz eigentlich keinen realistischen Beobachter überraschen. Es stellte sich vielmehr als »die wesentliche und absolut logische Nebenfolge der Apartheidpolitik« dar.[119] Der damalige Präsident des African National Congress (ANC)[120] und spätere Friedensnobelpreisträger, Chief A. J. Luthuli, sah in dem Gesetz eine Verleugnung jeglicher afrikanischer Identität und nannte es »die größte Sünde, die die Weißen gegen Afrikaner begangen haben«.[121] Trevor Huddleston, ein weißer anglikanischer Pfarrer aus Sophiatown, sprach sich öffentlich gegen das Gesetz aus und bezeichnete es als das »bei weitem wichtigste und in seiner Wirkung tödlichste« Instrument der Apartheidgesetzgebung.[122] Die »Bantu-Erziehung« sei »eines der Hauptinstrumente der Rassenpolitik, deren erklärtes Ziel die Errichtung der dauerhaften weißen Vorherrschaft [...], die Erziehung zur Knechtschaft« war.[123] Mit dem »Gesetz zur Ausweitung auf die Hochschulbildung« (*Extension of University Education Act)*[124] von 1959 wurde die Rassentrennung dann auch auf die Universitäten ausgeweitet.

Die Verrechtlichung (beziehungsweise Legalisierung) der Apartheid wurden durch eine entsprechende *Institutionalisierung* abgesichert. Brian Lapping hat im Jahre 1987 die »zwanghafte, anachronistische Gesetzgebung und ihre harte polizeiliche Durchsetzung« als einen Kernbestandteil der Apartheid ausgemacht.[125] Sein Hinweis auf die »polizeiliche Durchsetzung« richtet unseren Blick auf die institutionelle Seite der Apartheid, also die Schaffung von staatlichen Institutionen zur Durchsetzung der harten und inhumanen Gesetzgebung. Die weiße Vorherrschaft war instabil und daher auf die (polizeiliche) Gewalt zur Unterdrückung der schwarzen Mehrheit angewiesen. Deborah Posel spricht von der »Gleichzeitigkeit von Recht und Gewalt«, die für das Verständnis der Apartheid absolut wesentlich sei.[126] Diese Gewalt wurde in der Regel diskret und selektiv ausgeübt, doch ab und an gab es auch öffentliche Demonstrationen staatlicher Gewalt, um die weiße Minderheit der vollständigen Kontrolle zu versichern und die schwarze Bevölkerung einzuschüchtern.[127] Apartheidminister Verwoerd hatte die Polizei bereits in den 1930er Jahren verteidigt und die Verantwortung für jegliche Gewalttaten der schwarzen Bevölkerung zugewiesen.[128] Unter der NP-Regierung wurde die Polizeigewalt offen gefördert und jeglicher Widerstand gegen sie kriminalisiert.[129] Aufstände wurden von der Polizei stets gewaltsam niedergeschlagen.[130] Verbannungen, Verhaftungen und Inhaftierung ohne gerichtliche Anordnung waren ein ubiquitäres Mittel, das meist auf den Vorwand des »Anti-Kommunismus« gestützt wurde.[131] Mit dem wachsenden

Widerstand und der zunehmenden Legitimationskrise des Regimes in den 1980er Jahren ging man mehr und mehr zu einem exekutiven Aufstandsbekämpfungskonzept über, das in klandestiner Weise vom (exekutiven) »Staatssicherheitsrat« (*State Security Council*, SSC) koordiniert wurde.[132] Bei alldem konnten sich die Sicherheitskräfte durchaus – in einer rückwärtsgewandten Kontinuität – auf die »lange Tradition der übermäßigen oder ungerechtfertigten Anwendung von Gewalt gegen Regierungsgegner« stützen.[133]

Als Fazit lässt sich damit festhalten, dass die Apartheid als *janusköpfiges System* aus legislativer Diskriminierung und Unterdrückung jeglicher Opposition,[134] begleitet von willkürlicher Einschüchterung und alltäglicher Gewalt gegen die schwarze Mehrheitsbevölkerung, charakterisiert werden kann.[135] Mit diesem dualistischen Ansatz – rassistische Gesetzgebung, durchgesetzt durch einen zunehmend repressiven und im Geheimen operierenden Sicherheitsapparat[136] – wurde

> »das laissez-faire Muster der pre-1948 Segregation in ein systematisches Muster legalisierter rassistischer Diskriminierung umgewandelt [und] ein enormer Sicherheitsapparat aufgebaut und mit weitreichenden rechtlichen Befugnissen ausgestattet, um die Opposition zu zerstören«.[137]

4. Zivilgesellschaftlicher Widerstand

Als zivilgesellschaftliche Akteure treffen wir zum einen auf innerstaatliche und internationale Gruppen und Organisationen, zum anderen – innerhalb Südafrikas – auf rein schwarze und schwarz-weiß gemischte Gruppen.

Bereits ein Jahr nach dem Wahlsieg der NP im Jahre 1948 begann die schwarze Bevölkerung mit Protesten gegen die Regierung, was vor allem vom ANC initiiert und organisiert wurde. Auf der Jahrestagung des ANC wurden Boykotte, Streiks, Maßnahmen zivilen Ungehorsams und andere Formen des Widerstands diskutiert und beschlossen.[138] Der ANC sah sich nicht nur zunehmender Repression ausgesetzt, sondern es wurden auch seine Legitimation und Repräsentativität in Frage gestellt.[139] Die Regierung erlaubte in den Homelands keine Parteien im westlichen Sinne, sondern setzte chiefs als »natürliche Anführer« (»natural leaders«) ein;[140] diese wurden aber kurzerhand abgesetzt (etwa der Zulu-Chief Albert Luthuli), wenn sie die Apartheidpolitik zu kritisieren wagten.[141]

Dennoch bestand der ANC fort und wurde mit der 1952 organisierten »Defiance Campaign« (»Widerstandskampagne«, »Trotzkampange«), einer Kampagne des zivilen Ungehorsams, zur Massenbewegung. Ziel war eine Form des passiven, gewaltfreien Widerstands nach dem Vorbild Gandhis, wofür Freiwillige ausgesucht und instruiert wurden;[142] bis November 1952 wurden etwa 8 500 von ihnen verhaftet.[143] Die Kampagne hatte zwar insoweit keinen Erfolg, als die repressive Gesetzgebung nicht geändert, sondern sogar noch verschärft wurde[144] – überhaupt hatte die Regierung bis weit in die 1980er Jahre nur wenig Probleme, den zivilen Widerstand zu kontrollieren[145] –, jedoch war die Anzahl der zahlenden ANC-Mitglieder von 7 000 auf mehr als 100 000 zum Ende des Jahres 1952 gestiegen[146] und die Kampagne hatte die Schlagkraft der Opposition eindrucksvoll bewiesen: Nelson Mandela selbst sprach von einem »bedeutenden Erfolg«.[147]

Am 26. Juni 1955 beschloss der sogenannte Volkskongress (»Congress of the People«) die Freiheitscharta (»Freedom Charter«). Der Kongress bestand aus Vertretern des ANC, des »South African Indian Congress«, der »South African Coloured People's Organisation« sowie des von Weißen gegründeten »Congress of Democrats«. In zehn Punkten wurden darin Forderungen etwa nach Demokratie, Gleichberechtigung und der Achtung von Menschenrechten formuliert.[148]

1959 gründeten einige Mitglieder, denen die friedlichen Protestaktionen des ANC nicht weit genug gingen, den »Panafrikanistischen Kongress« (»Pan Africanist Congress«, PAC). Er verstand sich – anders als der ANC – als Organisation ausschließlich schwarzer Menschen.[149] Es war eine vom PAC organisierte friedliche Protestaktion gegen die oben genannten Pass- bzw. Passierscheingesetze, die 1960 zu einer der gewaltsamsten Zusammenstöße zwischen der Protestbewegung und den Sicherheitskräften führte: Beim Massaker von Sharpeville wurden 69 Demonstranten getötet, meist durch Schüsse in den Rücken, und mehr als 180 schwer verletzt.[150] Obwohl das Sharpeville Massaker »nur das letzte in einer langen Reihe ähnlicher Tötungen ziviler Demonstranten in der Geschichte Südafrikas« war,[151] stellte es doch eine Zäsur dar, vor allem mit Blick auf die internationale Wahrnehmung der Apartheidpolitik.[152] Trotz der brutalen polizeilichen Repression wurde der Widerstand fortgesetzt – wegen des Gesetzes über illegale Organisationen von 1960 fortan jedoch im Untergrund.[153]

Eine weitere wichtige Bewegung war die des »Schwarzen Bewusstseins« (»Black Consciousness«, BC). Ihr Hauptprotagonist war Steve Biko.[154] Die Anhänger dieser Bewegung forderten – wie der PAC – eine rein schwarze Bewegung und vertraten die Ansicht, dass Weiße innerhalb der weißen Gesellschaft für Gerechtigkeit kämpfen müssten. »Schwarz« war demnach ein diskriminierter Status, zugleich aber auch eine gewisse kämpferische und stolze Einstellung, nämlich sich nicht den Weißen unterzuordnen. Wer das tue, sei kein »Schwarzer«, sondern nur ein »Nicht-Weißer«.[155] Die wichtigste Organisation dieser Bewegung war die »Südafrikanische Studentenorganisation« (»South African Students' Organisation«, SASO).[156] Auch die »Südafrikanische Schülerbewegung« (»South African Students' Movement«, SASM)[157] hatte eine enge Beziehung zur BC-Bewegung. Sie rief am 16. Juni 1976 zu einer Protestaktion in Soweto, einem Vorort von Johannesburg, auf (Aufstand von Soweto, »Soweto uprising«).[158] Der Aufstand wurde von der Polizei brutal niedergeschlagen und mehr als 500 Schülerinnen und Schüler fielen der Polizeigewalt zum Opfer.

Auch außerhalb Südafrikas gab es zahlreiche zivilgesellschaftliche Gruppen, die sich gegen die Apartheid engagierten.[159] Diese sogenannte Anti-Apartheid-Bewegung hat sich auf ganz unterschiedliche Weise gegen die Apartheid eingesetzt. Exemplarisch sei auf den Früchteboykott verwiesen, mittels dessen der Kauf und Konsum von Produkten, insbesondere Früchten, südafrikanischer Herkunft boykottiert wurden. So versah etwa die »Frankfurter Frauenaktion Südafrika« Früchte in der Frankfurter Kleinmarkthalle mit der Aufschrift »Hier ist der Wurm drin – Kauft keine Früchte der Apartheid«.[160]

Die Kirchen gingen sehr unterschiedlich mit der Apartheid um. Einige unterstützten die Politik, andere schwiegen und wieder andere leisteten – mehr oder weniger offen – Widerstand.[161] Zu Letzteren zählten der »Südafrikanische Kirchenrat« (»South African Council of Churches«, SACC) sowie die anglikanische und die römisch-katholische Kirche.[162] Mit Blick auf den SACC ist vor allem der spätere Friedensnobelpreisträger und Vorsitzende der Wahrheits- und Versöhnungskommission, Desmond Tutu, hervorzuheben. Er wurde 1978 Generalsekretär des SACC und trug in dieser Funktion wesentlich zur Intensivierung des Widerstands und letztlich zum Ende der Apartheid bei.[163] Der innerstaatliche kirchliche Widerstand wurde auf internationaler Ebene durch die konfessionellen Weltbünde[164] und vor allem den Ökumenischen Rat der Kirchen unterstützt. Im Jahre 1985 etwa wurde eine dreitägige Notstandskonferenz in Simbabwe abgehalten, an der höchste Vertreter der Kirchen(bünde) teilnahmen, um ein einheitliches Vorgehen gegen die Apartheid abzustimmen und die Solidarität mit der unterdrückten schwarzen Bevölkerung zu bekräftigen.[165]

Als Unterstützerin der Apartheidpolitik agierte hingegen die niederländische reformierte Kirche (»Nederduitse Gereformeerde Kerk«, NGK),[166] die Teil eines ganzen Netzwerks von Apartheid-Organisationen war.[167] Bereits 1950 hatte G. B. A. Gerdener, ein einflussreicher Theologie-Professor an der Universität von Stellenbosch, einen kirchlichen Kongress über die »Native Question« organisiert, auf dem der Ansatz von Verwoerd und die Apartheid nachdrücklich unterstützt wurden.[168] Gerdener selbst rief zur totalen Apartheid auf:

> »Die Politik der Apartheid, für die wir eintreten [...], ist kein statischer Zustand. Sie bezieht sich auf einen Entwicklungsprozess, den jedes Volk – auf dem reinsten und schnellsten Weg – nutzen kann, um seine eigene Berufung unter Gottes gnädiger Aufsicht zu erreichen. Sie ist das Mittel zum Zweck, nämlich zur Erlangung

eines unabhängigen Status. Sie zielt darauf ab, die Möglichkeit der Reibung, des ungleichen und ungesunden Zusammenstoßes zwischen dem mehr und dem weniger Entwickelten zu beseitigen. Erst wenn das weniger Entwickelte – auf kirchlicher und religiöser Ebene – seine Eigenständigkeit erreicht hat, können wir die Hand der gemeinschaftlichen Religion ausstrecken.«[169]

Auch eine Stellungnahme einer NGK-Kommission aus dem Jahr 1954 bringt ihre zutiefst rassistisch geprägte theologische Sichtweise auf den Punkt:

»Gott hat die Menschheit in Rassen, Sprachen und Nationen eingeteilt. [...] Die Gleichstellung von Eingeborenen, Farbigen und Europäern beinhaltet eine Verkennung der Tatsache, dass Gott in seiner Vorsehung die Menschen in verschiedene Rassen und Nationen eingeteilt hat. [...] Die Eingeborenen müssen zur Unabhängigkeit geführt und geformt werden, damit sie schließlich den Europäern gleichgestellt sind, aber jeweils auf ihrem eigenen Gebiet und jeweils im Dienste Gottes und des eigenen Vaterlandes.«[170]

Diese kirchliche Rechtfertigung der Apartheid bestärkte die weiße Bevölkerung und verschaffte der NP in den Wahlen nach 1948 immer größere Mehrheiten.[171]

5. Zunehmende internationale Kritik, insbesondere innerhalb der Vereinten Nationen

Wichtige Kritiker des Apartheid-Regimes waren vor allem internationale Institutionen, insbesondere Organe der Vereinten Nationen.[172] Insoweit wurde schon im ersten Teil dieser Untersuchung die parallele normative Entwicklung, die zu einem umfassenden Verbot und einer Kriminalisierung der Apartheid führte, dargestellt.[173]

Bereits 1950[174] hatte die UN-Generalversammlung festgestellt, dass die Apartheid eine Politik der Rassentrennung darstelle und auf Rassendiskriminierung beruhe.[175] Gleichwohl hatten die USA und ihre westeuropäischen Verbündeten Südafrika während des Kalten Krieges lange als »Bollwerk gegen den Kommunismus« unterstützt und die Apartheidpolitik weitgehend faktisch toleriert.[176]

Seit dem oben erwähnten Massaker von Sharpeville konnte die Apartheid-Situation allerdings auch von den westlichen Staaten nicht länger ignoriert werden. Der UN-Sicherheitsrat diskutierte das Thema am 1. April 1960 und diagnostizierte eine Gefahr für den internationalen Frieden und die internationale Sicherheit.[177] Ein Besuch des damaligen UN-Generalsekretärs, Dag Hammerskjöld, in Südafrika blieb bei der NP-Regierung jedoch ohne nennenswerte Wirkung.[178] 1961 wurde Südafrika de facto aus dem Commonwealth ausgeschlossen, indem ihm signalisiert wurde, dass sein – durch Umwandlung zur Republik[179] notwendig gewordener – erneuter Antrag auf Mitgliedschaft abgelehnt werden würde.[180] 1963 forderte der UN-Sicherheitsrat, erstmals in seiner Geschichte, ein Waffenembargo gegen Südafrika.[181] Allerdings war die entsprechende Resolution nicht bindend, da sie nicht als friedenssichernde Maßnahme unter Kapitel VII der UN Charta verabschiedet worden war.[182] Ab 1965 verurteilte die UN Generalversammlung die Apartheid wiederholt als Verbrechen gegen die Menschlichkeit.[183] Die erste von mehreren UN-Konferenzen zur Apartheid fand 1966 in Brasilien statt.[184] Im gleichen Jahr rief die UN-Generalversammlung den 21. März, also den Tag des Massakers von Sharpeville, zum internationalen Tag der Beseitigung der Rassendiskriminierung aus.[185]

Die UN-Generalversammlung ging schon 1962 über die bloße Verurteilung der Apartheid hinaus und forderte alle UN-Mitgliedstaaten auf, konkrete Gegenmaßnahmen – vom Abbruch diplomatischer Beziehungen bis zu einem Handelsboykott – zu ergreifen.[186] Der UN-Sicherheitsrat konnte sich zu einer solchen Forderung zunächst nicht durchringen. Erst über 20 Jahre später forderte er die UN-Mitgliedsstaaten dazu auf, weitreichende wirtschaftliche Maßnahmen zur Isolierung Südafrikas zu ergreifen.[187] Im Jahre 1986 verabschiedete die (damalige) Europäische Gemeinschaft (EG) ein Sanktionspaket, das aber weitgehend symbolisch blieb, weil auf Drängen der Bundesrepublik Deutschland, unterstützt von Portugal, ein Einfuhrverbot für Kohle gestrichen wurde.[188] Zu diesem Zeitpunkt gingen zwei Drittel der südafrikanischen Kohleexporte in die EG.[189] Die Commonwealth-Staatengruppe vereinbarte kurz darauf ähnlich symbolische Maßnahmen.[190] Schließlich erließen auch die USA im »Comprehensive Anti-Apartheid Act« von 1986 Einschränkungen bei der Kreditvergabe und Einfuhrverbote für verschiedene Rohstoffe, wobei aber insbesondere Diamanten und die meisten Formen von Gold sowie »gewisse strategische Mineralien« (»certain strategic minerals«) ausgenommen waren.[191] Eine bindende Sanktionsresolution des UN-Sicherheitsrats wurde 1988 durch das Veto der USA und des Vereinigten Königreichs verhindert.[192]

6. Ende und Aufarbeitung

Das Ende der Apartheid wurde durch eine Rede des NP-Politikers und damaligen Präsidenten Frederik Willem de Klerk am 2. Februar 1990 eingeläutet, in der er unter anderem die

Aufhebung der Oppositionsverbote und die Freilassung der politischen Gefangenen ankündigte.[193] Im Jahre 1992 sprach sich dann eine deutliche Mehrheit der weißen Bevölkerung für eine Fortsetzung der von de Klerk begonnenen Reformpolitik aus.[194] 1993 wurde eine von NP und ANC verhandelte Interimsverfassung angenommen,[195] die den Weg für Neuwahlen ebnete. Diese ersten freien und gleichen Wahlen fanden dann am 27. April 1994 statt.[196]

Das Ende des Apartheidregimes hatte viele *Ursachen*, die teilweise einander bedingten und im Einzelnen nur schwer zu messen oder zu gewichten sind.[197] Der zunehmende internationale Druck, verbunden mit der zunehmenden Isolierung Südafrikas und vor allem mit den Folgen der wirtschaftlichen Sanktionen,[198] war sicherlich ein wichtiger Faktor. Mindestens ebenso wichtig waren aber der innergesellschaftliche Widerstand um solche ikonischen Figuren wie Nelson Mandela und Desmond Tutu sowie die zunehmende Reformbereitschaft der herrschenden weißen Klasse, gepaart mit der abnehmenden Unterstützung in großen Teilen der weißen Bevölkerung.[199] Der Niedergang der Goldindustrie bedeutete zudem den Wegfall der finanziellen Basis des Regimes. Die Aufrechterhaltung der Apartheid schwächte daher letztlich die südafrikanische Wirtschaft. Der den europäischen Oberschichten vergleichbare Lebensstil der fünf Millionen Weißen und deren Privilegien hatten einen hohen Preis. Die ausgebeuteten schwarzen Arbeitskräfte hatten wegen der geringen Entlohnung keine Kaufkraft, weshalb ein nennenswerter Binnenmarkt nicht existierte. Der Großteil der staatlichen Steuereinnahmen floss in die Aufrechterhaltung des Apartheidsystems, insbesondere die Verwaltung und den Sicherheitsapparat, anstatt für wirtschaftlichen Wachstum zu sorgen.[200]

Der Prozess der *Aufarbeitung* ist entscheidend von der Wahrheits- und Versöhnungskommission – als bewusster Entscheidung gegen eine konsequente Strafverfolgung[201] – geprägt worden. Das folgt schon aus der gerade genannten Post-Apartheids-Übergangsverfassung von 1993, die nicht nur auf Kontinuität setzte,[202] sondern vor allem ein normatives Bekenntnis zu »National Unity and Reconciliation«, einschließlich der Möglichkeit einer Amnestie für vergangene Taten, enthält.[203] Die Grundpfeiler des Aufarbeitungsprozesses sind demnach »Verständnis statt Rache, Entschädigung statt Vergeltung, ubuntu[204] statt Viktimisierung«.[205]

Die Wahrheits- und Versöhnungskommission (TRC) wurde von Desmond Tutu geleitet, ging auf eine Initiative des ANC und des damaligen Justizministers Abdullah Omar aus dem Jahr 1994 zurück und wurde von Nelson Mandela als erstem schwarzen Präsidenten 1996 eingesetzt. Ihre Rechtsgrundlage war – neben der schon genannten Verfassung von 1993 – das »Gesetz zur Förderung der Nationalen Einheit und Versöhnung« (»Promotion of National Unity and Reconciliation Act«).[206] Nach dessen Abschnitt 3(1)(a) reichte der Untersuchungszeitraum vom 1. März 1960 – dem Monat und Jahr des Massakers von Sharpeville – bis zu einem »cut off«-Datum,[207] das später auf den 11. Mai 1994 (einen Tag nach der Amtseinführung des ersten Post-Apartheid-Präsidenten Nelson Mandela) festgelegt wurde.[208]

Das Ziel der TRC war, wie sich schon aus ihrem Name ergibt und wie es auch, wie wir gerade gesehen haben, verfassungsrechtlich vorgegeben war, die Förderung der nationalen Einheit und der Versöhnung in einem Geist der Verständigung, der die Konflikte und Spaltungen der Vergangenheit überwinden sollte.[209] Insofern lag das Hauptaugenmerk, anders als bei Strafverfolgung und -verfahren, nicht auf Aburteilung und Bestrafung, sondern auf Dialog, Verständigung, Versöhnung, Vergebung und vor allem auf der Wahrheit. So sollte eine möglichst weitgehende Aufklärung der begangenen Verbrechen, allerdings ohne konkrete Schuldzuschreibung, erreicht werden. Das TRC-Mandat war jedoch materiellrechtlich – was die aufzuklärenden Verbrechen angeht – beschränkt, nämlich auf »schwere Menschenrechtsverletzungen«, unter denen Totschlag, Entführung, Folter oder schwere Misshandlung verstanden wurden.[210] Damit war auch das Apartheidverbrechen selbst nicht Gegenstand des Mandats der TRC, sondern eben nur die im Rahmen der Apartheidpolitik begangenen Menschenrechtsverletzungen.[211]

Zur Erreichung der Ziele der TRC wurden drei Ausschüsse eingerichtet:[212] der »Ausschuss für Menschenrechtsverletzungen« (»Committee on Human Rights Violation«) zur Untersuchung der Menschenrechtsverletzungen im genannten Zeitraum, einschließlich ihrer Ursachen und ihres Ausmaßes.[213] Der »Ausschuss für Amnestien« (»Committee on Amnesty«) sollte Amnestiegesuche prüfen. Diese mussten fristgerecht (innerhalb von zwölf Monaten seit Bekanntmachung der TRC-Mitglieder) gestellt werden, den Sachverhalt vollständig darstellen sowie darlegen, inwiefern eine politische Straftat, die im Zusammenhang mit dem früheren Konflikt stand, begangen worden war.[214] Der »Ausschuss für Reparationen und Rehabilitierungen« (»Committee on Reparation and Rehabilitation«) sollte die Würde der Opfer wiederherstellen und Vorschläge zur Rehabilitation formulieren.[215]

Die Kommission veröffentlichte ihren Abschlussbericht in fünf Bänden am 29. Oktober 1998. Es folgten zwei weitere

Bände am 21. März 2001, die unter anderem die Berichte der verschiedenen Ausschüsse (Band 6) sowie eine »Hommage an die Opfer der Apartheid und ein lebendiges Denkmal« (»a tribute to the victims of Apartheid and a living monument«) enthielten.[216] Die Ergebnisse dieser Arbeit sind beeindruckend: Bis zum Jahr 2000 wurden 21 296 Aussagen gesammelt, wonach 28 750 Menschen Opfer von 46 696 Verbrechen geworden waren.[217] Laut TRC-Angaben wurden von insgesamt 7 112 Amnestiegesuchen 5 392 abgelehnt.[218]

Eine abschließende Bewertung der Arbeit der TRC und des gesamten südafrikanischen Aufarbeitungsprozesses ist im Zusammenhang dieser Untersuchung nicht von Belang. Sie ist an anderer Stelle, mit unterschiedlichem Fokus und unterschiedlichem Ergebnis, geleistet worden.[219] Aus Sicht der TRC können wir abschließend die südafrikanische Psychologin Pumla Gobodo-Madikizela, die selbst Mitglied der Kommission war, sprechen lassen:

> »Gerichte ermutigen Menschen, ihre Schuld zu bestreiten. Die Wahrheitskommission lädt sie ein, die Wahrheit zu sagen. Vor Gericht werden Schuldige bestraft, in der Wahrheitskommission werden Reuige belohnt.«[220]

II. Apartheid jenseits von Südafrika?

Die internationale Diskussion um die Existenz eines Apartheidregimes jenseits von Südafrika konzentriert sich auf den Apartheidvorwurf bezüglich der von Israel besetzten Gebiete Palästinas. Darauf werden wir sogleich näher eingehen. Darüber hinaus ist der Apartheidvorwurf bisher nur bezüglich Burma/Myanmar sowie Nordkorea erhoben worden.[221]

1. Myanmar

In Myanmar (ehemaliges Burma), dem geographisch größten südostasiatischen Staat, wird die muslimische Volksgruppe der Rohingya bereits seit 1977 systematisch verfolgt. Im Jahr 2012 führten die interreligiösen Konflikte zur gewaltsamen Vertreibung von Muslimen nach Bangladesch. Seit August 2017 hat sich die Verfolgung noch einmal erheblich intensiviert.[222] Die der Militärregierung[223] zur Last gelegten Verbrechen gegen die Menschlichkeit sollen sich insbesondere im Rakhine-Staat, einem der Verwaltungsbezirke Myanmars, zugetragen haben.[224]

Was den Apartheid-Vorwurf angeht, stellt eine vom UN-Menschenrechtsrat (»Human Rights Council«, HRC) eingesetzte Untersuchungskommission (»fact-finding mission«) fest, dass »die systematische Unterdrückung und Diskriminierung [...] das Verbrechen der Apartheid erfüllen könnte«.[225] Amnesty International (AI) kommt expliziter zu dem Ergebnis, dass spätestens seit 2012 myanmarische Beamte Apartheid als Verbrechen gegen die Menschlichkeit gegen die Rohingya begangen haben.[226] Danach wurden die Rohingya im Rakhine-Staat »systematisch beherrscht und unterdrückt«.[227]

Was die für das Apartheid-Verbrechen erforderlichen *unmenschlichen Handlungen* angeht, hätten die Behörden die Rohingya im Rakhine-Staat mittels Verordnungen, Ausgangssperren, Kontrollpunkten sowie Gewalt und der Verbreitung von Angst systematisch in ihrer Bewegungsfreiheit eingeschränkt. So hätten die Rohingya nur in bestimmten Regionen, Dörfern oder gar Lagern wohnen dürfen. Reisen zwischen Gemeinden und außerhalb des Rakhine-Staats seien nur durch ein sehr restriktives und kostspieliges Genehmigungssystem möglich gewesen.[228] Dies erinnert an die oben beschriebene, territoriale Fragmentierung und die repressiven Passierscheingesetze in Südafrika. Die große Zahl an diskriminierenden Gesetzen, Maßnahmen und Praktiken gegen die Rohingya hätten zudem »eindeutige – und vorhersehbare – Folgen für die Wahrnehmung anderer Rechte und kommen der Zufügung von großem Leid und schweren Verletzungen gleich«.[229] Dabei seien insbesondere wirtschaftliche, soziale und kulturelle Rechte betroffen. Allerdings seien nicht alle Rechtsverletzungen auf unmittelbares staatliches Handeln zurückzuführen, verbreitet seien auch mittelbare Folgen (»›downstream‹ consequences«).[230] Schließlich seien auch die Gesundheits- und Lebensmittelversorgung durch die Einschränkung der Bewegungsfreiheit betroffen.[231]

Alle genannten Handlungen seien Teil eines *ausgedehnten oder systematischen Angriffs,* womit auch das sogenannte Kontextelement der Verbrechen gegen die Menschlichkeit gegeben sei.[232]

Die beschriebenen Handlungen hätten sich auch gegen eine *bestimmte ethnische Gruppe* (»racial group«), nämlich die Rohingya, gerichtet. Die ethnische Identität (»ethnic/ racial identity«) der Rohingya sei der Hauptgrund für die genannten Diskriminierungen.[233] Allerdings werde diese Identität offiziell nicht einmal anerkannt. In dem Staatsbürgerschaftsgesetz von 1982[234] sind die Rohingya nicht einmal als Staatsangehörige (»Nationals«) genannt.[235] Das Gesetz wird für seine diskriminierende Wirkung stark kritisiert.[236] Sowohl die Behörden als auch die Bevölkerung hätten eine »klare ›rassische‹ Auffassung von ›uns und denen‹« (»a clear ›racial‹ perception of ›us and them‹«).[237]

Weiterhin existiere auch ein *institutionalisiertes Regime systematischer Unterdrückung und Beherrschung*. Dieses sei sowohl durch Gesetze und Verordnungen als auch durch bestimmtes politisches und Verwaltungshandeln geschaffen worden. Die damit verbundene Unterdrückung gebe es seit spätestens 2012 und sei systematisch.

Das Apartheid-Verbrechen sei auch in *subjektiver Hinsicht* erfüllt. In der Tatsache, dass die Staatsführung das entsprechende Regime trotz Kenntnis der gravierenden Auswirkungen aufrechterhalte, zeige sich die erforderliche Absicht der »rassischen« Unterdrückung und Beherrschung.[238]

2. Nordkorea

Auch mit Blick auf Nordkorea wurde der Vorwurf der Apartheid erhoben.[239] Der Vorsitzende einer vom UN-Menschenrechtsrat eingesetzten Untersuchungskommission (»Commission of Inquiry«), Michael Kirby, sagte im März 2014, dass das diskriminierende Songbun-System eine »Apartheid sozialer Klassen« sei.[240] Allerdings beruht die Diskriminierung hier weitgehend auf den abweichenden politischen Anschauungen der diskriminierten Gruppe.[241] Das für die Apartheid notwendige Element der Diskriminierung einer bestimmten rassischen Gruppe ist damit nicht gegeben. Die von Kirby angesprochenen verschiedenen sozialen Klassen können nicht als solche »racial groups« klassifiziert werden, ohne das Konzept unzulässig zu überdehnen.[242]

So verwundert es nicht, dass der eigentliche Bericht der Untersuchungskommission den Vorwurf der Apartheid überhaupt nicht enthält.[243] Dies lässt sich wohl damit erklären, dass Kirby den Begriff der Apartheid in seiner – oben kritisierten[244] – populistischen Verformung, aber eben nicht als Rechtsbegriff gebraucht hat.[245] Mit Blick auf Nordkorea ist der Apartheid-Vorwurf demnach abzulehnen.[246]

III. Apartheid in den besetzten Gebieten Palästinas?

1. Der Apartheidvorwurf: Genese und Inhalt

Der Apartheid-Vorwurf gegen Israel ist um einiges älter, als die jüngste Debatte – ausgelöst durch die Berichte der Menschenrechtsorganisationen Human Rights Watch[247] und Amnesty International[248] – vermuten lässt. Erste Ansätze finden sich schon in den Veröffentlichungen einiger palästinensischer Intellektueller in den 1960er Jahren.[249] In den 1970er Jahren wurden Rassismus und Zionismus in Resolutionen der UN-Generalversammlung gleichgestellt.[250] Explizit wurde der Apartheidvorwurf dann erstmals auf der Weltkonferenz gegen Rassismus 2001 in Durban erhoben. In einem Entwurf der Abschlusserklärung wurde Apartheid in Bezug auf »die ethnische Säuberung der arabischen Bevölkerung im historischen Palästina« erwähnt und die »ausländische Besatzung auf der Grundlage von Siedlungen« als »eine neue Art von Apartheid« bezeichnet.[251] Die endgültige Fassung der Erklärung enthielt den Hinweis auf Palästina jedoch nicht mehr.[252]

Mit unterschiedlichen Begründungen wurde der Vorwurf dann von den mehreren UN-Sonderberichterstattern »zur Lage der Menschenrechte in den seit 1967 besetzten palästinensischen Gebieten«[253] erhoben. Der südafrikanische Rechtsprofessor John Dugard stellte in seinem Bericht von 2007 »Elemente der Besatzung« fest, die er als »Formen [...] der Apartheid« identifizierte.[254] Der US-amerikanische Rechtsprofessor Richard Falk erwähnte den Begriff Apartheid in seinem Bericht von 2010 zwar nur im Zusammenhang mit der BDS-Bewegung,[255] sein Bericht von 2014 befasste sich aber ausführlich mit dem Vorwurf[256] und kam zu dem Schluss, dass die »Praktiken und Politiken« in den besetzten Gebieten »anscheinend Apartheid darstellen [...]«.[257] Der kanadische Rechtsprofessor Michael Lynk nimmt ebenfalls eine detaillierte Analyse vor und stellt eine »Apartheid-Realität in einer Post-Apartheid-Welt« fest:

> »Dies ist Apartheid. Sie weist zwar nicht dieselben Merkmale auf wie die Südafrika praktizierte; insbesondere ist vieles von dem, was als ›petite Apartheid‹ bezeichnet wurde, nicht vorhanden. Andererseits gibt es gnadenlose Merkmale der ›apartness‹ Herrschaft Israel in den besetzten palästinensischen Gebieten, die so drastisch in Südafrika nicht praktiziert wurden, wie z. B. getrennte Autobahnen, hohe Mauern und ausgedehnte Kontrollpunkte, eine von der Außenwelt abgeschnittene Bevölkerung, Raketeneinschläge und Panzerbeschuss auf die Zivilbevölkerung und das Überlassen der sozialen Fürsorge der Palästinenser an die internationale Gemeinschaft. Vor den weit offenen Augen der internationalen Gemeinschaft hat Israel Palästina eine Apartheid-Realität in einer Post-Apartheid-Welt aufgezwungen.«[258]

Zuletzt bekräftigte auch die derzeitige italienische Sonderberichterstatterin Francesca Albanese unter Berufung auf UN- und NGO[259]-Quellen den Apartheid-Vorwurf,[260] sieht aber in der (angeblichen) Leugnung der Existenz einer palästinensischen Identität und der israelischen Politik als (post)koloniales Siedlungsprojekt die »Grundursachen« des Konflikts.

Diese Ursachen würden im »Apartheid-Rahmen« nicht ausreichend berücksichtigt. [261]

Albanese nimmt damit Bezug auf ein radikaleres Narrativ, das den Zionismus im Wesentlichen als ein siedler-koloniales Projekt sieht, bei dem die »Rassendiskriminierung« der palästinensischen Araber durch den »zionistischen Siedlerstaat« als eine Form der Apartheid nach südafrikanischem Vorbild operiere. »Die zionistischen Praktiker« würden dabei fälschlich ihre »Unschuld beteuern«.[262] Das koloniale Narrativ wurde in der Tat von mehreren anderen Autoren übernommen und fortgeführt.[263] So argumentierte die US-Akademikerin Noura Erakat jüngst, dass »Zionismus und Apartheid« als »politische und ideologische Bettgenossen sowohl in ihrer Entstehung als auch in ihrer historischen strategischen Allianz« zu verstehen seien und dass »Israel ein koloniales Siedlerprojekt« ungeachtet des palästinensischen Selbstbestimmungs- und Existenzrechts verfolge.[264] Allerdings werden die (post)kolonialen Merkmale des Siedlungsprojekts nach 1967 auch von israelischen Rechtswissenschaftlern eingeräumt, freilich ohne antizionistischen Unterton.[265]

Dieser Überblick zeigt zwar, dass der Apartheid-Vorwurf im Rahmen der Vereinten Nationen durchaus häufig erhoben wurde und wird – auch die UN-Wirtschafts- und Sozialkommission für Westasien (ESCWA) hat ihn bestätigt[266] –, doch darf das nicht den Blick auf auch weniger eindeutige Ansichten verstellen. Unter den Sonderberichterstattern hat der indonesische Diplomat Makarim Wibisono den Begriff »Apartheid« nicht einmal erwähnt.[267] In zwei vom UN-Menschenrechtsrat in Auftrag gegebenen Berichten wurde der Begriff ebenfalls nicht aufgegriffen (er wurde lediglich in Fußnoten per Verweis auf Sekundärquellen erwähnt), geschweige denn das Verbrechen der Apartheid erörtert.[268] Auch in dem schon erwähnten IGH-Rechtsgutachten zur israelischen Grenzmauer findet sich der Begriff Apartheid nicht;[269] er wird aber Gegenstand des laufenden Gutachtenverfahrens zu den Rechtsfolgen der israelischen Besatzungspolitik sein.[270]

Auf zivilgesellschaftlicher Ebene wurde der Apartheid-Vorwurf von mehreren NGOs und Wissenschaftlern aufgegriffen, wobei zu berücksichtigen ist, dass bestimmte Wissenschaftler häufig auch als NGO-Autoren tätig sind.[271] Soweit ersichtlich, geht der erste NGO-Bericht, der sich mit diesem Thema befasst, auf die Sitzung des Russell-Tribunals zu Palästina zurück, welche im November 2011 in Kapstadt stattfand.[272] Man kam zu dem Schluss, dass Israel das palästinensische Volk einem institutionalisierten Herrschaftsregime unterwerfe, das der Apartheid im völkerrechtlichen Sinne gleichkomme, die in den besetzten Gebieten »verschärft« durchgesetzt werde.[273] Zehn Jahre später erschienen die Berichte von HRW[274] und AI,[275] begleitet von ergänzenden Berichten der israelischen NGOs Yesh Din,[276] B'Tselem und Kerem Navot[277]. Vor dem Hintergrund der aktuellen innenpolitischen Entwicklung in Israel ist der Apartheid-Vorwurf jüngst vor allem auch von jüdisch-israelischen Intellektuellen und ehemaligen Sicherheitsbeamten erhoben worden.[278]

Aus juristischer Sicht ist vor allem die Analyse des im Jahre 2018 verabschiedeten Grundgesetzes (»Basic Law«) zu Israel als Nationalstaat des jüdischen Volkes (»Israel: The Nation State of the Jewish People«, »Nationalstaatsgesetz«)[279] durch die israelische NGO Adalah erwähnenswert.[280] Obwohl dieses Gesetz – als vom israelischen Parlament (der Knesset) verabschiedetes und somit innerstaatliches Gesetz – grundsätzlich nicht in den besetzten Gebieten gilt,[281] kommt darin durchaus die Tendenz der israelischen Politik gegenüber diesen Gebieten zum Ausdruck. Das Gesetz gibt der jüdischen Identität und deren Primat Verfassungsrang und macht sie damit zu einem Teil der verfassungsrechtlichen Identität des Staates Israel.[282] Noch wichtiger ist in unserem Zusammenhang, dass das Gesetz »jüdische Besiedlung als einen nationalen Wert« bezeichnet und zu einer entsprechenden staatlichen Förderung aufruft (Abschnitt 7).[283] Aus diesen (und anderen) Gründen betrachtet Adalah das Gesetz als »ein koloniales Gesetz mit Merkmalen der Apartheid, [das] ein koloniales Regime mit ausgeprägten Apartheidmerkmalen« begründe.[284] Einige arabische Knessetabgeordnete riefen den Unterstützern des Gesetzes »Apartheid« zu.[285] Der Oberste Gerichtshof Israels lehnte allerdings eine dagegen eingereichte Verfassungsbeschwerde (*Hassoun v. The Knesset*) am 8. Juli 2021 mit einer eindeutigen Mehrheit von zehn Stimmen zu einer ab[286] und erklärte das Gesetz für verfassungsgemäß.[287] Dabei betonte der Gerichtshof die allgemeine Anwendbarkeit des Gleichheitsgrundsatzes (trotz seiner fehlenden Erwähnung im Gesetz) und erklärte in Bezug auf den oben zitierte Abschnitt 7 zur »jüdischen Besiedlung«, dass er

> »mit Flexibilität und durch Ausgewogenheit mit dem Recht auf Gleichheit erfüllt werden sollte und nicht in einer Weise, die eine Diskriminierung nicht-jüdischer Personen und ihrer Rechte auf Land erlaubt«.[288]

Was akademische Stellungnahmen betrifft, so waren zwei besonders einflussreich:[289] zum einen die Studie des südafrikanischen Human Sciences Research Council (HSRC),[290] die zu dem Schluss kommt, dass Israels »Praktiken in den besetzten Gebieten trotz gewisser Unterschiede durch dieselben drei ›Säulen‹ der Apartheid« definiert werden können, die aus Südafrika bekannt seien. Israel übe die Kontrolle in den besetzten Gebieten mit dem Ziel aus, »ein System der Herrschaft von Juden über Palästinenser aufrechtzuerhalten«, welches einen Verstoß gegen das Verbot der Apartheid darstelle.[291] Zum anderen kam ein Aufsatz der Völkerrechtler John Dugard und John Reynolds in einer führenden Zeitschrift zum Völkerrecht[292] zu dem Ergebnis, dass die »drei ›Säulen‹ der Apartheid, die [...] in Bezug auf das frühere südafrikanische Regime identifiziert wurden, heute in Palästina weitgehend reproduziert werden [...]« und »dass sich in den besetzten palästinensischen Gebieten ein System der Apartheid entwickelt hat«. Dieses System bestehe »auf der Grundlage des systemischen und institutionalisierten Charakters der [...] rassischen Herrschaft« und sei »in einigen Fällen« sogar »schlimmer« als in Südafrika.[293] Neuere wissenschaftliche Veröffentlichungen haben meist auf diesen Arbeiten aufgebaut.[294]

2. Einwände

Wie wir gerade gesehen haben, wird der Apartheid-Vorwurf auch von israelisch-jüdischen Kreisen geteilt; dort ist er allerdings auch auf Ablehnung gestoßen.[295] Insbesondere die israelische Organisation »NGO Monitor« hat in einer Reihe von Stellungnahmen, in weitgehender Übereinstimmung mit der offiziellen Regierungsposition, die oben zitierten

Apartheid-Berichte zurückgewiesen. So wurde zum Beispiel der Bericht des Sonderberichterstatters Michael Lynk aus dem Jahr 2022 in einer kurzen Web-Erklärung als »finale Fiktion« angegriffen, die »viele Unwahrheiten und Verzerrungen« enthalte.[296] In zwei weiteren Berichten aus dem Jahre 2022 wurden die Berichte von HRW und AI direkt ins Visier genommen und beide Organisationen auf nahezu identische Weise durch denselben Autor der Fehler, Falschdarstellungen, Auslassungen und Doppelmoral bezichtigt.[297] Diese gleichgerichtete Kritik ist jedoch irreführend, da der AI-Bericht über den von HRW hinausgeht, bezeichnet AI doch Israel als Ganzes (also einschließlich Kernland Israel in den Grenzen von 1967) als »Apartheidstaat«, also ohne zwischen den besetzten Gebieten und dem Kernland oder der Situation vor und nach 1967 zu unterscheiden. Gerade diese Gleichsetzung hat auch bei Beobachtern, die der Besatzung durchaus kritisch gegenüberstehen, zu Ablehnung geführt.[298]

Ein weniger polemischer, eher »akademischer« Bericht wurde von NGO Monitor bereits im Dezember 2021 veröffentlicht.[299] Hier wird argumentiert, dass keiner der (oben genannten) »Berichte und Initiativen eine detaillierte rechtliche Analyse der Definition von Apartheid als Verbrechen gegen die Menschlichkeit vorgenommen hat«.[300] Diese Lücke sei zu füllen, indem man sich im Wesentlichen an der Definition von Artikel 7 Abs. 2 lit. h IStGH-Statut zu orientieren habe.[301] Demgegenüber sei die von HRW (und von anderen Vertretern des Apartheid-Vorwurfs) vertretene Auslegung zu weit gefasst und mit dem Gesetzlichkeitsgrundsatz (dazu sogleich) unvereinbar. Würde man richtigerweise von einer engen Auslegung ausgehen, käme die Anwendung des

Apartheidverbrechens auf die israelisch-palästinensische Situation nicht in Frage.[302]

Wir werden uns im dritten Teil dieser Untersuchung einer genauen Analyse der Voraussetzungen (»Tatbestandsmerkmale« im strafrechtlichen Sinne) des Apartheidverbrechens zuwenden. Hier soll eine kurze Replik auf den NGO Monitor Bericht genügen. Er fasst im Wesentlichen die existierende Literatur zusammen, ohne dabei selbst eine profundere rechtliche (»dogmatische«) Analyse vorzunehmen. So ist beispielsweise die Behandlung des sogenannten Gesetzlichkeitsgrundsatzes, eines in der Tat grundlegenden Prinzips jedes rechtsstaatlichen Strafrechtssystems, oberflächlich und selektiv. Zunächst wird der Grundsatz schon nicht vollständig definiert, nämlich – in Anlehnung an den bereits oben erwähnten römischrechtlichen Grundsatz *nullum crimen, nulla poena sine lege* (kein Verbrechen, keine Strafe ohne Gesetz) – unter Bezugnahme auf seine vier Ausprägungen: Analogieverbot (*lex stricta*), Verbot von Gewohnheitsrecht (*lex scripta*), Rückwirkungsverbot (*lex praevia*) und Bestimmtheitsgebot (*lex certa*).[303] Vielmehr scheinen die Verfasser den Grundsatz nur im Sinne des Analogieverbots als Gebot strenger und enger Auslegung zu verstehen,[304] wobei jedoch auch diese Ausprägung nicht näher erläutert wird.[305] Im Übrigen leidet der Bericht selbst an Ungenauigkeiten[306] und enthält zumindest umstrittene Behauptungen. So ist etwa die Ablehnung der oben genannten Berichte und Schriften, weil sie keine »detaillierte rechtliche Analyse« des Apartheidverbrechens lieferten, allzu pauschal und zumindest teilweise irreführend.[307] Auch was die bereits erwähnte Rücknahme des ESCWA-Berichts angeht,[308] bedient sich die Darstellung zum einen der Diskreditierung des Mitverfassers Richard Falk[309] im Sinne eines *argumentum ad hominem/ad personam*;[310] zum anderen wird selektiv argumentiert, indem relevante Umstände (zum Beispiel das Rücktrittsschreiben von Untergeneralsekretärin Rima Khalaf, den offensichtlichen Druck bestimmter Staaten[311] und die offizielle UN-Erklärung, wonach es bei der Rücknahme des Berichts um das Verfahren und nicht um seinen Inhalt ging) gar nicht erst erwähnt werden. Nicht zuletzt sollte darauf hingewiesen werden, dass NGO Monitor enge Verbindungen zur israelischen Regierung hat,[312] was Zweifel an der Unabhängigkeit und Unparteilichkeit, ja sogar an dem nichtstaatlichen Charakter der Organisation aufkommen lässt.[313]

3. Exkurs: Israelkritik als Antisemitismus?

Aufgrund der bisherigen Ausführungen sollte klar geworden sein, dass der Apartheidvorwurf sich in seiner (völker)rechtlich begründeten Dimension nicht als »antisemitisch« abtun und erledigen lässt. Notwendig ist eine genauere rechtliche Prüfung, die im folgenden (dritten) Teil erfolgen wird. Vorab soll jedoch offengelegt werden, was hier unter Antisemitismus verstanden wird und vor allem was – mit Blick auf einen »Realkonflikt«[314] wie den palästinensisch-israelischen – nicht darunter verstanden werden sollte. Bekanntlich streiten (mindestens) drei Definitionen um internationale Anerkennung,[315] wobei keine davon (rechtliche) Verbindlichkeit beansprucht, und zwar schon deshalb nicht, weil es keinen wissenschaftlich feststehenden Antisemitismusbegriff gibt. Wie gerade jüngst im Rahmen eines interdisziplinären Forschungsprojekts nachgewiesen, handelt es sich beim »Antisemitismus«

um ein überaus vielfältiges und komplexes Phänomen, das sich definitorisch nur sehr schwer einfangen lässt.[316]

Die *Internationale Allianz zum Holocaustgedenken*[317] definierte Antisemitismus im Jahre 2016[318] – im Sinne einer »Arbeitsdefinition« (»working definition«) und ausdrücklich »nicht rechtlich verbindlich« (»non legally binding«) – als

> »[…] eine bestimmte Wahrnehmung von Jüdinnen und Juden, die sich als Hass gegenüber Jüdinnen und Juden ausdrücken kann. Der Antisemitismus richtet sich in Wort oder Tat gegen jüdische oder nichtjüdische Einzelpersonen und/oder deren Eigentum sowie gegen jüdische Gemeindeinstitutionen oder religiöse Einrichtungen.«[319]

Diese Kerndefinition wird um zahlreiche »Beispiele zur Veranschaulichung« ergänzt. Diesen wird folgende Erklärung vorangestellt:

> »Erscheinungsformen von Antisemitismus können sich auch gegen den Staat Israel, der dabei als jüdisches Kollektiv verstanden wird, richten. Allerdings kann Kritik an Israel, die mit der an anderen Ländern vergleichbar ist, nicht als antisemitisch betrachtet werden.«

Als Beispiele werden sodann etwa genannt:

- Der Aufruf zur Tötung oder Schädigung von Jüdinnen und Juden im Namen einer radikalen Ideologie oder einer extremistischen Religionsanschauung sowie die Beihilfe zu solchen Taten oder ihre Rechtfertigung.
- Das Aberkennen des Rechts des jüdischen Volkes auf Selbstbestimmung, z. B. durch die Behauptung, die Existenz des Staates Israel sei ein rassistisches Unterfangen.

- Die Anwendung doppelter Standards, indem man von Israel ein Verhalten fordert, das von keinem anderen demokratischen Staat erwartet oder gefordert wird.
- Vergleiche der aktuellen israelischen Politik mit der Politik der Nationalsozialisten.
- Das kollektive Verantwortlichmachen von Jüdinnen und Juden für Handlungen des Staates Israel.

Nur nebenbei sei gesagt, dass die oben angeführten »doppelten Standards« schon im Jahre 2004 von Nathan Sharansky, einem ehemaligen israelischen Politiker und Leiter der Jewish Agency, als Teil seines sogenannten *3D-Tests* – neben Delegitimierung und Dämonisierung Israels – angeführt wurden. Tatsächlich hat dieser »simple test« zur Feststellung von Antisemitismus als Vorlage für die IHRA-Definition gedient, wie man diesem Zitat von Sharansky entnehmen kann:

> »Ich glaube, dass wir einen einfachen Test – ich nenne ihn den ›3D‹-Test – anwenden können, um legitime Kritik an Israel von Antisemitismus zu unterscheiden. Das erste ›D‹ ist die Prüfung der *Dämonisierung*. Wenn der jüdische Staat dämonisiert wird; wenn Israels Handlungen über alle vernünftigen Maßstäbe hinaus aufgeblasen werden; wenn Vergleiche zwischen Israelis und Nazis und zwischen palästinensischen Flüchtlingslagern und Auschwitz angestellt werden – das ist Antisemitismus und keine legitime Kritik an Israel. Das zweite ›D‹ ist der Test der *Doppelstandards*. Wenn Kritik an Israel selektiv geübt wird; wenn Israel von den Vereinten Nationen wegen Menschenrechtsverletzungen angeprangert wird, während das Verhalten bekannter und schwerwiegender Menschenrechtsverletzer wie China, Iran, Kuba und Syrien ignoriert wird; wenn dem israelischen Magen David Adom, dem einzigen Rettungsdienst der Welt, die Aufnahme in das Internationale Rote Kreuz verweigert wird – das ist Antisemitismus. Das dritte ›D‹ ist der Test der *Delegitimierung*: Wenn Israel – als einzigem Volk der Welt – das grundlegende Existenzrecht verweigert wird – das ist auch Antisemitismus.«[320]

Die Weite und Unbestimmtheit der IHRA-Definition sowie das damit verbundene Missbrauchspotential mit Blick auf Meinungs- und Wissenschaftsfreiheit sind – auch unter ihren Verfassern, allen voran Kenneth Stern, dem ehemaligen Antisemitismusbeauftragten des »American Jewish Committee«[321] – zunehmend auf Kritik gestoßen.[322] Dabei wird insbesondere auf die Verwischung der »Unterschiede zwischen Antisemitismus und einer legitimen Kritik Israels« hingewiesen.[323]

Dies hat 2021 als Gegenentwurf zu der von einer internationalen und interdisziplinären Wissenschaftlergruppe erarbeiteten »Jerusalemer Erklärung zum Antisemitismus« geführt.[324] Diese Erklärung betont – in bewusster Abgrenzung zur IHRA-Definition – die Bedeutung des israelisch-palästinensischen Konflikts und versteht unter Antisemitismus im Kern: »Diskriminierung, Vorurteil, Feindseligkeit oder Gewalt gegen Jüdinnen und Juden als Jüdinnen und Juden (oder jüdische Einrichtungen als jüdische).«

Anders als in der IHRA-Definition werden nicht nur Positivbeispiele von Antisemitismus angeführt, sondern auch *Negativ*beispiele. Als antisemitisch soll demnach insbesondere nicht gelten (Nr. 11–15 der Erklärung):

- Unterstützung palästinensischer Rechte und Selbstbestimmung;
- Kritik oder Ablehnung des Zionismus;
- faktenbasierte Kritik an Israel als Staat (insbesondere an der Besatzungspolitik, systematischer Diskriminierung etc.);
- »Boycott, divestment and sanctions« als »gängige« und gewaltfreie Form von Protest (nicht »per se [›in and of themselves‹] antisemitisch«).

- Meinungsfreiheit, insbesondere auch übertriebene Kritik und Verwendung von »Doppelstandards«, ist nicht »per se« antisemitisch.

Schließlich schlägt das im Jahre 2021 von einer Gruppe (vor allem linksliberaler) jüdischer US-amerikanischer Wissenschaftler (»nexus task force«) vorgelegte *Nexus Document*[325] folgende Antisemitismusdefinition vor:

> »Antisemitismus besteht aus anti-jüdischen Überzeugungen, Einstellungen, Handlungen oder systematischen Gegebenheiten. Er umfasst negative Überzeugungen und Gefühle gegen Juden, direkt gegen Juden gerichtetes, feindliches Verhalten (weil sie Juden sind) und Umstände, die Juden diskriminieren und deren Möglichkeiten, gleichgestellt am politischen, religiösen, kulturellen, wirtschaftlichen oder sozialen Leben teilzuhaben, erheblich erschweren.«[326]

Auch das *Nexus Dokument* führt Positiv- und Negativbeispiele bezogen auf Israel an. Als nicht-antisemitisch sollen danach etwa gelten:

- Kritik am Zionismus sowie an Israel und seiner Politik, oder gewaltfreier Protest gegen den Staat Israel und/oder seine Politik, einschließlich starker (»harsh«) Kritik, auch bezüglich der Staatsgründung;
- Unverhältnismäßige Aufmerksamkeit bezüglich und unterschiedliche Behandlung von Israel stelle nicht »prima facie proof of antisemitism« dar.

Ungeachtet der Kritik an der IHRA-Arbeitsdefinition und der alternativen Definitionsangebote hat die Deutsche Bundesregierung die IHRA-Definition schon 2017 übernommen[327] und auch ihrer Nationalen Strategie gegen Antisemitismus und für jüdisches Leben vom November 2022[328] zugrunde gelegt.[329] Sie hat dabei die Kerndefinition – entgegen den Negativbeispielen der Jerusalem- und Nexus Definitionen – auf »Angriffe« gegen den »Staat Israel, der dabei als jüdisches Kollektiv verstanden wird« erweitert, wobei »manifestations« mit »Angriffe« statt, wie in der oben zitierten IHRA-Übersetzung, »Erscheinungsformen« übersetzt wurde.[330] Ferner wurde der (ebenfalls oben zitierte) nachfolgende, relativierende Satz der IHRA-Definition (»Allerdings kann Kritik an Israel [...] nicht als antisemitisch betrachtet werden«) weggelassen. Und schließlich soll auch »eine bestimmte Wahrnehmung von Juden, die letztlich keinen Bezug zu tatsächlichen jüdischen Menschen hat«, antisemitisch sein.

Die Übernahme (und Erweiterung) der IHRA-Definition durch die Bundesregierung ist auch deshalb erstaunlich, weil sie nicht einmal europaweit, geschweige denn weltweit als konsentiert gelten kann.[331] So hat selbst die US-amerikanische Regierung – in vielerlei Hinsicht der wichtigste und stärkste Verbündete Israels – in ihrer nationalen Antisemitismusstrategie vom Mai 2023 die Definitionsfrage bewusst offengelassen.[332] Zugleich wird die US-Strategie explizit als unverbindlich auf allen staatlichen Ebenen erklärt.[333] Ganz anders bildet in Deutschland die IHRA-Definition die Grundlage jedes amtlichen Handelns und erhält damit einen »quasi-rechtlichen Status«.[334] Nicht zuletzt deswegen hat sich auch der – ebenfalls nicht rechtsverbindliche[335] – BDS-Beschluss des Deutschen Bundestags darauf gestützt.[336] Damit wird nicht nur die notorische Unbestimmtheit der IHRA-Definition in die praktische Rechtsanwendung überführt, sondern auch die notwendige Unterscheidung zwischen Begriffs- und Anwendungsebene ignoriert.[337]

Differenzierter hat der vom Bundesinnenministerium eingesetzte *unabhängige Expertenkreis Antisemitismus* in seinem Zweiten Bericht von 2017 Antisemitismus definiert als die

> »Sammelbezeichnung für alle Einstellungen und Verhaltensweisen, die den als Juden wahrgenommenen Einzelpersonen, Gruppen oder Institutionen aufgrund dieser Zugehörigkeit negative Eigenschaften unterstellen«.[338]

Zugleich werden »Grauzonen« anerkannt, aufgrund derer »schwer zwischen kritischen und antisemitischen Äußerungen zu unterscheiden« sei. Auch der 3D-Test wird kritisiert, weil die »Einschätzung« im »Einzelfall« »deutlich problematischer« sei.[339]

Nach alldem sind die späteren Jerusalem- und Nexus-Definitionen – gerade mit Blick auf den palästinensisch-israelischen Realkonflikt – der IHRA-Definition vorzuziehen. Was im Übrigen das hier zugrunde gelegte Antisemitismusverständnis angeht, so ist zunächst zu konstatieren, dass jeglicher Definition – aufgrund der zu Beginn dieses Abschnitts schon erwähnten Vielfältigkeit und Komplexität des Antisemitismusbegriffs – eine gewisse Unbestimmtheit immanent ist.[340] Die konzeptionell-begriffliche Diskussion kann deshalb allenfalls idealtypische Unterscheidungen liefern,[341] in der Praxis kommt es vielfach zu Überschneidungen, Grauzonen und »komplexen Mischungsverhältnissen«.[342] Immerhin kann man von einer Minimal- bzw. Kerndefinition ausgehen, wonach Antisemitismus – im Sinne eines »substanziellen Antisemitismusbegriffs«[343] – in einer »Feindschaft gegenüber Juden *als* Juden« besteht.[344] Anders ausgedrückt geht es um Diskriminierung, Verfolgung und andere Unterdrückung von Juden, (nur) weil sie Juden sind. Diesen Aspekt hat die Holocaustüberlebende Eva Szepesi in ihre Rede zur Gedenkstunde des Bundestags für die NS-Opfer am 30. Januar 2024 wie folgt auf den Punkt gebracht:

> »Es schmerzt mich, wenn Schüler jetzt wieder Angst haben, in die Schule zu gehen – *nur weil sie Juden sind.* Es schmerzt mich, wenn meine Urenkelkinder immer noch von Polizisten mit Maschinengewehren beschützt werden müssen – *nur weil sie Juden sind.*«[345]

Solche Zeitzeugnisse sind vor allem als Erfahrungsberichte zum *vollständigen* Erfassen und Verstehen erlebter Diskriminierung – aus antisemitischen oder anderen (rassistischen) Gründen – bedeutsam.[346] Antisemitismus ist aber mehr als Feindschaft gegenüber »Juden als Juden«, er ist nämlich auch ein Prozess der Zuschreibung und Projektion,[347] als dessen Folge echte Juden (»real jews«) zu fiktiven, klischeehaften, stereotypisierten Juden – zum überkommenen »ewigen Juden« im Sinne des gleichnamigen NS-Propagandafilms[348] – werden. Genau das meint Brian Klug, wenn er von »turning [real] Jews into [stereotype] ›Jews‹« spricht.[349] Zugleich muss jede Minimaldefinition spezifisch genug sein, um Antisemitismus »von universelleren, gruppenunspezifischen Feindschaftsphänomen« zu unterscheiden.[350]

Nur ein solches Grundverständnis des Antisemitismus kann der Meinungs- und Wissenschaftsfreiheit ausreichend Rechnung tragen und faktenbasierte Kritik an einer bestimmten Politik der israelischen Regierung – im Sinne der schon bei den Vorbemerkungen erwähnten »menschenrechtlichen Israelkritik« – erlauben, ohne dabei den (unbegründeten) Vorwurf des Antisemitismus auszulösen. Menschenrechtliche oder – genauer – völkerrechtlich begründete Israelkritik oder – genauer – Kritik an einer bestimmten Politik der israelischen Regierung ist dabei von antiimperialistischer Israelfeindlichkeit sowie antizionistischem[351] oder israelbezogenem Antisemitismus zu unterscheiden.[352] Jene – rechtlich oder rational begründete – Israelkritik muss in einem Rechtsstaat möglich sein, und zwar »selbst wenn dies auf harsche und ungerechte Weise geschieht«, während antisemitisch motivierte Kritik – als antizionistischer oder israelbezogener Antisemitismus (wie etwa bei der Hamas)[353] – nicht akzeptabel ist.[354]

Bei antiimperialistischer oder antizionistischer Israelfeindlichkeit, wie sie sich auch in den oben beschriebenen (siedler)kolonialen Ansätzen[355] ausdrückt, kommt es darauf an, ob sie antisemitisch motiviert ist[356] und damit unter den »Neuen Antisemitismus«[357] fällt. Motive sind *innere* Beweggründe und deshalb – wie die subjektive Seite (Vorsatz, Wissen und Wollen) einer Straftat – nur unter Bezugnahme auf die äußeren Umstände und den Kontext eines konkreten (objektiven) Verhaltens (einschließlich bestimmter Äußerungen)[358] bestimmbar. So wie sich also ein bestimmtes subjektives Tat(bestands)merkmal (beispielsweise die genozidale Zerstörungs- oder die Apartheidabsicht) nur aus den äußeren Tatumständen ableiten lässt (näher Teil 3. IV, Abschnitte 3. und 4.), so kann auch Antisemitismus bzw. die zugrundeliegende Motivation nicht pauschal festgestellt, sondern nur konkret aus Umständen und Kontext abgeleitet werden.[359]

Eine antisemitische Motivation könnte sich etwa daraus ergeben, dass das Existenzrecht Israels geleugnet wird.[360] Dies würde allerdings (mindestens) voraussetzen, dass man die Juden mit dem Staat Israel gleichsetzen, dieser also gleichsam zum »kollektiven Juden« (»collective Jew«) mit einem Alleinvertretungsanspruch aufgewertet würde.[361] Diese sogenannte Identitätsposition ist problematisch und umstritten,[362] sie kommt aber auch in der IHRA-Definition mit ihrem Bezug zum Staat Israel als »jüdisches Kollektiv« zum Ausdruck. Ferner findet sie eine Grundlage in dem oben erwähnten Nationalstaatsgesetz (2018),[363] wird damit doch Israel zum primär jüdischen Nationalstaat erklärt, der zugleich die universale Deutungshoheit für das richtige (religiöse) Verständnis des Judentums erhebt.[364]

Wie dem auch sei, Klug kommt in seiner historisch-empirischen Analyse zu dem Ergebnis, dass Israelfeindlichkeit »im Grunde« (»at bottom«) keine neue Form des Antisemitismus darstelle, sondern in dem – ja real existierenden (»Realkonflikt«) – israelisch-palästinensischen Konflikt begründet sei:

> »Die Tiefe und Bitterkeit dieses Konflikts reichen aus, um größtenteils die Stärke und Intensität der Polemik gegen den Staat [...] [Israel] zu erklären, insbesondere seitens derjenigen, die direkt von der Präsenz Israels im Nahen Osten und der Expansion der jüdischen Siedlungen in den Gebieten, die es seit dem Krieg im Juni 1967 behalten hat, betroffen sind. [...] wenn Palästinenser und Menschen, die auf ihrer Seite stehen, parteiisch sind, heißt das nicht, dass sie antisemitisch sind; sie sind einfach keine Juden. Die bloße Tatsache, dass sie voreingenommen sind, macht sie nicht zu Antisemiten [...].«[365]

Ein zu weiter Begriff eines israelbezogenen Antisemitismus läuft also Gefahr, die tatsächlich existierenden Faktoren für Feindschaft und Ablehnung zu ignorieren[366] und den zugrundeliegenden Realkonflikt falsch zu verstehen.[367] Letztlich leistet ein zu weites Verständnis auch einer Instrumentalisierung des Antisemitismusvorwurfs Vorschub.[368]

Dritter Teil: Eine völkerstrafrechtliche Analyse des Apartheidverbrechens und seine Anwendung auf die besetzten palästinensischen Gebiete

I. Ausgangspunkt: Die anwendbare Definition

Ausgehend von Art. 7 Abs. 2 lit. h IStGH-Statut als anwendbarer Definition des Apartheidverbrechens müssen folgende drei Merkmale erfüllt sein:

- »unmenschliche Handlungen«, die denen in Art. 7 Abs. 1 IStGH-Statut »ähnlich« sind
- die Existenz eines »institutionalisierten Regimes der systematischen Unterdrückung und Beherrschung einer rassischen Gruppe durch eine andere rassische Gruppe oder Gruppen«
- die (spezifische) »Absicht der Aufrechterhaltung« des so definierten Regimes

Diese Merkmale werden im Folgenden mit Blick auf die Situation in den besetzten Gebieten, insbesondere dem Westjordanland, genauer untersucht. Es wird sich zeigen, dass das erste Merkmal recht einfach nachweisbar ist, während das zweite einige Auslegungsprobleme aufwirft und das dritte nur sehr schwer nachweisbar ist.

II. Unmenschliche Handlungen

Dabei handelt es sich zunächst um die in Art. 7 Abs. 1 lit. a bis i IStGH-Statut explizit genannten Handlungen, beispielsweise Mord, Deportation, Freiheitsberaubung oder Folter. Erfasst sind aber auch andere Handlungen, die »große Leiden oder eine schwere Schädigung des Körpers oder der geistigen oder körperlichen Gesundheit verursachen« (Art. 7 Abs. 1 lit. k IStGH-Statut) sowie weitere, diesen ähnlichen unmenschliche Handlungen.[1] Diese weite Auslegung ergibt sich aus dem uneingeschränkten Verweis im Apartheidtatbestand von Art. 7 Abs. 2 lit. h IStGH-Statut auf alle »Handlungen ähnlicher Art wie die in Abs. 1 genannten«, also derjenigen, die in »Art und Schwere« ähnlich sind,[2] einschließlich der unmenschlichen Handlungen des Art. 7 Abs. 1 lit. k IStGH-Statut. Der sehr weite und unbestimmte Begriff der unmenschlichen Handlung hat den deutschen Gesetzgeber – wegen des sogenannten (oben bereits erläuterten[3]) Gesetzlichkeitsprinzips (in seiner Ausformung des Bestimmtheitsgrundsatzes und des Analogieverbots)[4] – dazu veranlasst, die »unmenschlichen Handlungen« im Sinne von Art. 7 Abs. 1 lit. k IStGH-Statut im deutschen Völkerstrafgesetzbuch (§ 7 Abs. 1 Nr. 8) auf »schwere körperliche oder seelische Schäden« der in § 226 Strafgesetzbuch genannten Art zu beschränken.[5]

Aus dem weiten Begriff der unmenschlichen Handlungen ergeben sich zwei Konsequenzen: Zum einen wird keine besondere Schwere verlangt, die über die erforderliche Ähnlichkeit mit den genannten Apartheidhandlungen hinausgeht; ebenso wenig ergibt sich eine Einschränkung aus dem sogenannten Kontextelement (ausgedehnte oder systematische Begehungsweise) von Verbrechen gegen die Menschlichkeit.[6] Erforderlich ist lediglich, dass einige (nicht alle!) unmenschliche Handlungen[7] begangen werden – und zwar im Zusammenhang mit einem ausgedehnten oder systematischen Angriff und im Rahmen eines Apartheidregimes. Zum anderen ist die Liste der im IStGH-Statut (Artikel 7 Abs. 1 lit. a bis i) genannten unmenschlichen Handlungen nicht enger gefasst[8] als die in Art. II lit. a bis f Apartheidkonvention enthaltene Liste.[9] Lediglich die spezifischen, in Art. II Apartheidkonvention genannten Handlungen gehen darüber hinaus, aber wegen der Auffangformulierung »unmenschliche Handlungen ähnlicher Art« in Art. 7 Abs. 1 lit. k IStGH-Statut, auf die der IStGH-Apartheidtatbestand verweist,[10] ist dieser letztlich doch weiter gefasst als die Apartheidkonvention;[11] allerdings ist der Begriff der »unmenschlichen Handlungen« im Zusammenhang mit Apartheid im Lichte der Apartheidkonvention auszulegen.[12]

Wendet man nun diesen rechtlichen Maßstab auf die israelischen Praktiken und Aktivitäten in den besetzten Gebieten an, so ist es zunächst weitgehend unstrittig, dass eine Reihe von unmenschlichen Handlungen begangen wurde und wird, sodass diese (tatbestandliche) Voraussetzung ohne Weiteres erfüllt ist.[13] Selbst (israelische) Wissenschaftler, die dem Apartheidvorwurf kritisch gegenüberstehen, räumen ein, dass es in den besetzten Gebieten zu unmenschlichen Handlungen kommt;[14] sie beziehen sich dabei insbesondere auf strafähnliche Hauszerstörungen, Bewegungseinschränkungen und Deportationen von Palästinensern.[15]

III. Spezifisches Kontextelement (institutionalisiertes Regime)

Wie wir bereits gesehen haben, besteht das spezifische Kontextelement des Apartheidverbrechens aus zwei Teilen: Zum einen muss ein »institutionalisiertes Regime systematischer Unterdrückung und Beherrschung« vorhanden sein, zum anderen die Beherrschung einer »rassischen Gruppe« durch eine andere. Während die zuerst genannte Voraussetzung im Hinblick auf die Situation in den besetzten Gebieten erfüllt ist, wirft die zweite Voraussetzung schwierige Auslegungsfragen auf.

1. Institutionalisiertes Regime systematischer Unterdrückung und Beherrschung

a) Rechtlicher Maßstab

Diese Voraussetzung ist von besonderer Bedeutung, weil sie das Apartheidverbrechen zu einem »regimetypischen Verbrechen«[16] macht und eine Abgrenzung von dem Verfolgungstatbestand des Verbrechens gegen die Menschlichkeit (Artikel 7 Abs. 1 lit. h, Abs. 2 lit. g IStGH-Statut) ermöglicht.[17] Insoweit werden zwei einschränkende Voraussetzungen diskutiert: Zum einen soll eine staatliche Struktur erforderlich sein, um ein solches Regime zu errichten und aufrechtzuerhalten;[18] zum anderen soll die Institutionalisierung eine besondere Gesetzgebung voraussetzen, die (wie in Südafrika[19]) die Apartheid gleichsam repräsentiert und manifestiert.[20] Im Ergebnis überzeugen diese Einschränkungen aber nicht. Einerseits bringt eine staatliche Struktur nicht notwendigerweise eine besondere organisatorische Effizienz bei der Einrichtung und Aufrechterhaltung eines unterdrückerischen Regimes mit sich. Dies mag zwar durchaus der Fall sein – wie etwa beim deutschen NS-Staat –, aber in nur wenigen Staaten wird systematische Unterdrückung so reibungslos und effizient organisiert. Vielmehr kann, je nach den Umständen des Einzelfalls, auch ein nichtstaatlicher Akteur oder eine straff und hierarchisch organisierte Aufstandsbewegung oder eine kriminelle Organisation mit vielleicht teilweiser territorialer Kontrolle[21] durchaus in der Lage sein, ein repressives Regime zu errichten und aufrechtzuerhalten.[22] Andererseits können diskriminierende Sondergesetze zwar, wie in Südafrika, die rechtliche Grundlage für ein solches Regime darstellen[23] und sogar seine Existenz manifestieren, sie stellen jedoch keine formaljuristische Voraussetzung seiner Existenz dar. Das folgt normativ bereits aus dem Verweis der Apartheidkonvention auf »Politiken und Praktiken« der Apartheid.[24] Demnach kann auch eine faktische Apartheidpolitik mit einer weniger ausgefeilten rechtlichen Grundlage – oder sogar ganz ohne eine solche –, die alleine über Anweisungen der politischen Führung umgesetzt wird, ausreichen.[25]

Das Erfordernis der »systematischen Unterdrückung und Beherrschung« scheint dem allgemeinen Kontextelement von Artikel 7 Abs. 1 IStGH-Statut (»ausgedehnter oder systematischer Angriff«) ein weiteres, spezifisches Kontextelement hinzuzufügen. Um insoweit Redundanzen zu vermeiden, sollte das spezifische Apartheid-Kontextelement als eine Konkretisierung des allgemeinen Kontextelements der Verbrechen gegen die Menschlichkeit verstanden werden.[26]

Das qualifizierende Adjektiv »systematisch« würde dann lediglich bestätigen, dass, wie im Falle des (systematischen) Angriffs im Sinne von Artikel 7 Absatz 1 IStGH-Statut,[27] irgendeine Organisation und letztlich eine Politik existieren muss.[28] Dieses zweite Erfordernis der »Systematik« würde also, so verstanden, in der Tat keinen »Sinn«[29] ergeben, da es nichts Neues hinzufügt, sondern nur schon Existierendes wiederholt. Als weitere Konsequenz wäre es dann eine rein akademische Frage, ob sich »systematisch« nur auf »Unterdrückung« oder auch auf »Beherrschung« bezieht,[30] denn jedenfalls muss es ja eine zugrunde liegende Apartheidpolitik geben.

Die verbleibende Frage, ob es einen inhaltlichen Unterschied zwischen »Unterdrückung« (»oppression«) und »Beherrschung« (»domination«) gibt, muss bejaht werden,[31] und sei es nur wegen der konjunktivischen (»und«) Formulierung, die sonst keinen Sinn ergeben, sondern nur eine weitere Redundanz erzeugen würde. In der Tat bezieht sich »Beherrschung« auf die Kontrolle (im Sinne der sogenannten Tatherrschaftslehre)[32] der gesamten Bevölkerung oder der einzelnen Personen, die der Apartheid unterworfen sind;[33] demgegenüber bedeutet »Unterdrückung« die kontinuierliche, langanhaltende und gewaltsame Unterwerfung der jeweiligen Bevölkerung oder Personen unter das betreffende Apartheidregime, das heißt, die Unterdrückung wird zur Aufrechterhaltung des Regimes eingesetzt.[34] Dabei ist daran zu erinnern,[35] dass diese Konzepte als eigenständige Merkmale des (neuen) IStGH-Verbrechens der Apartheid nicht zu eng mit Blick auf die südafrikanische Apartheidpraxis ausgelegt werden dürfen.[36]

b) Konkrete Anwendung

Wendet man diesen rechtlichen Maßstab auf die israelische Politik und Praxis in den besetzten Gebieten an, so scheinen die Voraussetzungen eines institutionalisierten Regimes systematischer Unterdrückung und Beherrschung vorzuliegen.[37] Die Palästinenser werden systematisch durch ein »duales Rechtssystem«[38] diskriminiert. Dieses Rechtssystem privilegiert die israelischen Einwohner in den besetzten Gebieten (vor allem jüdische Siedler und ihre Siedlungen) zum Nachteil der lokalen palästinensischen Bevölkerung, was auf eine faktische Segregation hinausläuft.[39] Zwar liegt, wie bereits erwähnt,[40] die unterschiedliche Behandlung von lokaler Bevölkerung und zugezogener Bevölkerung des Besatzers *bis zu einem gewissen Grad* in der Logik eines Besatzungsregimes und des anwendbaren Besatzungsrechts, doch darf diese unterschiedliche Behandlung nicht zu einer durchgängigen Diskriminierung der lokalen Bevölkerung führen, sei es auch nur in der praktischen Anwendung des Besatzungsrechts. Hinzu kommt, dass die Bevölkerung des Besatzers ohnehin nicht auf Dauer angesiedelt werden darf,[41] weil eine Besatzung ja per definitionem temporärer Natur ist.[42]

In diesem Zusammenhang ist auch daran zu erinnern, dass das im Westjordanland geltende Recht im Einklang mit dem völkerrechtlichen Besatzungsrecht[43] grundsätzlich das lokale (jordanische) Recht[44] – als das ursprünglich zu Beginn der Besatzung geltende Recht gemäß Art. 43 der Haager Landkriegsordnung[45] – und das Militärrecht des israelischen Besatzers in Form zahlreicher militärischer Anordnungen des jeweiligen israelischen Militärkommandanten ist; diese Anordnungen setzen häufig israelisches Recht um und ändern somit das ursprüngliche lokale Recht.[46] Die militärischen Anordnungen (und damit das zugrunde liegende israelische Recht) gelten entweder territorial (sowohl für palästinensische Einwohner als auch für israelische Siedler) oder personal aufgrund der Staatsangehörigkeit (nur für Siedler).[47] Darüber hinaus regelt das israelische Verwaltungsrecht das Verhalten aller israelischen Staatsorgane in den besetzten Gebieten,[48] insbesondere des Militärkommandanten. Damit wird zum einen die gerichtliche Überprüfung militärischen Handelns ermöglicht,[49] andererseits verdrängt das Verwaltungsrecht das völkerrechtliche Besatzungsrecht und unterläuft die direkte Anwendung der Menschenrechte.[50] Das für die Siedler anwendbare israelische Recht wurde als »Enklavenrecht« (»enclave law«) bezeichnet.[51] Die aktuelle Regierung hat darüber hinausgehend vereinbart, das israelische Recht generell direkt auf die Siedlungen anzuwenden.[52]

Das Oberste Gericht Israels hat die (extraterritoriale) Anwendung der allgemeinen israelischen Gesetzgebung – entgegen der gerade genannten Regierungsvereinbarung – auf die besetzten Gebiete bisher nicht zugelassen, sondern vielmehr festgestellt, dass das israelische Recht im Einklang mit dem (gerade dargestellten) völkerrechtlichen Besatzungsrecht dort nicht gilt.[53] Doch hat der Gerichtshof manchmal die »Basic Laws« (»Grundgesetze«),[54] die in ihrer Gesamtheit eine Art israelische Verfassung bilden und vor allem Grundrechte vorsehen (insbesondere das »Grundgesetz: Menschenwürde und Freiheit«), auf israelische Siedler,[55] aber auch auf die lokale palästinensische Bevölkerung angewendet.[56]

Der Rückgriff auf das Verfassungsrecht wurde auch dazu genutzt, die Befugnisse des Militärkommandanten auszuweiten, um Schutzmaßnahmen zugunsten der israelischen

Siedler zum Nachteil der palästinensischen Bevölkerung zu ergreifen, wobei häufig das Besatzungsrecht verdrängt wurde.[57] Auch wenn die Rechtsprechung des Gerichtshofs uneinheitlich und fallspezifisch ist, bestätigt sie doch letztlich das oben erwähnte duale Rechtssystem, mittels dessen im Großen und Ganzen internationales (Besatzungs)Recht auf die Palästinenser und nationales (Verfassungs)Recht auf die israelischen Siedler angewendet wird.[58] Tatsächlich profitieren die Siedler nicht nur von der Anwendung des innerstaatlichen israelischen Rechts, sondern auch vom völkerrechtlichen Besatzungsrecht (insbesondere Artikel 43 Haager Landkriegsordnung), da das Oberste Gericht sie als Teil der lokalen Bevölkerung, manchmal sogar als geschützte Personen im Sinne des humanitären Völkerrechts betrachtet[59] und dieses Recht (ergänzt durch Verfassungs-und Menschenrechtsvorschriften) damit selektiv zu ihren Gunsten anwendet.[60] Infolgedessen ist die israelische Praxis in den besetzten Gebieten vielleicht das paradigmatische Beispiel für eine Art umgekehrter Anwendung des Besatzungsrechts, bei der dieses Recht, ergänzt durch Verfassungs- und Menschenrechte, aus Sorge um die Sicherheit der angesiedelten Bevölkerung des Besatzers (israelische Siedler) zum Nachteil der eigentlich zu schützenden lokalen (palästinensischen) Bevölkerung angewendet wird, wodurch die Rechte dieser weiter eingeschränkt werden und das strukturelle Ungleichgewicht zwischen den beiden Gruppen verstärkt wird.[61]

Anlässlich der Verabschiedung des »Gesetzes zur Regulierung der Besiedlung von Judäa und Samaria«[62] durch die Knesset im Jahr 2017 entschied das Oberste Gericht erstmals, dass alle Regierungsorgane verfassungsrechtlicher Kontrolle unterliegen, wobei es allerdings die Frage offenließ, ob die

Knesset überhaupt befugt ist, extraterritoriale (in den besetzten Gebieten geltende) Gesetze zu erlassen.[63] Das Oberste Gericht erkannte auch an – ungeachtet seiner allgemeinen Betonung des Verfassungsrechts[64] –, dass das Völkerrecht dazu dienen kann, den verfassungsrechtlichen Schutz humanitärvölkerrechtlich »geschützter Personen« (das heißt der palästinensischen Zivilbevölkerung) zu verbessern.[65] Insgesamt bestätigt das Oberste Gericht jedoch nicht nur die gesetzgeberische Privilegierung der Siedler,[66] sondern es legitimiert, zumindest implizit, das Siedlungsprojekt und die Siedlungspolitik als Ganzes.[67] Dies ist wenig überraschend, denn schließlich ist es kein neutraler Akteur, sondern ein Organ der Besatzungsmacht, das vor allem auf das Vertrauen der israelischen Öffentlichkeit angewiesen ist.[68]

Das Planungs- und Zoneneinteilungsregime in den besetzten Gebieten ist wohl der offensichtlichste und stärkste Ausdruck der systematischen Diskriminierung der Palästinenser gegenüber den Siedlern. Während es den Bau neuer Siedlungen großzügig erleichtert, schränkt es gleichzeitig die palästinensische Bautätigkeit stark ein[69] und verbietet sie im Wesentlichen in zwei Dritteln des Westjordanlands.[70] So dehnen sich die Siedlungen ständig weiter aus und die territoriale Fragmentierung eines künftigen palästinensischen Staates wird faktisch zementiert. Die Planungs- und Zonierungspolitik hat auch zu dem System getrennter Straßen für Siedler und Palästinenser geführt, das als »Straßen-Apartheid« bekannt geworden ist.[71] Ein weiteres Merkmal der systematischen Diskriminierung der lokalen palästinensischen Bevölkerung gegenüber den Siedlern ist der fehlende Zugang zu grundlegenden Dienstleistungen.[72] Die Siedlungspolitik erweist sich damit als das sichtbarste und hässlichste

Gesicht der palästinensischen Diskriminierung im Rahmen des institutionalisierten Regimes der systematischen Unterdrückung und Beherrschung in den besetzten Gebieten, insbesondere im Westjordanland.

Schließlich verdient – als weiteres »Grundgesetz« – das (schon oben erwähnte)[73] »Nationalstaatsgesetz« von 2018[74] Erwähnung. Zwar ist es in den besetzten Gebieten nicht direkt anwendbar, es weist – als »Grundgesetz« – der jüdischen Identität und Vorherrschaft jedoch Verfassungsrang zu und macht sie zu einem Teil der verfassungsrechtlichen Identität des Staates Israel.[75] Damit hat dieses Gesetz auch Auswirkungen auf die besetzten Gebiete, sei es auch nur als Ausdruck einer bestimmten staatlichen Politik, weshalb es wenig überraschend ist, dass es die »jüdische Besiedlung« als »einen nationalen Wert« bezeichnet und zu ihrer »Weiterentwicklung« und »Konsolidierung« aufruft.[76] Vor diesem Hintergrund kann man in diesem Gesetz – ungeachtet der vielleicht gegenteiligen Absicht einiger seiner Verfasser – eine weitere, zumindest faktische Legitimierung des »fortgesetzten Bau und Ausbau« von Siedlungen und »nicht genehmigten Außenposten«[77] sehen, ganz im Sinne der Leitprinzipien der Netanjahu-Regierung.[78]

Alles in allem lässt sich also eine Ausweitung des israelischen Rechts auf die besetzten Gebiete feststellen, sei es durch Rechtsprechung oder durch Gesetzgebung (direkt oder indirekt durch militärische Anordnungen). Sie ist Teil der zu Beginn dieser Untersuchung erwähnten »schleichenden Annexion«[79] und verwischt zunehmend die Grenze zwischen dem Kernland Israel und den besetzten Gebieten.[80] In diesem Zusammenhang ist allerdings zu berücksichtigen, dass eine formale Annexion die Situation der lokalen Bevölkerung nicht unbedingt verschlechtert; im Gegenteil, sie kann sie sogar verbessern, wenn sie mit der Verleihung der Staatsangehörigkeit einhergeht (wodurch die Palästinenser im Westjordanland den palästinensischen Bürgern des israelischen Kernlandes gleichgestellt würden) oder mit einem Aufenthaltsstatus, der den Zugang zum Sozialsystem des Aufnahmestaates ermöglicht (beispielsweise durch die Ausstellung israelischer blauer Ausweise, die ihren Besitzern den Status der palästinensischen Einwohner Ostjerusalems gibt). Die schleichende De-facto-Annexion des Westjordanlands hat jedoch keinen dieser positiven Effekte. Sie führt vielmehr nur dazu, dass die systematische Diskriminierung fortgesetzt und verstärkt und das bestehende Unterdrückungs- und Herrschaftsregime vertieft wird.[81]

Einige der in den besetzten Gebiete durchgeführten Maßnahmen mögen zwar durch *Sicherheitsbedenken* gerechtfertigt sein,[82] zum Beispiel die Sperrung bestimmter Straßen für Palästinenser,[83] dies gilt jedoch keineswegs für alle Maßnahmen.[84] Häufig sind angebliche Sicherheitsbedenken auch Teil einer umfassenden politischen Strategie,[85] um die weitere territoriale Expansion Israels in das Westjordanland zu rechtfertigen und/oder zu verschleiern.[86] Vor allem aber darf man nicht übersehen, dass die fragile Sicherheitslage eine Folge der Besatzung und vor allem der Siedlungspolitik ist.[87] Diese vertieft die bereits erwähnte Fragmentierung des Gebiets eines zukünftigen palästinensischen Staats[88] und die daraus resultierende Zerstreuung der palästinensischen Bevölkerung.[89] Dies wiederum führt zu immer größerer Frustration und Ohnmachtsgefühlen, die letztlich eine Radikalisierung gerade der jungen palästinensischen Bevölkerung bewirken und sich auch in terroristischen Anschlägen im Kernland Israel Bahn brechen können, wie uns in brutalster Weise am 7. Oktober 2023 vor Augen geführt wurde.

Selbst wenn man faktisch eine Art »Rechtfertigungsgrund der Sicherheit« akzeptieren würde, könnte dies nicht als Rechtfertigung eines institutionalisierten Regimes dienen, das auf Apartheid hinausläuft, da eine durch zwingendes Völkerrecht (*ius cogens*) verbotene Praxis niemals ein legitimes Mittel zu einem bestimmten Zweck (hier Sicherheit) sein kann.[90] Erst recht kann eine systematische Diskriminierung, die auf ein institutionalisiertes Regime im Sinne der Apartheid hinausläuft, nicht durch normative Überlegungen gerechtfertigt werden, die auf Gerechtigkeit oder Angemessenheit (»reasonableness«) als Konzept zur Unterscheidung zwischen zulässiger und unzulässiger Diskriminierung/Ungleichbehandlung beruhen.[91]

2. Beherrschung einer »rassischen« Gruppe durch eine andere?

Das Verbrechen der Apartheid erfordert (nach beiden Definitionen) die Beherrschung einer »rassischen Gruppe« durch eine andere »rassische Gruppe«. Die diskriminierenden Maßnahmen und Praktiken Israels in den besetzten Gebieten sind nach der weit gefassten Definition von Artikel 1 der UN-Antirassismuskonvention,[92] die insbesondere die Diskriminierung aufgrund der nationalen oder ethnischen Herkunft einschließt, als »Rassendiskriminierung« anzusehen. Das folgt vor allem aus der Spruchpraxis des betreffenden Vertragsorgans, nämlich des Ausschusses für die Beseitigung der Rassendiskriminierung (»Committee on the Elimination of Racial Discrimination«, CERD). Dieser hat diese Praktiken mehrfach als »Rassentrennung und Apartheid« bezeichnet, die gegen Artikel 3 Antirassismuskonvention verstoßen.[93]

Das weit gefasste Konzept der »Rassendiskriminierung« darf jedoch nicht mit dem Konzept der »rassischen Gruppe« gleichgestellt werden. Anders gesagt folgt aus der palästinensischen Diskriminierung (insbesondere in den besetzten Gebieten), in der man mit dem CERD durchaus einen Verstoß gegen das Apartheid*verbot* sehen kann, nicht gleichsam automatisch die Kategorisierung der betreffenden Gruppen/Völker als »rassische Gruppe« im Rahmen des Apartheid*verbrechens*, zumal der insoweit relevante Art. 7 Abs. 2 lit. h IStGH-Statut nicht einmal das Wort »Diskriminierung« enthält.[94]

Es führt also kein Weg daran vorbei, die Begriffe »rassische Gruppe« oder »Rasse« zu definieren, um entscheiden zu können, ob die »Rassendiskriminierung« (im Sinne von Artikel 1 Abs. 1 Antirassismuskonvention) in den besetzten Gebieten auf eine Vorherrschaft der jüdischen »rassischen Gruppe« über die palästinensische »rassische Gruppe« (im Sinne von Art. 7 Abs. 2 lit. h IStGH-Statut) hinausläuft. In Anbetracht des (schon mehrfach erwähnten) Gesetzlichkeitsgrundsatzes,[95] insbesondere des darin enthaltenen Analogieverbots (*lex stricta*), bedarf diese Frage einer gründlichen Prüfung. Insbesondere kann man den Begriff der »rassischen Gruppe« nicht einfach (im Wege einer Analogie) ausweiten, indem man »Rassendiskriminierung« – oder gar »Rassismus«[96] – in ihn hineinliest oder ihn gar durch eine weite menschenrechtliche Auslegung ersetzt.[97]

Eine subjektive Sicht will Palästinenser als eigenständige rassische Gruppe verstehen, indem – im Gegensatz zur objektiven Sicht – nicht auf objektive Kriterien, sondern auf die Selbstidentifizierung und -wahrnehmung und/oder die Identifizierung und Wahrnehmung der jeweiligen Gruppe durch andere (einschließlich der Täter) abgestellt wird.[98] Diese Sichtweise kann jedoch aus mehreren Gründen nicht überzeugen. Zum einen lässt sie sich nicht auf einschlägige völkerstrafrechtliche Rechtsprechung stützen. Diese ist nicht nur in einem anderen Kontext (in Bezug auf die durch das Genozidverbrechen geschützten Gruppen) ergangen, sondern folgt überhaupt nicht einem ausschließlich subjektiven, sondern eher[99] einem kombinierten (subjektiv-kontextspezifischen) Ansatz.[100]

Noch wichtiger ist zum anderen, dass der subjektive Ansatz alles andere als klar ist und auch von seinen Befürwortern[101] nicht ausreichend geklärt wird. Ein Beispiel dafür ist Carola Lingaas als die Autorin, die sich wohl am gründlichsten mit diesem Thema befasst hat.[102] Während sie einen (rein) subjektiven Ansatz zu Recht als zu unsicher ablehnt,[103] verwirft sie auch eine »Kombination eines subjektiven Ansatzes […] mit objektiven Elementen«, da die potenzielle Ausweitung »nicht notwendigerweise durch das Erfordernis eines gewissen Grades an Objektivität eingeschränkt wird«.[104] Sie entscheidet sich schließlich für einen »doppelt subjektiven Ansatz, der entweder die Selbstwahrnehmung, die Wahrnehmung des Täters oder eine Kombination aus beidem berücksichtigt«.[105] Dieses kombinierte Verständnis wird nicht viel klarer, wenn man das betreffende Zitat Lingaas' im Zusammenhang betrachtet:

> »Es wird […] vorgeschlagen, dass Rasse so ausgelegt werden sollte, dass sie die Wahrnehmung und/oder die Selbstwahrnehmung – der so genannte doppelt subjektive Ansatz, der entweder die Selbstwahrnehmung, die Wahrnehmung des Täters oder eine Kombination aus beiden zulässt – aus Gründen wahrgenommener rassischer oder ethnischer Unterschiede einschließt.«[106]

Während Lingaas mit dem Ansatz der Rechtsprechung, den subjektiven Ansatz durch kontextspezifische Erwägungen im Einzelfall zu objektivieren, sympathisiert,[107] scheint diese Objektivierung nicht in ihren »doppelt subjektive[n] Ansatz« einzufließen, da sie ausschließlich auf die Wahrnehmung abstellt, sei es als alternative Selbst- *oder* Täterwahrnehmung oder als kombinierte Selbst- *und* Täterwahrnehmung. Außerdem bleiben die Ausführungen von Lingaas abstrakt, sie wendet ihre Definition nicht auf eine konkrete Situation an.

In einem anderen Beitrag, in dem das Apartheid-Verbrechen konkreter analysiert wird,[108] ergänzt Lingaas (wie auch in ihrer späteren Monografie[109]) expliziter[110] den subjektiven Ansatz mit dem sozio-anthropologischen Verständnis von »Rasse« als »Andersartigkeit« (oder »Anderssein«, engl. »otherness«) und letztlich als »sozialem Konstrukt« aufgrund der »Wahrnehmung des Täters« als »wichtigstem bestimmenden Element«:

> »Menschen diskriminieren, weil jemand als anders *wahrgenommen wird*. Mit anderen Worten, wenn eine Gruppe als eigenständige rassische Gruppe *wahrgenommen* und behandelt wird, würde sie als rassische Gruppe im Sinne des Apartheidverbrechens gelten, obwohl es keine ›objektiven‹ Unterschiede zwischen den Gruppen gibt, denen das Opfer und der Täter angehören.«[111]

Auf der Grundlage dieser »soziologischen und rechtlichen Definition von Rasse als Wahrnehmung der Andersartigkeit einer Gruppe oder einer Person« kommt Lingaas dann zu dem vorsichtigen Schluss, dass »die beiden Gruppen in den besetzten Gebiete tatsächlich als zwei rassische Gruppen charakterisiert werden könnten«.[112] Dies ist im Prinzip ein überzeugenderer Ansatz, da er die subjektive Sichtweise mit dem heute vorherrschenden sozio-anthropologischen Verständnis von »Rasse« – im Gegensatz zur traditionellen biologischen und genetischen, angeblich »wissenschaftlichen« Definition[113] – als letztlich sozialem Konstrukt verbindet, das auf einer Zuschreibung durch die Mehrheitsgruppe oder Gesellschaft beruht. Kurz gesagt: »Rasse ist real, weil Gedanken, Wahrnehmungen und Verhalten darauf aufgebaut sind, aber sie hat keine biologische Grundlage.«[114] In diesem Sinne ist die Definition von »Rasse« also im Wesentlichen subjektiv – eine soziale Konstruktion und Zuschreibung, die auf bestimmten Wahrnehmungen der Mehrheitsgruppe oder dominanten (Täter)Gruppe beruht oder auf diese zurückzuführen ist –, die jedoch durch bestimmte (objektive) kontextspezifische Faktoren ergänzt wird.

Das Problem in unserem Zusammenhang besteht allerdings darin, dass ein im Wesentlichen subjektiver Ansatz nicht unbedingt zur Beantwortung der Frage beiträgt, ob die israelische (rassische) Diskriminierung der Palästinenser in den besetzten Gebieten als Vorherrschaft einer »rassischen Gruppe« über eine andere »rassische Gruppe« im Sinne des Apartheidverbrechens angesehen werden kann. In Ermangelung eindeutiger offizieller israelischer Stellungnahmen in diesem Sinne, also solchen, die die Diskriminierung im Sinne einer rassischen Überlegenheit rechtfertigen und somit zeigen, dass Israel die Palästinenser als eine eigenständige rassische Gruppe betrachtet,[115] muss man diese Wahrnehmung und die sich daraus ergebende Zuschreibung aus der objektiven Politik und Praxis in den besetzten Gebieten ableiten.[116] Dies ist jedoch ein überaus schwieriges Unterfangen. Zwar gibt es Autoren, die palästinensische Araber und jüdische Israelis als »unterschiedliche rassische Gruppen« im Sinne des weit gefassten Konzepts der »Rassendiskriminierung« in Art. 1 Antirassismuskonvention, einschließlich der Gruppenidentität aufgrund von Abstammung, ethnischer oder nationaler Herkunft, kategorisieren,[117] doch damit wird der engere Begriff der »rassischen Gruppe« mittels des weiteren Begriffs der »Rassendiskriminierung« – gleichsam menschenrechtlich – ausgedehnt und dies gerät mit dem schon häufig erwähnten Gesetzlichkeitsgrundsatz in Konflikt. Lingaas, die sich der fragwürdigen Ausweitung einer strafrechtlichen Bestimmung durch menschenrechtliche Auslegung durchaus bewusst ist,[118] erklärt die Diskriminierung der Palästinenser überzeugender mit »ihrer Gruppenzugehörigkeit«, »basierend auf einem Verständnis ihres geringeren Wertes und ihrer (rassischen) Minderwertigkeit«,[119] und leitet aus dieser Diskriminierung ab, dass Palästinenser als »die Anderen« betrachtet werden, »eine separate, scheinbar unterscheidbare Identitätsgruppe«, möglicherweise sogar eine »rassische« Gruppe, wobei eine solche »rassische Wahrnehmung der palästinensischen Gruppenzugehörigkeit« das Element der »rassischen Gruppe« des Apartheidverbrechens erfüllt.[120]

Diese Ansicht findet einen radikalen, aber weniger nuancierten Ausdruck in der Gleichsetzung von Zionismus und Rassismus,[121] wobei das »zionistische Kolonisierungsprojekt« als Ausdruck rassischer Überlegenheit[122] und/oder sogar Israel selbst als rassischer Staat, der auf einer rassischen jüdischen Vorherrschaft beruht, charakterisiert wird.[123]

In der Tat scheint das Merkmal »rassische Gruppe« auf der Annahme zu beruhen, dass der israelisch-palästinensische Konflikt unter rassischen Gesichtspunkten zu betrachten ist. Was würde aber rechtlich folgen, wenn man die Diskriminierung in den besetzten Gebieten nicht (primär) aus Sicht der »Rasse«, sondern (auch) aus Sicht der »Staatsangehörigkeit« – als eine Art unterschiedliche Behandlung zwischen israelischen Staatsbürgern und palästinensischen Nicht-Staatsbürgern – betrachten würde?[124] Art. 1 Abs. 2 Antirassismuskonvention schließt ja die Anwendung der Konvention aus, wenn die unterschiedliche Behandlung auf fehlender Staatsangehörigkeit der diskriminierten Gruppe beruht. Wären dann also – beim Abstellen auf die fehlende Staatsangehörigkeit der Palästinenser – eine »Rassendiskriminierung« im weiten Sinne von Art. 1 Abs. 1 Antirassismuskonvention – aufgrund der erlaubten Unterscheidung zwischen Staatsbürgern und Nicht-Staatsbürgern (»citizens and non-citizens«) gemäß Art. 1 Abs. 2 – und *erst recht* eine rassische Gruppenbeherrschung im Sinne des Apartheidverbrechens ausgeschlossen? Die kurze Antwort lautet: Nein. Denn eine Diskriminierung aufgrund der »nationalen« Herkunft gemäß Art. 1 Abs. 1 Antirassismuskonvention – oder aufgrund der (erlaubten) Unterscheidung zwischen Staatsbürgern und Nicht-Staatsbürgern gemäß Art. 1 Abs. 2 oder zwischen Staatsangehörigen eines Besatzers und der einheimischen (geschützten) Bevölkerung nach Besatzungsrecht[125] – schließt als solche nicht die Möglichkeit einer Diskriminierung aufgrund anderer (rassischer) Gründe aus – und zwar ungeachtet der schwierigen Unterscheidung zwischen »nationaler Herkunft« (gemäß Art. 1 Abs. 1) als einem »von Geburt an vorhandenen« Merkmal und der »Staatsangehörigkeit« (gemäß Art. 1 Abs. 2,

3 Antirassismuskonvention) als »rechtlichem Merkmal« im staatlichen Ermessen.[126]

Auch schließt die Unterscheidung aufgrund (fehlender) Staatsangehörigkeit eine Gruppenbeherrschung im Sinne des Apartheidverbrechens nicht per se aus. Denn die diskriminierenden Gründe schließen sich weder gegenseitig aus, noch sind sie voneinander abhängig, vielmehr können sie durchaus zu einem bestimmten Zeitpunkt in einem bestimmten Gebiet in unterschiedlichem Maße parallel existieren. Wie Miles Jackson richtig feststellt, bedeutet

> »die bloße Tatsache, dass eine Unterscheidung auf der Staatsangehörigkeit beruht, nicht, dass eine unterschiedliche Behandlung nicht auch ein System der Unterdrückung und Beherrschung durch eine rassische Gruppe gegenüber einer anderen darstellen kann«.[127]

Folglich kann eine Diskriminierung, wenn sie rassische Merkmale aufweist, grundsätzlich eine rassische Gruppenbeherrschung im Sinne des Apartheidverbrechens darstellen. Ob dies letztendlich der Fall ist, also die erforderliche *rassische* Beherrschung vorliegt, hängt von den konkreten Umständen ab.

IV. Besondere »Absicht der Aufrechterhaltung« des jeweiligen (Apartheid-)Regimes

1. Allgemeine vs. besondere Absicht, staatliche vs. individuelle Verantwortung

Die »Absicht der Aufrechterhaltung« ist – wie die »Zerstörungsabsicht« beim Genozid – ein spezifisches (besonderes) subjektives Tatbestandsmerkmal (*dolus specialis*), das zusätzlich zum allgemeinen Vorsatz nach Art. 30 IStGH-Statut erforderlich ist.[128] Danach muss jeder potenzielle Täter in Bezug auf die objektiven Tatbestandsmerkmale des jeweiligen Verbrechenstatbestands, einschließlich des sog. Kontextelements, willentlich und wissentlich handeln (Art. 30 Abs. 1 IStGH-Statut).[129] Für die Apartheid wird dies in den sog. Verbrechenselementen (»Elements of Crimes«, EoC)[130] zu Art. 7 Abs. 1 lit. j IStGH-Statut klargestellt,[131] die jedoch um Art. 30 IStGH-Statut als allgemeine Auffangbestimmung für den Vorsatz ergänzt werden müssen.[132] Was das allgemeine Kontextelement von Verbrechen gegen die Menschlichkeit (»ausgedehnter oder systematischer Angriff«) betrifft, so sieht Verbrechenselement 7 vor, dass der

> »Täter wusste, dass die Handlung Teil eines ausgedehnten oder systematischen Angriffs gegen die Zivilbevölkerung war oder beabsichtigte, dass die Handlung Teil eines solchen Angriffs war«.[133]

Außerdem muss der Täter sich auch des spezifischen Kontextelements des Apartheidverbrechens bewusst gewesen sein, also dass seine Handlungen Teil eines institutionalisierten Apartheidregimes waren.[134] Was die zugrundeliegenden unmenschlichen Handlungen anbelangt, so verlangt Element 3, dass der »Täter sich der tatsächlichen Umstände bewusst war, die den Charakter der Handlung begründen«,[135] das heißt die Art und Schwere der Handlung.[136] Erforderlich ist jedoch immer nur die Kenntnis der zugrundeliegenden Tatsachen, nicht die (rechtliche) Bewertung bestimmter normativer Merkmale (zum Beispiel »unmenschlich«).[137]

Hinsichtlich der Apartheidabsicht wird in Element 5 klargestellt, dass diese beim jeweiligen »Täter« vorliegen muss,[138] das heißt, er muss sie selbst besitzen.[139] Dabei ist zweierlei zu berücksichtigen. Erstens ist das Apartheidverbrechen nicht auf eine bestimmte Gruppe von Tätern beschränkt, insbesondere nicht auf Führungstäter. Eine solche Beschränkung hätte von den Verfassern, wie beim Aggressionsverbrechen,[140] ausdrücklich vorgesehen werden müssen; stattdessen wurde ein entsprechender Vorschlag der UN-Völkerrechtskommission (»International Law Commission«, ILC)[141] abgelehnt.[142] Zweitens kann die individuelle Absicht des Täters nicht durch eine Art kollektive (staatliche) Absicht ersetzt werden, womit es ausreichen würde, dass der jeweilige Täter nur ein Teil des von der betreffenden kollektiven Einheit (Staat) betriebenen Apartheidsystems war.[143] Für das hier relevante Apartheidverbrechen nach Art. 7 Abs. 2 lit. h IStGH-Statut folgt dies eindeutig aus dem Grundsatz der *individuellen* – im Gegensatz zur kollektiven – strafrechtlichen Verantwortlichkeit, wie er in Art. 25 Abs. 2 IStGH-Statut festgelegt ist.[144] Somit muss der jeweilige Täter selbst mit Absicht handeln.[145] Für das Verbrechen nach Art. II Apartheidkonvention ergibt sich das Gleiche aus der bereits eingangs erläuterten Gegenüberstellung von Verbot und Verbrechen:[146] Während sich Ersteres an Staaten richtet (weshalb, neben der objektiven Verletzung des Verbots als »schwerwiegender Bruch einer internationalen Verpflichtung«,[147] auch ein Vorsatz zur Auslösung *staatlicher* Verantwortung erforderlich ist),[148] richtet sich Letzteres an die Einzeltäter (weshalb, neben der Begehung des objektiven Tatbestands, auch deren Vorsatz zur Auslösung *individueller* strafrechtlicher Verantwortung erforderlich ist). Vor dem Hintergrund dieser grundlegenden Unterscheidung ist jegliche Vermischung von Verbot und Verbrechen zu vermeiden, insbesondere im Hinblick auf die psychische (subjektive) Seite der Tatbegehung.[149]

2. Bedeutung vs. Beweis

Eine in unserem Zusammenhang weitere wichtige Unterscheidung betrifft die zwischen der Bedeutung des Absichtsbegriffs und seines Nachweises.[150] Was die erste Frage angeht, so ergibt sich aus der relevanten Rechtsprechung und Literatur, die insbesondere bezüglich der spezifischen genozidalen Vernichtungsabsicht entwickelt wurde, dass »intent« im hier relevanten Zusammenhang – ungeachtet der Mehrdeutigkeit des »intent-Begriffs« im Allgemeinen[151] – den Täterwillen in seiner intensivsten Form und die Verfolgung eines bestimmten Zwecks zum Ausdruck bringt.[152] Darüber hinaus geht diese Absicht – eine sogenannte überschießende Innentendenz des Täters repräsentierend – über die objektiven Tatbestandsvoraussetzungen hinaus.[153] Konkret auf das Apartheidverbrechen bezogen, muss der Täter also mit dem spezifischen Zweck, Wunsch oder Ziel – ungeachtet anderer von ihm verfolgter Zwecke[154] – handeln, das jeweilige Apartheidregime aufrechtzuerhalten.[155] Dieser Zweck bestimmt einerseits sein Handeln, kann andererseits aber auch weit darüber hinausgehen. Umgekehrt ist es auch möglich, dass die von dem Täter objektiv vorgenommenen Handlungen zwar tatsächlich zur Aufrechterhaltung des jeweiligen Regimes beitragen, subjektiv aber, in der Vorstellung des Täters, nicht zu diesem Zweck vorgenommen wurden, sodass er die erforderliche Apartheidabsicht nicht besitzt.

Die genannte »überschießende Innentendenz« bildet somit die theoretische Grundlage für die Einordnung der spezifischen Absicht in die *Struktur* der Straftat: Zwar dienen die im Rahmen der Apartheid begangenen (unmenschlichen) Handlungen einem bestimmten Ergebnis, nämlich der Aufrechterhaltung des jeweiligen Apartheidregimes, dieses Ergebnis muss tatsächlich aber nicht erreicht werden und ist somit nicht Teil des objektiven Tatbestands; das Ergebnis muss jedoch beabsichtigt (gewünscht, gewollt etc.) sein und diese (spezifische) Absicht ist Teil des subjektiven Tatbestands.[156]

Die Tatsache, dass ein solches Absichtserfordernis nur schwer nachzuweisen ist,[157] ist keineswegs eine unbeabsichtigte Folge, sondern sein eigentlicher Zweck. Denn damit sollte eine hohe Schwelle für eine Verurteilung festgelegt werden, nicht zuletzt um extremistische Gruppen weißer Vorherrschaft (»White Supremacists«) von der Strafbarkeit auszunehmen.[158] Diese hohe Schwelle kann nun nicht einfach durch eine weite, expansive Auslegung zum Nachteil des Angeklagten umgangen werden, indem etwa, wie oben bereits erwähnt, das spezifische durch ein kollektives Absichtserfordernis ersetzt wird oder in Bezug auf bloße (unmittelbare) Ausführungstäter bloße Kenntnis verlangt wird (kognitive Umformulierung zu einem sogenannten wissensbasierten Ansatz).[159] Gegen eine analoge Ausweitung der spezifischen Apartheidabsicht scheint schon zu sprechen, dass diese – anders als die beim Genozid erforderliche Zerstörungsabsicht[160] – keine über den Zweck hinausgehende Auslegung zulässt. Abgesehen davon hat der Versuch einer kognitiven Umformulierung durch den wissensbasierten Ansatz nur in der wissenschaftlichen Diskussion eine gewisse Aufmerksamkeit erfahren, wurde aber von der gerichtlichen Praxis vollkommen ignoriert. Schließlich gilt auch für das Apartheidverbrechen, wie schon mehrfach gesagt, der Gesetzlichkeitsgrundsatz und damit eine strenge am Wortlaut orientierte und enge Auslegung (*lex stricta*) zugunsten des Angeklagten.[161]

Nach alldem steht jede Strafverfolgungsbehörde vor der schwierigen Aufgabe, die spezifische Apartheidabsicht eines jeden Täters – sei es ein einfacher Soldat, ein mittlerer Befehlshaber oder ein Politiker der Führungsebene – nachweisen zu müssen. Es liegt auf der Hand, dass der Nachweis umso schwieriger ist, je tiefer der Täter in der Hierarchie steht und je weiter er damit von der (politischen oder wirtschaftlichen) Führungsebene, die für das Design des jeweiligen Apartheidregimes verantwortlich zeichnet, entfernt ist. Aus diesem Grund sollte sich die Strafverfolgung von Absichtsdelikten wie Apartheid primär den Personen der Führungsebene annehmen. Dies ist jedoch eine lediglich kriminalpolitische und verfolgungsstrategische Anregung, die die rechtliche Struktur des Verbrechens, insbesondere das spezifische Absichtserfordernis, unberührt lässt.[162]

3. Beweisrechtliche Ableitungen und vernünftige Zweifel

Fehlt es in einem Strafverfahren, wie regelmäßig, an direkten Beweisen zum Nachweis des Vorsatzes, beispielsweise einem Geständnis des Angeklagten, muss dieser aus den äußeren Tatumständen oder Ereignissen, also aus Indizien (indirekten Beweisen), abgeleitet werden. Man spricht in römischrechtlicher Tradition vom *dolus ex re* (»Vorsatz aus einer Sache«).[163] Der Indizienbeweis als eine Form des indirekten Beweises liefert im Gegensatz zum direkten Beweis keine unmittelbare Kenntnis einer Tatsache, sondern erfordert Schlussfolgerungen oder Vermutungen, um zu einer solchen Kenntnis zu gelangen.[164] Eine »Schlussfolgerung« ist der Prozess des Bildens von Ableitungen und kann nach der Bewertung aller möglichen Ableitungen zu einer sicheren Schlussfolgerung führen, die einem Beweis gleichkommt.[165] Dies setzt natürlich voraus, dass die relevanten Indizien selbst über jeden vernünftigen Zweifel erhaben sind.[166] Die so (indirekt) gefundenen Tatsachen oder Beweise können Aufschluss über die zu beweisende Tatsache (*factum probandum*), in unserem Kontext die spezifische Apartheidabsicht, geben.

Im schon häufiger erwähnten analogen Fall der genozidalen Zerstörungsabsicht hat die Rechtsprechung diese aus »einer Reihe von Tatsachen und Umständen« abgeleitet, einschließlich

> »des allgemeinen Kontextes, der Begehung anderer schuldhafter Handlungen, die sich systematisch gegen dieselbe Gruppe richteten, des Ausmaßes der begangenen Gräueltaten, der systematischen Ausrichtung auf die Opfer aufgrund ihrer Zugehörigkeit zu einer bestimmten Gruppe oder der Wiederholung zerstörerischer und diskriminierender Handlungen«.[167]

Ferner kann ein Kontext der Entmenschlichung und Stigmatisierung einer Opfergruppe (ihr »Othering«) in Verbindung mit entsprechenden Aussagen von (führenden) Mitgliedern der Tätergruppe das Vorliegen der erforderlichen Absicht indizieren.[168]

Im Falle der Apartheid könnte die spezifische Absicht aus der Gesamtheit der unmenschlichen Handlungen und dem spezifischen Kontextelement, das heißt dem oben analysierten »institutionalisierten Regime der systematischen Unterdrückung und Beherrschung«, abgeleitet werden. Je ausgefeilter das jeweilige Regime und je ausgedehnter und systematischer die jeweiligen unmenschlichen Handlungen sind, desto leichter oder plausibler ist es, auf die Kenntnis der an der Aufrechterhaltung dieses Regimes Beteiligten zu schließen. Dogmatisch folgt dies aus dem Gedanken der Organisationshaftung beziehungsweise der Haftung innerhalb von Organisationen und wird in den meisten Rechtsordnungen akzeptiert: Die umfassenderen Ziele der Gruppe (Organisation) und ihre Struktur dienen als Indiz für individuelles Verhalten und Vorsatz.[169] Mit anderen Worten: Ein Angeklagter, der an einem solchen System beteiligt ist, kann sein Wissen kaum leugnen, wenn dieses aus dem bestehenden Systemkontext und den begangenen unmenschlichen Handlungen zwingend folgt. Ein solcher Angeklagter wäre zumindest als vorsätzlich blind (»wilfully blind«) anzusehen, was ausreichen würde, um sein Wissen (möglicherweise auch zu einem geringeren Grad) als eine Art vorwerfbare Unwissenheit zu konstruieren oder zu vermuten.[170]

Das so abgeleitete Wissen ist die Grundlage für die weitere Annahme eines zweckgerichteten Verhaltens einer Person, die mit Sicherheit weiß, dass sie Teil eines allgemeinen Apartheidregimes ist, aber gleichwohl zu dessen Aufrechterhaltung beiträgt. Denn eine solche Person akzeptiert dieses Ergebnis (die Aufrechterhaltung des Apartheidregimes) willentlich, sie billigt es also oder findet sich damit zumindest im Sinne einer allgemeinen Gleichgültigkeit ab.[171] Die (stillschweigende) Akzeptanz oder Billigung des damit einhergehenden Tatbeitrags zur Aufrechterhaltung eines Apartheidregimes hat damit nicht mehr nur eine kognitive Grundlage, sondern eine deutliche voluntative Wendung, das heißt, sie verwandelt die ursprüngliche kognitive in eine voluntative (willentliche), zweckgebundene Absicht, die auf die spezifische »Apartheid-Absicht« hinausläuft.

Damit sollte einerseits klar geworden sein, dass die Unterscheidung zwischen der kognitiven und der voluntativen Seite des »intent« so eindeutig nicht ist. Andererseits aber besteht ein Unterschied zwischen der Ableitung von Wissen aus den Umständen und seiner Ableitung aus bewusster Unkenntnis (»wilful blindness«).[172] Ein aus bewusster Unkenntnis konstruiertes Wissen kann nicht die Grundlage für die Annahme eines zweckgerichteten Verhaltens bilden, da eine solche Annahme eher ein schuldhaftes, vorwerfbares als ein wissensbasiertes Verhalten begründet. Schließlich würde es angesichts der erwähnten »überschießenden Innentendenz« als grundlegendem Strukturmerkmal des Apartheidverbrechens dem gesetzgeberischen Willen widersprechen, wenn das Wollen des nicht notwendigerweise erreichten Ergebnisses als bloß vorwerfbare Unkenntnis ausgelegt würde.

Unabhängig von der Art und Qualität der Tatsachen und Umstände, die einen Rückschluss auf einen (spezifischen) Vorsatz zulassen, stellt sich das Problem, welcher *Beweismaßstab* für den Rückschluss gilt. Im Karadžić-Verfahren vor dem UN-Jugoslawientribunal hat die Strafkammer auf die genozidale Absicht des Angeklagten (in Bezug auf die Ereignisse in Srebrenica) aus Gründen der Vernünftigkeit (»reasonableness«) geschlossen, ohne jedoch eindeutig klarzustellen, ob sie dies für die »einzig vernünftige« (»only reasonable«) Schlussfolgerung oder lediglich für *eine* (mögliche) vernünftige Schlussfolgerung im Sinne des Beweismaßstabs »jenseits vernünftiger Zweifel« (»beyond reasonable doubt«, »brd«) hielt.[173] Der Maßstab der einzig vernünftigen Schlussfolgerung qualifiziert den Prozess der Deduktion und verengt den brd-Maßstab, weil er ihn auf die »*einzig* vernünftige« Schlussfolgerung beschränkt. Damit wird mehr verlangt als bei dem üblichen brd-Maßstab, da es danach ausreicht, dass der Richter (jenseits vernünftiger Zweifel) davon überzeugt ist, dass sich der erforderliche Vorsatz (hier die Apartheidabsicht) aus der Gesamtheit der Beweise, einschließlich aller relevanten und vernünftigen Schlussfolgerungen, ergibt.[174] Gleichwohl hat die neuere Praxis den strengeren Test der »einzig vernünftigen Schlussfolgerung« bestätigt,[175] sodass die spezifische Apartheidabsicht – beim Fehlen direkter Beweise – nur dann aus dem Begehungszusammenhang und dem äußeren Verhalten abgeleitet werden kann, wenn sie als einzige vernünftige Schlussfolgerung erscheint. Allerdings kann ein gravierender Begehungszusammenhang mit einem entsprechenden Muster apartheidrelevanter Verhaltensweisen eine große Menge an Indizien produzieren und deren »ganzheitliche Bewertung« (»holistic assessment«)[176] den an sich strengen Maßstab flexibilisieren.[177] Auch bleibt ein richterlicher Ermessensspielraum, welche der möglichen vernünftigen Schlussfolgerungen die »einzig vernünftige« ist.

4. Konkretisierung: Besteht eine Apartheidabsicht im Hinblick auf die besetzten palästinensischen Gebiete?

Was folgt nun aus diesen reichlich abstrakten Überlegungen für das Vorliegen der spezifischen Apartheidabsicht in Bezug auf Israels Politik in den besetzten Gebieten? Während eine solche als kollektive Absicht Israels in allgemeiner Form bejaht wurde,[178] verlangt eine individualstrafrechtliche Analyse wesentlich mehr, nämlich den spezifischen Nachweis der Absicht des jeweiligen Einzeltäters. Diese Beurteilung hängt weitgehend von den Umständen des konkreten Falles und den verfügbaren Beweisen ab, setzt also konkrete tatbezogene Ermittlungen in Israel und den besetzten Gebieten voraus. Im Rahmen einer (rechts)wissenschaftlichen Abhandlung kann eine solche Analyse deshalb naturgemäß nur vorläufig sein;[179] immerhin darf gehofft werden, dass die folgenden Überlegungen zur subjektiven Zurechnung im Zusammenhang mit dem Apartheidverbrechen einige weiterführende Ansätze für eine mögliche praktische Anwendung liefern.

Die obige Ablehnung des wissensbasierten Ansatzes ändert nichts daran, dass die Beweislage eine Unterscheidung zwischen Tätern der unteren und der mittleren oder hohen Hierarchieebene sinnvoll erscheinen lässt. So gibt es Äußerungen führender israelischer Politiker, in denen diese einerseits vor einem möglichen Apartheidsystem warnen[180] und andererseits explizit ihre Absicht erklären, das bestehende System der Begünstigung von Siedlern und des Siedlungsausbaus auf Kosten der Palästinenser aufrechtzuerhalten.[181] Solche Erklärungen haben unter der aktuellen Netanjahu-Regierung zugenommen und sind expliziter geworden, häufig auf historische und religiöse Ansprüche gestützt und/oder verbunden mit der völligen Leugnung des palästinensischen Selbstbestimmungsrechts oder eines palästinensischen Staates.[182] Auch wenn solche Äußerungen und die ihnen zugrunde liegende Politik, wie sie beispielsweise in der aktuellen israelischen Koalitionsvereinbarung zum Ausdruck kommt,[183] nicht ohne Weiteres mit einer expliziten Apartheidabsicht gleichgesetzt werden können, lassen sie sich immerhin als Indiz für eine solche Absicht werten.[184] Auch das bereits erwähnte Nationalstaatsgesetz von 2018 kann, auch wenn es in den besetzten Gebieten nicht direkt anwendbar ist, als Ausdruck einer gesetzgeberischen Absicht[185] gelesen werden, die apartheidähnliche Diskriminierung auf eine verfassungsrechtliche Grundlage zu stellen.[186]

Allerdings fehlt es an Äußerungen oder Stellungnahmen, die sich ausdrücklich auf »Apartheid« beziehen oder deren Existenz in rechtlicher Hinsicht konzedieren; vielmehr lässt sich die offizielle Position dahingehend zusammenfassen, dass sie jegliche Behauptung dieser Art als leichtfertig, »extrem« oder »übertrieben« zurückweist.[187] Darüber hinaus existieren solche Äußerungen kaum von Funktionsträgern der mittleren oder unteren Hierarchieebene, zum Beispiel von Beamten oder einfachen IDF-Soldaten, oder sie gelangen nicht an das Licht der Öffentlichkeit, es sei denn, Personen dieser Hierarchieebene machen sich solche Äußerungen zu eigen und dies kann durch Tonaufnahmen oder Zeugen vom Hörensagen nachgewiesen werden. In jedem Fall können solche Äußerungen zusammen mit den Begleitumständen ausreichen, um auf die spezifische Apartheidabsicht zu schließen; angebliche Sicherheitsgründe beeinträchtigen eine solche Schlussfolgerung nicht, denn das dadurch möglicherweise begründete Motiv bestimmter Diskriminierungen lässt die Apartheidabsicht unberührt.[188] Ob jedoch aus all dem eine Apartheidabsicht sicher – als *einzig* vernünftige Schlussfolgerung im oben genannten Sinne – gefolgert werden kann, darf durchaus bezweifelt werden.

Angesichts dieser Unsicherheiten wird das oben erörterte schwierige Verhältnis zwischen Wissen beziehungsweise Kenntnis und (zweckorientierter) Absicht relevant. Wohl alle an der israelischen Politik und Praxis in den besetzten Gebieten Beteiligten, sei es auf Führungs-, Verwaltungs- oder operativer Ebene, könnten – in Übereinstimmung mit den Überlegungen im vorangegangenen Abschnitt – von unmenschlichen Handlungen und dem bestehenden »institutionalisierten Regime systematischer Unterdrückung und Beherrschung« Kenntnis besitzen. Denn dieses Regime besteht nicht nur seit Jahrzehnten, sondern die damit einhergehenden Maßnahmen und Praktiken wurden auch umfassend dokumentiert, nicht nur von internationalen Gremien, sondern auch von israelischen Organisationen selbst.[189] Vor diesem Hintergrund ist es höchst unplausibel und kaum nachvollziehbar, wenn sich diese Personen auf Unkenntnis berufen. Tun sie dies gleichwohl, kann diese Kenntnis dadurch zugeschrieben werden, dass man entweder von dem Wissen eines vernünftigen Durchschnittsbeobachters ausgeht oder unter Rückgriff auf die oben genannte Lehre von der bewussten Blindheit (»wilful blindness«). Eine (behauptete) Unkenntnis ist dann einer Kenntnis gleichzustellen, wenn der Nachweis erbracht wird, dass jeder vernünftige Mensch von den fraglichen Vorgängen hätte wissen müssen. Diese so festgestellte (zugeschriebene) Kenntnis kann dann wiederum eine bewusste Inkaufnahme oder Billigung der schädlichen Folgen im oben diskutierten Sinne nach sich ziehen, was letztlich auf ein zweckorientiertes (absichtliches) Verhalten hinausläuft. Während also grundsätzlich jeder Staatsbedienstete strafrechtlich zur Verantwortung gezogen werden kann,[190] sollte doch klar geworden sein, dass der Nachweis der spezifischen Apartheidabsicht sehr anspruchsvoll ist und letztlich von den konkreten Umständen des Einzelfalls abhängt. Sie kann deshalb nicht im Rahmen einer (abstrakten) wissenschaftlichen Abhandlung, sondern nur in einem gerichtlichen Verfahren endgültig geklärt werden.

Schluss: Apartheid in Palästina?

Das Ziel dieser Untersuchung war es, den gegen Israel bezüglich seiner Politik in den besetzten Gebieten Palästinas erhobenen Apartheidvorwurf einer unvoreingenommenen und gründlichen rechtlichen Prüfung zu unterziehen. Nur eine solche sachliche Auseinandersetzung mit diesem und anderen Vorwürfen gegen Israel trägt – im Sinne (völker)rechtlich begründeter und konstruktiver Israelkritik – tatsächlich zur Erhaltung des Staates Israel als liberalem und demokratischem Rechtsstaat bei.

Im ersten Teil wurde gezeigt, dass »Apartheid« als Rechtsbegriff existiert und dieses rechtliche Verständnis den Ausgangspunkt bildet, um die Validität eines jeglichen Apartheidvorwurfs zu überprüfen. Insbesondere ist der so verstandene Apartheidbegriff von seiner populistischen Verformung und Verwendung abzugrenzen, mittels derer er zu einem politischen Kampfbegriff mutiert ist. Rechtlich ist zwischen dem völkerrechtlichen Apartheidverbot und der völkerstrafrechtlichen Kriminalisierung der Apartheid zu unterscheiden. Letztere stellt höhere Anforderungen bezüglich ihres Nachweises.

Der Rechtsbegriff der Apartheid war im zweiten Teil zu kontextualisieren. Dies gelingt durch eine rechtshistorische Untersuchung, bei der die südafrikanische Apartheidpolitik und -praxis im Mittelpunkt stehen. Der südafrikanische Präzedenzfall ist für die Entstehung der völker(straf)rechtlichen Apartheiddefinition schlechthin konstitutiv, doch bedeutet dies nicht, dass es jenseits von Südafrika keine Apartheid mehr geben kann oder dass der südafrikanische Präzedenzfall post-südafrikanische Praktiken im Sinne eines Modells oder Musters determiniert. Vielmehr hat sich der völker(straf)rechtliche Apartheidbegriff von der südafrikanischen Apartheid insoweit emanzipiert, als dass nun eine rechtliche Definition existiert, die auf Situationen angewendet werden kann, die apartheidähnliche Züge tragen. Hauptkandidat einer solchen Rechtsanwendung ist die israelische Politik und Praxis in den besetzen Gebieten, insbesondere im Westjordanland.

Diese Politik steht im Zentrum des dritten Teils der Untersuchung, und zwar im Hinblick auf die Frage, ob man bezüglich der Situation in den besetzten Gebieten von Apartheid im (völker)rechtlichen Sinne sprechen kann. Die erforderliche detaillierte Analyse der drei in Art. 7 Abs. 2 lit. h IStGH-Statut enthaltenen Merkmale und Voraussetzungen des Apartheidverbrechens zeigt insoweit, dass nur das erste Merkmal – »unmenschliche Handlungen ähnlicher Art« der in Art. 7 Abs. 1 IStGH-Statut genannten – relativ unproblematisch bejaht werden kann. Im Gegensatz dazu wirft die Analyse des zweiten Merkmals – das Vorhandensein eines »institutionalisierten Regimes systematischer Unterdrückung und Beherrschung durch eine rassische Gruppe gegenüber einer anderen rassischen Gruppe« – als auch des dritten Merkmals – die (spezifische) »Absicht«, das besagte »Regime aufrechtzuerhalten« – komplexe Fragen dogmatischer und faktisch-beweisrechtlicher Art auf. Diese machen es schwierig bis unmöglich, zu zweifelsfreien, definitiven Erkenntnissen zu gelangen.

Immerhin lassen sich bestimmte abstrakte Feststellungen mit unterschiedlicher Plausibilität treffen. So lässt sich auf der Grundlage der vorliegenden Informationen gut nachvollziehbar vertreten, dass in den besetzten Gebieten ein institutionalisiertes (Apartheid-)Regime existiert, dessen Haupttriebfeder das seit 1967 laufende israelische Be- und Ansiedlungsprojekt ist, einschließlich all seiner Nebenwirkungen, insbesondere in Bezug auf die öffentliche Sicherheit und Ordnung. Ferner kann, freilich mit weniger Gewissheit, gesagt werden, dass es eine »rassische« Beherrschung der palästinensischen Lokalbevölkerung in den besetzten Gebieten, insbesondere im Westjordanland, gibt und dass zumindest einige der für diese Beherrschung und das zugrundeliegende Besatzungsregime Verantwortlichen beziehungsweise in dessen Rahmen Agierenden mit der spezifischen Apartheidabsicht zu handeln scheinen, dieses Regime aufrechtzuerhalten. Die Überlegungen zum strengen Absichtserfordernis zeigen jedoch die Grenzen abstrakter akademischer Überlegungen auf. So hängt es letztlich von den Umständen des Einzelfalles ab, ob ein Apartheidvorwurf gegen einen bestimmten Angeklagten vor einem unabhängigen Gericht Bestand haben kann.

Anmerkungen

Gang der Untersuchung und notwendige Vorbemerkungen

1 Man beachte, dass im Deutschen die Plural-Formulierung »besetzte palästinensische Gebiete« gebräuchlich ist (s. etwa https://www.auswaertiges-amt.de/de/aussenpolitik/nahermittlererosten/besetzte-gebiete/2263564), während der vom IGH geprägte Rechtsbegriff »Occupied Palestinian Territory« (ICJ 2004 und 2024c) im Singular steht. Im Übrigen haben wir uns für die Kleinschreibung von »besetzte« entschieden.

2 Für die gleiche Einschränkung Dugard und Reynolds 2013: 872, die den Unterschied zwischen Israel selbst und den besetzten Gebieten betonen (und nur in diesen von Apartheid ausgehen). Falk 2014: para. 4, will den Begriff »Palästina« anstelle von »OPT« verwenden, da Palästina mit Resolution 67/19 der UN-Generalversammlung (GV) vom 29. November 2012 den Status eines »Beobachterstaats ohne Mitgliedschaft« (»non-member observer«) erhalten hat. Sein Vorschlag fand allerdings in den nachfolgenden UN-Berichten keine Beachtung.

3 Während Ostjerusalem und der Golan (formal) annektiert wurden, ist das Westjordanland »nur« besetzt (zur »schleichenden« Annexion und der Sonderstellung Gazas sogleich im Haupttext.) Ostjerusalem wurde zunächst nach dem Sechstagekrieg 1967 durch einen Regierungsbeschluss annektiert , bevor dann im Jahre 1980 ganz Jerusalem durch das Jerusalemgesetz (»Basic Law: Jerusalem the Capital of Israel«) zur Hauptstadt Israels gemacht wurde; abrufbar unter <https://m.knesset.gov.il/EN/activity/documents/BasicLawsPDF/BasicLawJerusalem.pdf>; siehe auch Kretzmer und Ronen 2021: 7–8; Hostovsky Brandes 2022: 125.

4 Im Kern geht es insoweit um die Frage, ob Israel trotz des Abzugs weiter eine ausreichende effektive Kontrolle ausgeübt hat, sodass insofern von einer Fortdauer der Besatzung ausgegangen werden konnte, oder ob diese Kontrolle mit dem Abzug effektiv auf die Palästinensische Autonomiebehörde (PA) übergegangen ist (die dann allerdings durch die Hamas verdrängt wurde). Für diese Ansicht z. B. Shany 2005: 369; Zilbershats 2013: 918 m. w. N. in Fn. 15; für die erstgenannte Ansicht z. B. HRC 2022b: Fn. 10 und para. 19 (trotz des Rückzugs 2005, halte »Israel

aufgrund der Kontrolle, die es über [...] Gaza [...] ausübt, das Gebiet weiterhin besetzt [...].« [»Although Israel disengaged from Gaza in 2005, the Commission notes that Israel continues to occupy the territory by virtue of the control it exercises over [...] Gaza [...]«]); HSRC 2009: 15 (»disengagement« nicht »end of occupation« angesichts der fortgesetzten »effective control over the territory«); ESCWA 2017: 43–4 mit Fn. 77 (aber ohne Verweis auf die angeführte UN-Position); für eine differenzierte Ansicht auf der Grundlage eines funktionalen Ansatzes (Verantwortung des Besatzers folgt aus seiner Machtausübung) und des *sui generis* Charakters von Gaza Gross 2017: 6 ff, 204 ff. (die verschiedenen Ansichten auf S. 204 ff. zusammenfassend und auf S. 213–215, 224 seinen funktionalen, nicht-binären, *sui* generis-Ansatz vertretend und dann auf S. 247 schlussfolgernd: »The Gaza case raises questions about the continued presence of control elements even in the face of troop withdrawal and the importance of the changing political and technological nature of control«); für eine »effektive Besatzung« aufgrund eines funktionalen Ansatzes jüngst Jaber/Bantekas 2023: 1080 ff. (im Wesentlichen argumentierend, dass angesichts der technologischen Überlegenheit Israels und der geringen Fläche des Gazastreifens sowie seiner Nähe zu Israel die »Ausübung einer wirksamen Kontrolle aus der Ferne« [»remote exercise of effective control«] trotz der Autorität und des bewaffneten Widerstands der Hamas möglich sei; siehe auch Kretzmer und Ronen 2021: 163 ff. (die verschiedenen Ansichten auf S. 164 f. zusammenfassend, das Fehlen einer wirksamen Kontrolle als »Kennzeichen einer kriegerischen Besatzung« [»hallmark of belligerent occupation«] betonend und die relevante Rspr. des Obersten Gerichtshof Israels analysierend; dieser vertrete im Wesentlichen die offizielle, eine andauernde Besatzung ablehnende Position).

5 Siehe näher Yesh Din 2020: 24–5, 31, 33–5 (»creeping legal annexation« with »annexationist legislation«, die Israel und das Westjordanland zunehmend vereint, u. a. durch die Übertragung exekutiver Befugnisse auf israelische Institutionen und die direkte Anwendung israelischen Rechts auf das Westjordanland); Gross 2017: 176 ff., 249–50, 309–10, 332; Hostovsky Brandes 2020: 768, 770; dies. 2023a und 2023b: 420; Adalah 2023: 2, 17–19, 20 (»de facto Annexion« des Westjordanlandes). Auch der IGH hat in seinem Gutachten aus 2004 zum israelischen Grenzzaun (»Wall decision«) bereits die Sorge geäußert, dass damit vollendete Tatsachen (»fait accompli«) geschaffen würden, die »einer De-facto-Annexion gleichkämen« (ICJ 2004: para. 79 ff., 121); ebenso ist in dem laufenden IGH-Gutachtenverfahren zur israelischen Politik im OPT (ICJ 2024c) mehrfach auf eine (faktische) Annexion hingewiesen worden, s. insbesondere Stellungnahmen Jallow (Gambia), verbatim record CR 2024/8, 21.2.2024, S. 33; Craven (Guyana), ebd., S. 39 ff. (mit zahlreichen Zitaten insbesondere von UN-Organen); Fanning (Irland), verbatim record CR 2024/9, 22.2.2024, S. 38 ff. (»[P]rolonged occupation« as »disguised form of annexation [40]«); Akande (Japan), ebd.,

S. 49 ff. (Annexion durch »gewaltsamen Erwerb« [»acquisition by force«]; niemals durch Selbstverteidigung gerechtfertigt, weil unverhältnismäßig); Wood (Jordanien), S. 62 f. (»kein Zweifel« bezüglich Annexionsabsicht); Hasan (Malaysia), verbatim record CR 2024/10, 22.2.2024, S. 56; Okowa (Namibia), verbatim record CR 2024/11, 23.2.2024, S. 13; Jervell (Norwegen), ebd., S. 24 ff. (»indefinite occupation ... as tantamount to *de facto* annexation?«); Aslam (Pakistan), ebd., S. 37 f.; Müller (Slovenien), verbatim record CR 2024/11, 23.2.2024, S. 30; Laghmani (Tunesien), ebd., S. 64; Wilde (League of Arab States), verbatim record CR 2024/13, 26.2.2024, S. 29; Taha (Organisation of Islamic Cooperation), ebd., S. 43; Helal (African Union), ebd., S. 50; Sander (Maldiven), verbatim record CR 2024/14, 26.2.2024, S. 30 f. (referring to the lack of access to water). – Hinzuweisen ist insoweit auch auf die Schaffung eines neuen Ministeriums innerhalb des Verteidigungsministeriums, mit dessen Leitung Bezalel Smotrich, Chef der Religiös-Zionistischen Partei (*HaTzionut HaDatit*) und schon Finanzminister, betraut wurde. Als »zweiter Verteidigungsminister« ist er für die Zivilverwaltung in den OPT und damit insbesondere für die Siedlungen/Siedler zuständig, wodurch die Kontrolle vom militärischen Befehlshaber auf eine zivile Einrichtung in Israel übertragen wird; krit. dazu The Israeli Law Professors' Forum for Democracy 2023: 1–2, 4; Adalah 2023: 18 (»Abschaffung der Zivilverwaltung des israelischen Militärs über die israelischen jüdischen Siedler [...] und stattdessen Unterstellung ihrer Verwaltung unter israelisches interstaatliches Recht, während die Palästinenser weiterhin unter militärischer Herrschaft stehen« [»dismantling the Israeli military's Civil Administration over the Israeli Jewish settlers [...] and instead putting their governance under Israeli civil domestic law, while continuing to keep Palestinians under military rule.«]); Kretzmer 2023: 406 f. (unvereinbar mit völkerrechtlichem Besatzungsrecht); Hostovsky Brandes 2023b: 420.

6 Yesh Din 2020: 24–5, 26, 33 (wonach Israel und das Westjordanland zwar »immer noch« zwei verschiedene Regime seien – »ein Regime und seine Tochter« (»one regime and its subsidiary«) –, die »schleichende rechtliche Annexion« aber immer mehr zu einer Konvergenz führe, die letztlich – in einer zweiten Phase – eine »vollständige Annexion durch einen einzigen Rechtsakt« zum Ergebnis haben werde), 57 (schlussfolgernd, dass die »schrittweise Annexion« im Westjordanland, begleitet von einer vollständigen Ausübung israelischer Souveränität, ein einziges israelisches Regime schaffe, das »in seiner Gesamtheit ein Apartheidregime ist« [»gradual annexation in the West Bank, entails full exercise of Israeli sovereignty and creates one single regime, i. e., the Israeli one, which in its entirety is an apartheid regime«]).

7 Ich beziehe mich auf die am 29.12.2022 gebildete (37.) israelische Regierung, die von Benjamin Netanyahu geführt wird und aus etwa 30 Ministerien sowie sieben Parteien besteht, einschließlich rechtsextremer (religiöser) Parteien (letztere insbesondere repräsentiert durch Sicherheits-

minister Ben-Gvir und Finanzminister Smotrich). Nach dem Angriff der Hamas am 7.10.2023 wurde ein Notstandskabinett gebildet, indem das sog. *Sicherheitskabinett* der Netanyahu Regierung – ein aus dem Premierminister und 10 Ministern bestehendes, für sicherheitsrelevante Fragen zuständiges Unterorgan der Gesamtregierung (sog. »Ministerial Committee on National Security Affairs«, kurz »Security Cabinet« oder »Cabinet«, zur Zusammensetzung s. https://www.gov.il/en/departments/news/spoke-security030123) – um fünf Knessetabgeordnete der kleinen, von Benny Gantz geführten Oppositionspartei »Nationale Einheit« erweitert wurde (die größere von Yair Lapid geführte Oppositionspartei Yesh Atid weigerte sich, eine Regierung unter Beteiligung der Extremisten beizutreten). Aus diesem Sicherheitskabinett wurde wiederum als weiteres Unterorgan – das war eine Hauptforderung von Gantz – ein »*Kriegskabinett*« (»War Cabinet«) gebildet, das aus fünf Personen besteht: Netanjahu, Verteidigungsminister Gallant und Gantz sowie zwei Beobachtern (Minister Dermer von Likud und Gadi Eisenkot von der »Nationalen Einheit«). Die ursprüngliche Regierungskoalition besteht damit weiter und hat auf allen drei Ebenen ((Gesamt-)Regierung, Sicherheits- und Kriegskabinett) die (klare) Mehrheit, auf den beiden höheren Ebenen sind zudem auch die extremen Kräfte vertreten; vgl. zur komplexen institutionellen Struktur und sich daraus ergebenden governance Problemen Cohen/Shany 2023.

8 Megiddo et al. 2023; auch Hostovsky Brandes 2023a; Kretzmer 2023: 405 ff. Diese Position ist allerdings keineswegs neu, siehe z. B. die Erklärung des damaligen Arbeitsministers Yigal Allon von 1969: »Hier schaffen wir ein Groß-Eretz Israel aus strategischer Sicht und errichten einen jüdischen Staat aus demographischer Sicht.« [»Here, we create a Greater Eretz Israel from a strategic point of view, and establish a Jewish state from a demographic point of view.«] (zitiert in Friedman 1992: 17).

9 So verwendet reiht sich Antisemitismus in eine Reihe anderer, »moralisch aufgeladener Begriffe«, zu denen auch »Apartheid« gehört (zur populistischen Verformung sieheTeil 1.I), ein (zutreffend Lintl/Ullrich, in Ullrich et al. 2024: 92 f.).

10 Vgl. etwa Klug 2003: 138 (»Je länger Israel an seiner derzeitigen Politik gegenüber den Palästinensern festhält, desto mehr wird es nicht nur Antisemiten, sondern auch gutwillige Menschen verärgern. Fast niemand außer den Mainstream-Juden wird sich auf die Seite Israels stellen.« [»The longer Israel persists in its current policies towards the Palestinians, the more it will be excoriated, not only by antisemites but by people of goodwill. Almost no one will take Israel's part except mainstream Jews.«]).

Erster Teil: Apartheid als Rechtsbegriff

1 Hexham 1981: 188.

2 Giliomee 2003: 373 f.; Pienaar 2023: 1 f.

3 »Buren« (von Afrikaans »boere« [Bauer], auch »Afrikaaner«, in ihrer eigenen Sprache »Afrikaner«) war seit Ende des 18. Jahrhunderts die Bezeichnung für (häufig nur) Afrikaans sprechende, europäisch-(vor allem niederländisch)stämmige Einwohner Südafrikas und Namibias, in Abgrenzung zu den später nach Südafrika gekommenen, englischsprachigen Briten.

4 Clark/Worger 2004: 4. Nach Marx 2012: 221 wurde der Begriff Apartheid in diesen Kreisen Ende der 1930er Jahre gebraucht.

5 Clark/Worger 2004: 4; Lapping 1987: 14.

6 Giliomee 2003: 374. Das Wort fiel im Zusammenhang mit dem »akzeptierten Standpunkt der Afrikaaner zur Apartheid«.

7 Pienaar 2023, 1: Giliomee 2003: 374; Hexham 1981: 188. Hierauf bezieht sich vermutlich auch Welsh 2010: 18, demzufolge der Begriff ab 1944 zur Terminologie der Nationalen Partei in Südafrika gehörte. Merriam-Webster.com Dictionary, abrufbar unter <https://www.merriam-webster.com/dictionary/apartheid>, datiert den ersten Gebrauch hingegen auf 1947. Vgl. zum Gebrauch in der bekannten Bedeutung erst ab 1947 auch Clark/Worger 2004: 4.

8 Gebhard 2018: Rn. 1.

9 Gebhard 2018: Rn. 1; Posel 2011: 319.

10 Original: International Convention on the Elimination of All Forms of Racial Discrimination (ICERD), abrufbar unter <https://www.ohchr.org/sites/default/files/cerd.pdf>.

11 Vgl. Jackson 2022: 832, 837.

12 BGBl. 1969, 961 (965), <http://www.bgbl.de/xaver/bgbl/start.xav?startbk=Bundesanzeiger_BGBl&jumpTo=bgbl269s0961b.pdf> (Herv. K. A.). Das englische Original lautet: »States Parties particularly condemn racial segregation and apartheid and undertake to prevent, prohibit and eradicate all practices of this nature in territories under their jurisdiction.«

13 Original: International Convention on the Suppression and Punishment of the Crime of Apartheid (ApConv), UNGA 1973a. Die Übersetzung der Konvention durch den Deutschen Übersetzungsdienst der Vereinten Nationen ist abrufbar unter <https://www.un.org/Depts/german/uebereinkommen/ar3068.pdf>.

14 Art. II ApConv lautet im englischen Original:
»For the purpose of the present Convention, the term ›the crime of apartheid‹, which shall include similar policies and practices of racial segregation and discrimination as practised in southern Africa, shall apply to the following inhuman acts committed for the purpose of establishing and maintaining domination by one racial group of persons over any other racial group of persons and systematically oppressing them […].«

15 UN, Treaty Series, Vol. 2187, No. 38544, abrufbar unter <https://treaties.un.org/doc/Treaties/1998/07/19980717%2006-33%20PM/volume-2187-I-38544-English.pdf>; die aktuelle Version ist abrufbar unter <https://www.icc-cpi.int/sites/default/files/RS-Eng.pdf>. Die amtliche deutsche Übersetzung ist abrufbar unter <https://www.auswaertiges-amt.de/blob/203446/c09be147948d4140dd53a917c2544fa6/roemischesstatut-data.pdf>.

16 Art. 7(2)(h) IStGHS lautet im englischen Original:
»›The crime of apartheid‹ means inhumane acts of a character similar to those referred to in paragraph 1, committed in the context of an institutionalized regime of systematic oppression and domination by one racial group over any other racial group or groups and committed with the intention of maintaining that regime.«

17 Nach der UN-Sonderberichterstatterin für Rassismus und Fremdenfeindlichkeit, E. Tendayi Achiume, sei die damalige Impfstoffverteilung auf eine »Impfapartheid« hinausgelaufen (»The current status quo amounts to a system of ›vaccine apartheid‹.«), UN-Hochkommissariat für Menschenrechte, Pressemitteilung, 14. Juni 2022: »UN expert urges States to end ›vaccine apartheid‹«, abrufbar unter <https://www.ohchr.org/en/press-releases/2022/06/un-expert-urges-states-end-vaccine-apartheid>.

18 HRW 2007; Rajagopal 2007.

19 Vgl. den aktuellen Länderbericht des UN-Sonderberichterstatters für Afghanistan, Bennett 2023 (»The pattern of large-scale systematic violations of women's and girls' fundamental rights in Afghanistan, abetted by the Taliban's discriminatory and misogynistic policies and harsh enforcement methods, constitutes gender persecution and an institutionalized framework of gender apartheid«, Rn. 97); s. auch die Kampagne »End Gender Apartheid«, <https://endgenderapartheid.today>.

20 Die These der »Genderapartheid« unter der Herrschaft der Taliban wurde bereits 1999 im Rahmen der Vereinten Nationen geäußert, vgl. Bericht des UN-Sonderberichterstatters Amor 1999 (»the Taliban has introduced what is in point of fact a system of apartheid in respect of women«, Rn. 26). Vgl. zur Abgrenzung und für weitere Beispiele auch ESCWA 2017: 2.

21 ESCWA, gender apartheid, <https://archive.unescwa.org/gender-apartheid>.

22 Bennoune 2022b.

23 Vgl. insoweit die jüngste Forderung, Genderapartheid in den Entwurf zu einem Vertrag über Verbrechen gegen die Menschlichkeit aufzunehmen, siehe Bennett 2023: para. 95f. (die Vorzüge des framings als Genderapartheid betonend); Akbar et al. 2023; auch Ashraph et al. 2023; ferner früher bereits Mayer 2000: 237 sowie ausführlich Bennoune 2022a: 1.

24 Siehe insbesondere die UN-Nichtverjährungskonvention (Convention on the Non-Applicability of Statutory Limitations to War Crimes and

Crimes Against Humanity, UNGA 1968a; UN Treaty Series, Vol. 754, S. 73), die in ihrer Präambel unter Bezugnahme auf die GV-Resolution 2202 (XXI) vom 16.12.1966 die »policies of apartheid« als VgM betrachtet und in Art. I »unmenschliche Handlungen, die sich aus der Politik der Apartheid ergeben«, in die Definition von VgM aufnimmt. Die spätere Anerkennung von »praktices of apartheid« als »schwere Verletzung« (»grave breach«) durch das Erste Zusatzprotokoll (ZP I) zu den Genfer Konventionen von 1977 (Art. 85(4)(c)) enthielt keine Definition. Siehe auch unten Endnote 70 ff. mit Haupttext.

25 Dugard 2008 (»The Apartheid Convention was the ultimate step in the condemnation of apartheid as it not only declared that apartheid was unlawful because it violated the Charter of the United Nations, but in addition it declared apartheid to be criminal.« [»Die Apartheid-Konvention war der ultimative Schritt in der Verurteilung der Apartheid, da sie Apartheid nicht nur als Verstoß gegen die UN-Charta für rechtswidrig erklärte, sondern sie darüber hinaus als verbrecherisch einstufte«]).

26 »For the purpose of the present Convention, the term ›the crime of apartheid‹, which shall include similar policies and practices of racial segregation and discrimination as practised in southern Africa, shall apply to the following inhuman acts committed for the purpose of establishing and maintaining domination by one racial group of persons over any other racial group of persons and systematically oppressing them [...].«

27 Im Original lautet Artikel II (a)-(f) ApKonv wie folgt:
(a) »Denial to a member or members of a racial group or groups of the right to life and liberty of person:
(i) By murder of members of a racial group or groups;
(ii) By the infliction upon the members of a racial group or groups of serious bodily or mental harm, by the infringement of their freedom or dignity, or by subjecting them to torture or to cruel, inhuman or degrading treatment or punishment;
(iii) By arbitrary arrest and illegal imprisonment of the members of a racial group or groups;
(b) Deliberate imposition on a racial group or groups of living conditions calculated to cause its or their physical destruction in whole or in part;
(c) Any legislative measures and other measures calculated to prevent a racial group or groups from participation in the political, social, economic and cultural life of the country and the deliberate creation of conditions preventing the full development of such a group or groups, in particular by denying to members of a racial group or groups basic human rights and freedoms, including the right to work, the right to form recognized trade unions, the right to education, the right to leave and to return to their country, the right to a nationality, the right to freedom of movement and residence, the right to freedom of opinion and expression, and the right to freedom of peaceful assembly and association;
(d) Any measures including legislative measures, designed to divide the population along racial lines by the creation of separate reserves and

ghettos for the members of a racial group or groups, the prohibition of mixed marriages among members of various racial groups, the expropriation of landed property belonging to a racial group or groups or to members thereof;
(e) Exploitation of the labour of the members of a racial group or groups, in particular by submitting them to forced labour;
(f) Persecution of organizations and persons, by depriving them of fundamental rights and freedoms, because they oppose apartheid.«

28 Völkergewohnheitsrecht stellt – neben Völkervertragsrecht und allgemeinen Rechtsgrundsätzen – eine der Hauptquellen des Völkerrechts dar (Art. 38 Abs. 1 IGH-Statut). Es setzt Staatenpraxis und eine entsprechende Rechtsüberzeugung (*opinio iuris*) voraus (vgl. Art. 38 Abs. 1 b) IGH-Statut: »evidence of a general practice accepted as law«).

29 *Ius cogens* ist eine besonders starke, zwingende Norm des Völkerrechts, von der – anders als vom Völkergewohnheitsrecht – nicht abgewichen werden darf (vgl. Art. 53 des Wiener Übereinkommens über das Recht der Verträge).

30 Die UN-Völkerrechtskommission (International Law Commission, ILC) – im Jahre 1947 von der UN-Generalversammlung zur »fortschreitenden Entwicklung des Völkerrechts und seiner Kodifizierung« [»progressive development of international law and its codification«, Art. 13 (1) (a) UN-Charta] gegründet – akzeptierte den Vorschlag des Sonderberichterstatters (»Special Rapporteur«), Apartheid als zwingende Norm des Völkerrechts anzuerkennen (vgl. ILC 2022: Schlussfolgerung 23, in der u. a. das »Verbot der Rassendiskriminierung und der Apartheid« (»prohibition of racial discrimination and apartheid«) aufgeführt wird; siehe zuvor den ILC-Kommentar zu Art. 15 des Entwurfs der Artikel über die Verantwortlichkeit der Staaten für völkerrechtswidrige Handlungen von 2001, para. 2 (in dem Apartheid zusammen mit Völkermord und Verbrechen gegen die Menschlichkeit als »zusammengesetzte [unrechtmäßige] Handlungen« aufgeführt wird) und para. 4 (Verbot von »Rassendiskriminierung und Apartheid« als *ius cogens*), in ILC 2001: 62, 112; auch ILC 2006: para. 374 (»most frequently cited candidate« des *ius cogens*).

31 In diesem Sinne auch HSRC 2009: 14, 17, 27–8, 51, 54; Russell Tribunal 2011: para. 5.16; Dugard und Reynolds 2013: 882–3; IHRC und Addameer 2022: 2; Bultz 2013: 209–12; Lingaas 2015: 104; Lingaas 2020: 179; Gebhard 2018: Rn. 25; Yesh Din 2020: 14–5, 21; im gleichen Sinne auch Verteidiger der israelischen Politik, vgl. Zilbershats 2013: 915–6.

32 Dafür ESCWA 2017: 10, 12 (auch *ius cogens*); Hall 2008: Rn. 77 mit Fn. 228 (mit IStGHS); Lingaas 2015: 87, 103 ff (»most likely«), 107–8 (auch *ius cogens*); Lingaas 2020: 179 ff. (184), 186 (besonders auf UN-GV Resolutionen seit 1946 und spätere des UN-Sicherheitsrats abstellend, S. 146 ff.); Mettraux 2020: 738 f. (unter Berufung auf die Aufnahme des Verbrechens in das IStGH-Statut, in das Malabo-Protokoll [zur Errichtung eines Afrikanischen Strafgerichtshofs als Teil des Afrikanischen

Gerichtshofs für Menschenrechte] und in »eine Vielzahl damit verbundener nationaler Durchführungsgesetze« [»variety of related national implementing legislation«] sowie weil die [internationale] »Rechtsprechung [dies] nun eindeutig suggereriere« [»jurisprudence now firmly suggests«]); IHRC und Addameer 2022: 2 (ohne jedoch klar zwischen dem Verbot und dem Verbrechen zu unterscheiden); AI 2022: 49 (IStGH-Definition als völkergewohnheitsrechtliches Verbrechen); auch ICTY 1997: para. 622 (gewohnheitsrechtlicher Status der Apartheid als »ungeheuerlichste« [»most egregious«] Manifestation von VgM). – Dagegen Tomuschat 1995: 41, 55 (keine »universal opinio iuris« mangels westlicher Unterstützung); Tomuschat 2005: 213, 245 (wiederum im Wesentlichen unter Berufung auf die fehlende westliche Unterstützung); Bultz 2013: 205, 207, 212–19 (mit dem Argument, dass die Mehrdeutigkeiten und Schwächen der ApKonv und ihre fehlende Anwendung gegen den Gewohnheitscharakter des Verbrechens sprechen); in diesem Sinne auch Eden 2014: 171–91; differenzierter Cassese 2013: 107 (mit der Feststellung, dass die Definition des Verbrechens der Apartheid nach Artikel 7 IStGHS zwar weiter als Völkergewohnheitsrecht sei, »man jedoch argumentieren könnte, dass das [Römische] Statut in jüngster Zeit zur Herausbildung einer Gewohnheitsregel in dieser Angelegenheit beigetragen hat« [»[I]t could be argued that the [Rome] Statute has, however, contributed to recent formation of a customary rule on the matter«]); zust. HSRC 2009: 51 (»movement [...] towards« custom); implizit Bassiouni und Derby 1981: 523, 533 (ApKonv behandele Apartheid als ein VgM, das eine »internationale strafrechtliche Verantwortlichkeit« nach sich ziehe, die »im Namen oder im Auftrag der Weltgemeinschaft« zu bestrafen sei [»[...] *apartheid* as a ›crime against humanity‹, entailing international criminal responsibility which ist to be punished in the name or on behalf of the world community«]); etwas unklar Yesh Din 2020: 14 (»prohibition written into international criminal law«); offenlassend Gebhard 2018: para. 26 (»doubtful«); NGO Monitor 2021: 27 (»uncertainty«); van den Herik und Braga da Silva 2022: Art. 7 Rn. 186 mit Verweis in Fn. 713.

33 Abrufbar unter <https://au.int/en/treaties/protocol-amendments-protocol-statute-african-court-justice-and-human-rights>. Das Protokoll sieht neben einer gerichtlichen Abteilung für Menschenrechte auch eine Abteilung für Völkerstrafrecht mit drei Kammern vor, Art. 16; bzgl. Apartheid als VgM s. Art. 28C(1)(j) und (2)(h).

34 Vgl. den Vertragsentwurf zu Verbrechen gegen die Menschlichkeit (Draft Articles CaH) 2019, Art. 2 (1)(j) und (2)(h), nach Art. 7 IStGHS, in Bericht Report ILC, 71th Session (29.4.–7.6. und 8.7.–9.8.2019), S. 12f. Im Gegensatz dazu sah der Draft Code of Crimes against the Peace and Security of Mankind von 1991, Art. 20, noch ein *gesondertes Verbrechen der Apartheid* vor (das sich auf Anführer oder Organisatoren beschränkte und durch Handlungen ausgeführt wurde, die »auf Politiken und Praktiken der Rassentrennung und Diskriminierung beruhen, die mit dem

Ziel begangen wurden, die Vorherrschaft einer rassischen Gruppe herzustellen oder aufrechtzuerhalten [...]«. [»based on policies and practices of racial segregation and discrimination committed for the purpose of establishing or maintaining domination by one racial group [...].«], ILC 1991: 96), aber im Draft Code von 1996 wurde die Apartheid *in die VgM eingegliedert* als »institutionalisierte Diskriminierung aus rassischen, ethnischen oder religiösen Gründen, die eine Verletzung der grundlegenden Menschenrechte und -freiheiten beinhaltet und zu einer schwerwiegenden Benachteiligung eines Teils der Bevölkerung führt« [»institutionalized discrimination on racial, ethnic or religious grounds involving the violation of fundamental human rights and freedoms and resulting in seriously disadvantaging a part of the population«] (Art. 18(f), ILC 1996: 47). Im amtlichen Kommentar zu diesem Entwurf wurde dies als »apartheid under a more general denomination« verstanden (*ibid.*, 49) und die Definition war in der Tat weiter gefasst als die von 1991, weil sie »ethnische« und »religiöse Gründe« der Diskriminierung und damit auch die entsprechenden Gruppen erfasste (vgl. Lingaas 2020: 169).

35 Die hybride (nicht echt internationale) *Cour Pénale Spéciale* der Zentralafrikanischen Republik (ZAR) wendet Apartheid als Straftatbestand gemäß dem *Code Pénal* der ZAR an, vgl. Art. 153 (»Les crimes d'apartheid«), abrufbar unter <https://www.legal-tools.org/doc/47e9be/>

36 Für einen detaillierten Überblick siehe Lingaas 2020: 146ff. Siehe auch UN 2001, wo anerkannt wird, dass »keine Abweichung von ... dem Verbrechen der Apartheid« (Präambel) zulässig ist, und dessen Charakter als VgM betont wird (Abs. 15, 28).

37 UNGA 1950; (unter Bezugnahme auf die diskriminierende Behandlung der indischen Bevölkerung in Südafrika zum ersten Mal feststellend, dass »eine Politik der ›Rassentrennung‹ (Apartheid) notwendigerweise auf [...] Rassendiskriminierung beruht« [»a policy of »racial segregation« (*Apartheid*) is necessarily based on doctrines of racial discrimination«]). Siehe sodann UNGA 1965b: para. 4 (»*Condems* the policies of *apartheid* and racial discrimination [...] which constitute a crime against humanity«).

38 UNSC 1984: para. 1 (»ein System, das ein Verbrechen gegen die Menschlichkeit darstellt« [»a system characterized as a crime against humanity«]); vorher die Resolution des UN-Sicherheitsrates zu Tötungen und Gewalt durch das südafrikanische Apartheidregime in Soweto und anderen Gebieten, UNSC 1976: para. 3 (»Politik der Apartheid« als »ein Verbrechen gegen das Gewissen und die Würde der Menschheit« [»*Reaffirms* that the policy of *apartheid* is a crime against the conscience and dignity of mankind and seriously disturbs international peace and security«]).

39 Vgl. Art. 85(4)(c) ZP I 1977 zu den Genfer Konventionen, schon o. Endnote 24.

40 Vgl. <https://indicators.ohchr.org/>.

41 Vgl. <https://treaties.un.org/Pages/ViewDetails.aspx?src=TREATY&mtdsg_no=IV-7&chapter=4&clang=_en>.

42 Wie der Begriff »Apartheid« wird auch der Begriff »Globaler Süden« oft unterkomplex verwendet (zu Recht kritisch Dembowski 2023). Jedenfalls ist er nicht geographisch, sondern sozioökonomisch zu verstehen, wie z. B. vom Bundesministerium für wirtschaftliche Zusammenarbeit und Entwicklung vorgeschlagen, wonach »ein Land des Globalen Südens ein politisch, wirtschaftlich oder sozial benachteiligter Staat ist«, <https://www.bmz.de/de/service/lexikon/globaler-sueden-norden-147314>.

43 Vgl. <https://treaties.un.org/Pages/ViewDetails.aspx?src=IND&mtdsg_no=IV-7&chapter=4&clang=_en>. Man beachte, dass China, Russland und Indien Vertragsstaaten sind. Insbesondere Tomuschat 2005: 245 betont die fehlende westliche Unterstützung und erklärt sie mit der zu weit gefassten Beteiligungsstrafbarkeit in Art. III ApKonv. Zu dieser Kritik und zu dem zu weiten Jurisdiktionsregime siehe auch Lingaas 2020: 153 f.

44 Vgl. insbesondere McCormack 2004: 179, 198 f. (südafrikanische Intervention »with the unassailable moral authority of its own painful experience«); siehe auch (im Wesentlichen McCormack folgend) Hall 2008: Art. 7 Rn. 77; Clark 2008: 619; Bultz 2013: 221; Stahn 2019: 68; Lingaas 2020: 170. Laut Schabas 2016: 206 habe Mexiko vorgeschlagen, Apartheid in die Liste der Verbrechen gegen die Menschlichkeit aufzunehmen, aber die relevante Quelle (UNGA 1998) enthält nur eine (späte) Erklärung der mexikanischen Delegierten Flores (paras. 123–126), in der sie die Verbrechen im Allgemeinen diskutiert und lediglich sagt, dass Apartheid in die Liste hätte aufgenommen werden sollen (»Her delegation had no problems with the crimes listed in paragraph 1 (a) to (i), except that it considered that ›persecution‹ and ›enforced disappearances‹ would benefit from a definition. It did, however, have difficulties with(j) (›other inhumane acts‹). An exhaustive list was required to satisfy the principle nullum crimen sine lege. Moreover, apartheid should have been included in the list« (para. 25)). Tatsächlich unterbreitete Mexiko mit Südafrika und einigen anderen afrikanischen Staaten südlich der Sahara einen Vorschlag zur Aufnahme des Apartheidverbrechens (vgl. UN Dipl.Conf. 1998: 239, abrufbar unter <https://www.legal-tools.org/doc/656f32/pdf/>), aber das ändert nichts an der Tatsache, dass es entscheidend auf die Führungsrolle Südafrikas bereits zu Beginn der Vertragsstaatenkonferenz von Rom ankam.

45 Diese Rechtsordnungen setzten völkerstrafrechtliche Verträge in der Regel durch die Schaffung innerstaatlicher Tatbestände um, während die (angloamerikanischen) Common Law Rechtsordnungen in der Regel die Verbrechen völkerstrafrechtlicher Verträge durch einen Verweis auf den entsprechenden Vertrag in das innerstaatliche Recht übernehmen, siehe z. B. bezüglich des IStGH-Statut den UK ICC Act 2001, der auf Art. 6–9 IStGHS in Schedule 8 verweist (<https://www.legislation.gov.uk/uk-

pga/2001/17/schedule/8>) oder das südafrikanische IStGH-Gesetz von 2002, geändert durch den Judicial Matters Amendment Act 22 von 2005, das Art. 6–8 IStGH-Statut in Schedule 1 reproduziert <https://www.justice.gov.za/legislation/acts/2002-027.pdf>. Für weitere Verweise auf das nationale Recht siehe van den Herik und Braga da Silva 2022: Rn. 185 mit Fn. 709.

46 Krit. auch Bultz 2013: 205, 208, 222 (zu IStGHS »poor drafting and ambiguity«), 225 (zum Merkmal »institutionalized regime«), aber seine Überlegungen sind manchmal verwirrend (z. B. bei 231 am Ende) und sein Alternativvorschlag, auf den wir unten zurückkommen werden, ist nicht überzeugend.

47 Nach diesem römischrechtlichen Grundsatz kann es kein Verbrechen und keine Strafe ohne Gesetz geben (*nullum crimen, nulla poena sine lege*) und dieses Gesetz muss bestimmt sein (*lex certa*), streng ausgelegt werden (*lex stricta*), schriftlich ausgearbeitet sein (Verbot von Gewohnheitsrecht, *lex scripta*) und darf keine Rückwirkung entfalten (*lex praevia*), vgl. Roxin/Greco 2020: 251 ff.; aus völkerstrafrechtlicher Sicht (Art. 22–24 IStGHS) s. Ambos 2021a: 126 ff., 143 ff.

48 Vgl. § 7 (5) VStGB, wonach die Begehung eines der in § 7 (1) VStGB genannten Einzeltaten eines VgM (z. B. Tötung eines Menschen, Menschenhandel, Freiheitsberaubung, Vergewaltigung) schwerer bestraft wird (mit Freiheitsstrafe von mindestens von 5 Jahren), wenn die Tat in der »Absicht« begangen wurde, »ein institutionalisiertes Regime der systematischen Unterdrückung und Beherrschung einer rassischen Gruppe durch eine andere aufrechtzuerhalten«. Auf dieses sog. Kontextelement bzw. die Gesamttat des Apartheidverbrechens werden wir im dritten Teil der Untersuchung näher eingehen.

49 In strafrechtlicher Hinsicht gab es lediglich den (gescheiterten) Versuch, den damaligen südafrikanischen Außenminister Botha in Uruguay zu verfolgen; ferner gab es ein (zivilrechtliches) Schadensersatzverfahren nach dem US Alien Claims Tort Act, vgl. Hall 2008: Rn. 119 mit Nachweisen; siehe auch Bultz 2013: 218–9; Lingaas 2020: 183.

50 Tomuschat 2005: 246 (unter Hinweis auf die mangelnden strafrechtlichen Ermittlungen der südafrikanischen Wahrheits- und Versöhnungskommission); Clark 2008: 620; Bultz 2013: 219; für eine grundlegende Untersuchung des Umgangs der südafrikanischen Strafjustiz mit der Apartheid bis zum Beginn des 21. Jahrhunderts siehe Nerlich 2002.

51 Vgl. Foundation for Human Rights und Webber Wentzel 2021; für eine genauere Analyse siehe Kemp und Nortje 2023: 405.

52 Vgl. <https://www.icc-cpi.int/palestine>. Das Apartheidverbrechen wurde in keinem der Vorermittlungsberichte (»Preliminary Examination Reports«) des Anklägers von 2015 bis 2020 erwähnt, vgl. z. B. den ICC Report 2015: para. 45 ff. und ICC Report 2020: para. 215 ff. Auch im ersten Jahresbericht (»Annual Report«) von 2022 finden sich insoweit keine weiterführenden Informationen, vgl. <https://www.icc-cpi.int/

sites/default/files/2022-12/2022-12-05-annual-report-of-the-office-of-the-prosecutor.pdf>.

53 Vertragsstaaten des IStGH können seine Zuständigkeit durch Überweisung von Situationen auslösen, vgl. Art. 13(a), 14 IStGHS; zu den sog. trigger mechanisms s. näher Ambos 2018: 333 f.

54 South Africa, Bangladesh, Bolivia, Comoros and Djibouti, State Party referral in accordance with Article 14 of the Rome Statute of the International Criminal Court, 17.11.2023, S. 4, abrufbar unter <https://www.icc-cpi.int/sites/default/files/2023-11/ICC-Referral-Palestine-Final-17-November-2023.pdf>.

55 Siehe auch HSRC 2009: 14; Lingaas 2015: 115. Tomuschat 2005: 238 zieht das »gelungene Konzept der ›institutionalisierten Diskriminierung‹«, das von der ILC 1996a eingeführt wurde dem »rückwärtsgewandten, stumpfen Begriff der *Apartheid*« [»backward-oriented blunt term of *apartheid*«] vor (Hervorhebung im Original).

56 In diesem Sinne auch McCormack 2004: 198; Bultz 2013: 208, 225–8 (beide zur Verfolgung); Stahn 2019: 68; Lingaas 2015: 95–6; allgemeiner auch Tomuschat 2005: 246 (»may well amount to crimes against humanity«); Clark 2008: 619 (»caught by« Art. 7(1) oder »even« Art. 6 IStGHS).

57 Jackson 2022: 834 (»captures systemic and structural forms of discrimination that destroy equality and freedom«); auch ebd. (»eine Reihe von Praktiken, die sowohl für Einzelpersonen strafbar sind als auch für Staaten unter das System der verschärften Haftung fallen und nicht unbedingt mit Verletzungen des Lebens oder der körperlichen Unversehrtheit verbunden sind« [»set of practices both criminalized, for individuals, and subject to the aggravated responsibility regime, for States, that does not necessarily involve violations of life or bodily integrity.«]) und 854 f. (»Bedeutung eines Unrechts, welches im Kern Formen systematischer Schädigung aus rassischen Gründen betrifft, die nicht das Leben oder die körperliche Unversehrtheit im engeren Sinne betreffen« [»significance of a wrong at whose heart are forms of systematic harm, imposed on racial grounds, that do not involve life or bodily integrity in the narrow sense.«]).

58 Siehe auch Yesh Din 2020: 16 (»regime focused crime«), 23; s. auch TRC, Vol. I, S. 29 para. 22 (» Conceptually, the policy of apartheid was itself a human rights violation.«).

59 Dazu und zum Unterschied zwischen Apartheidverbot und -verbrechen s. schon Teil 1.II.

60 Clark 2008: 601, 619 (bzgl. IStGHS); Werle und Jessberger 2020: 434.

61 Jackson 2022: 834, 853; auch Stahn 2019: 69; ähnlich auch Bultz 2013: 233 (»greater stigma«); dies wird gerade auch von Kritikern anerkannt, s. etwa Kontorovich 2021 (»Bedeutung des Apartheid-Labels geht über bestimmte Politiken hinaus« [»significance of the apartheid label goes beyond particular policies«]).

62 S. z.B. Waxman 2023: 3 (»brandstifterisch«, »erregt öffentliche Aufmerksamkeit« [»incendiary«, »captures public attention«]); Raday 2023: 4f. (»seltene Kategorie von Paria-Staaten« [»rare category of pariah states«]); näher 2. Teil, III. 2.

63 Krit. insoweit etwa Klug 2023: 2, 5 (zum AI-Apartheidbericht, weil sich AI auf die Apartheid konzentriere, anstatt ein Ende der Besatzung zu fordern, und damit letztlich »die zugrundeliegende Realität der Besatzung« [»the underlying reality of the occupation«], »deren hässlicher Nachwuchs die Apartheid ist« [»of which apartheid is an ugly offspring«], verschleiere).

64 S. zweiter Teil, I.

65 Insoweit besteht weitgehend Konsens, vgl. Hall 2008: Rn. 78, 123; Clark 2008: 603; Dugard 2012: 197; HSRC 2009: 167–8; ESCWA 2017: 15; Dugard und Reynolds 2013: 876 (»independent«), 883–5; Gebhard 2018: Rn. 13, 29 (mit Verweis u. a. auf Nazi-Deutschland); Lingaas 2015: 87, 98, 102; Lingaas 2020: 143, 155, 172, 173, 176, 185–6, 233; Stahn 2019: 69 (zu IStGH-Statut); IHRC und Addameer 2022: 2; auch van den Herik und Braga da Silva 2022: Rn. 185 *in fine*; a. A. Eden 2014: 177 ff.

66 »*similar* policies and practices of racial segregation and discrimination« (Herv. K. A.).

67 S. von Booysen 1976: 57, 58 (der ansonsten der ApKonv sehr kritisch gegenübersteht und die Schwere der Apartheidpraktiken in Südafrika leugnet); siehe auch Quigley 1991: 224; HSRC 2009: 167; Dugard und Reynolds 2013: 884.

68 Vgl. Art. II ApKonv: »ähnliche Politiken ... wie im südlichen Afrika praktiziert [...].« (»Similar to policies as practiced in Southern Africa«). Vgl. auch UNGA 1975, die im Zusammenhang mit dem Recht auf Selbstbestimmung und Unabhängigkeit »alle Regierungen scharf verurteilt, die diese Rechte nicht anerkennen«, und sich ausdrücklich auf »die Völker Afrikas und das palästinensische Volk« bezieht (»Strongly condems all Governments which do not recognize the right to self-dermnation and independence of peoples under colonial and foreign domination and alien subjugation, notably the peoples of Africa and the Palestinian people«, para. 5). Siehe auch Clark 2008: 603.

69 Die südafrikanische Apartheiderfahrung und Art. II ApConv war zwar im Hintergrund der IStGH-Verhandlungen immer präsent, aber die »kleine Gruppe der an den Verhandlungen beteiligten Delegierten [...] sah sich dadurch und durch die ApKonv nicht eingeschränkt« (»the small group of delegates involved in the negotiation of consensus language on apartheid did not consider istelf constrained by the treaty definition«), vgl. McCormack 2004: 199; ebenso im Ergebnis Stahn 2019: 69; Gebhard 2018: Rn. 27.

70 Vgl. HSRC 2009: 17, 167 (südafrikanische »Praktiken illustrieren«, sind aber »nicht der Test oder Maßstab [...].« [»practices illustrate« but are »not the test or benchmark [...].«]); ESCWA 2017: 14, 16 (notwendige Unterschiede »in der Gestaltung« [»apartheid systems that arise in diffe-

rent countries will necessarily differ in design«]); Lingaas 2020: 155 (südafrikanisches »System der Apartheid ist kein Standard« [»not standard«]); Gebhard 2018: para. 13 (Südafrika als »Inspiration«, aber heute »breitere« Definition [»Even though the term ›apartheid‹ had been coined in what is now the Republic of South Africa, there are also other States and regimes which institutionalized systems of racial segregation similar to the one in South Africa.«]).

71 So aber Kern 2021 (»Diese Politiken und Praktiken [des südafrikanischen Apartheidregimes] können uns daher bei der Feststellung helfen, wie ›Herrschaft und Unterdrückung‹ als Elemente des Verbrechens im Rahmen des Römischen Statuts definiert werden können.« [»These policies and practices [...] can therefore assist us when establishing how ›domination and oppression‹ may be defined as elements of the crime under the Rome Statute.«]); ähnlich Kontorovich 2021 (»South African template [...] essential«) und NGO Monitor 2021: 4, 10, 27 (mitverfasst von Kern).

72 Vgl. IJC 1971: para. 129–31 (»policy of *apartheid* as applied by South Africa in Namibia« stellt »flagrant violation of the purposes and principles of the Charter« dar, ferner allgemein feststellend [para. 16], dass Südafrika verpflichtet sei, sich aus Namibia zurückzuziehen, und dass die UN-Mitgliedstaaten verpflichtet seien, alle Handlungen zu unterlassen, die eine Anerkennung der Rechtmäßigkeit der südafrikanischen Besatzung implizierten). Siehe auch UNGA 1965a; UNGA 1965b; ESCWA 2017: 16; Jackson 2021: paras. 34 f. mit weiteren Nachweisen.

73 (IV.) Haager Abkommen betreffend die Gesetze und Gebräuche des Landkriegs, 18.10.1907, Anlage Art. 42 ff. (insbesondere Art. 43)

74 Convention (IV) relative to the Protection of Civilian Persons in Time of War, Geneva, 12 August 1949, insbes. Art. 47 ff.

75 Vgl. eingehend Jackson 2021: insbesondere para. 36 ff. und zusammenfassend para. 72: »Besatzungssituationen bringen es mit sich, dass eine Gruppe von Personen der Rechtsprechung eines fremden Staates unterworfen wird, und zwar in Bezug auf den Genuss einer breiten Palette von durch das Völkerrecht garantierten Rechten. Je nach Sachlage kann diese Gruppe als eigenständige rassische Gruppe wahrgenommen werden. Wenn der Besatzer Maßnahmen ergreift oder Handlungen vornimmt, die die völkerrechtlich geschützten Rechte der Gruppe verletzen, werden die im Apartheidverbot aufgezählten Handlungen begangen. Wenn der Besatzer mit der Verhängung von Maßnahmen oder der Vornahme von Handlungen bezweckt, die Vorherrschaft einer rassischen Gruppe – ob innerhalb des besetzten Gebietes oder außerhalb – über die der Besatzung unterworfene Gruppe herzustellen und aufrechtzuerhalten, wird das Unrecht der Apartheid begangen.« [»Situations of occupation entail the subjection of a group of persons to the jurisdiction of a foreign state in relation to their enjoyment of a wide range of rights guaranteed by international law. Depending on the factual situation, that group may be perceived as a distinct racial group. Where the occupant

imposes measures or undertakes acts that violate the rights of the group as protected under international law, enumerated acts in the prohibition of apartheid will be committed. If the occupant's purpose in imposing the measures or undertaking the acts is to establish and maintain domination of one racial group – whether within the occupied territory or not – over the group subject to occupation, the wrong of apartheid will be committed.«] [Fn. weggelassen]).

76 Jackson 2021: para. 37(»Its interaction with the law must be assessed on case-by-case basis in relation to specific elements of the prohibition«).

77 Jackson 2021: para. 85; zust. Lynk 2022, para. 34; IHRC und Addameer 2022: 4–5.

78 Der entscheidende Teil von Art. 4 (Abs. 1) GK IV lautet: »*Persons protected* by the Convention are those who, at a given moment and in any manner whatsoever, find themselves, in case of [...] occupation, in the hands of a [...] *Occupying Power* of which they are not nationals.« (Herv. K. A.).

79 Vgl. ähnlich Dinstein 2019: 39 (»von Natur aus zwanghaft« [»coercive by nature«] und mit der Zeit »immanent coercive«); auch Kretzmer und Ronen 2021: 23 (»inhärent unausgewogen« [»inherently unbalanced«] und »inhärent unbestimmt, was Raum für eine Auslegung in Übereinstimmung mit der politischen Agenda der Besatzungsmacht lässt« [»inherently indeterminate, leaving room for interpretation that fits the political agenda of the occupying power«]); Yesh Din 2021: 27–8 (»Herrschaft und Unterdrückung jeder militärischen Besatzung immanent« [»domination and oppression inherent in any military occupation«], Regierungsausübung »by force«); a. A. NGO Monitor 2021: 37 ff. (siehe ausführlich u. Endnote 82).

80 Hinsichtlich der israelischen Besatzung wird ganz überwiegend – angesichts der Dauer und damit verbundenen Annexion (insbesondere Ostjerusalems) – von ihrer Rechtswidrigkeit ausgegangen, vgl. HRC 2022b: para. 75; für einen Vier-Elemente-Test insoweit Lynk 2017: para. 29–38; zusammenfassend Lynk 2018; für drei Kriterien Gross 2017: 3, 35, 248; für einen Überblick über die unterschiedlichen Positionen (vor allem israelischer Wissenschaftler) Kretzmer und Ronen 2021: 25; für einen Überblick über die jeweiligen Argumente im Zusammenhang mit dem Recht zur Gewaltanwendung [*ius ad bellum*] und dem Recht des bewaffneten Konflikts [*ius in bello*] siehe Power 2022). Dennoch ist es nun Sache des IGH, über die rechtlichen Konsequenzen der (eventuell) rechtswidrigen Besatzung in einem von der UN-Generalversammlung angeforderten Gutachten (UNGA 2022) zu entscheiden; dazu u. Endnote 98.

81 Aus diesen Gründen ist Zilbershats Verteidigung (Zilbershat 2013: 916–19) der israelischen Praxis in den besetzten Gebieten unter Berufung auf einen Gegensatz zwischen »kriegerischer Besatzung« (»belligerent occupation«) und innerstaatlicher Ausübung von Hoheitsgewalt (»sovereignty«) nicht überzeugend, zumal sie im Wesentlichen den Obersten Gerichtshof Israels zitiert, um die Dauer der Besatzung und die Behand-

lung der unter ihr lebenden Palästinenser zu rechtfertigen. Ebenso wenig überzeugend NGO Monitor 2021: 37 ff, siehe nächste Endnote.

82 Yesh Din 2020: 27f. (auf die Siedlerbevölkerung als »konkreten Gruppenzusammenhang« und den daraus resultierenden »Kolonisierungsprozess« verweisend: »Military occupation is, by definition, a belligerent, coercive regime imposed on the occupied population. In the case of the West Bank, the element of domination and oppression inherent in any military occupation is compounded by a concrete group context – the presence of the Israeli settler population.« [S. 27]; »In specific terms, Israel's military occupation of the West Bank coincides with a process of colonization, the settlement of citizens of the occupier in the area and the creation of a civilian occupier community.« [S. 28]); dagegen NGO Monitor 2021: 37ff., wonach das Besatzungsrecht »nicht von Natur aus unterdrückerisch ist« (»not inherently oppressive«, 37), sondern vielmehr eine unterschiedliche »Behandlung von Staatsangehörigen der Besatzungsmacht und geschützten Personen« (»treatment of nationals of the Occupying power and protected persons«, 42), d.h. zwischen Siedlern und Palästinensern, mit sich bringt und sogar rechtfertigt, wobei die menschenrechtlichen Schutzpflichten »die [humanitärvölkerrechtlichen] Schutzlücken« (»gaps in protection«) in Bezug auf die Siedler füllen (ebd.). Diese Argumentation ist aber schon in ihren Prämissen falsch, nämlich dass es immer noch eine (vorübergehende und/oder rechtmäßige) Besatzung gibt [vgl. Endnote 80] und dass die Siedler überhaupt ein Recht haben, entgegen Art. 49(6) GC IV, in den besetzten Gebieten zu leben; abgesehen davon räumt NGO Monitor ein (46), dass die »diskriminierenden Maßnahmen« des Besatzers nicht »willkürlich« (»arbitrary«) sein dürfen, was im hier relevanten Kontext aber leider nur allzu oft der Fall ist.

83 Vgl. Jackson 2022: 844; Jackson 2021: Abs. 28.

84 Vgl. Art. 22(3) IStGHS: »Dieser Artikel berührt nicht die Einstufung eines Verhaltens als strafbar nach dem Völkerrecht unabhängig von diesem Statut.«

85 S. vor allem Art. 21 IStGHS zu den Rechtsquellen des IStGH, die im Kern dem gesamten Völkerrecht entnommen werden können.

86 Kern 2021.

87 Zu Recht wird dieser allgemeine Zweck betont: Clark 2008: 603; ähnlich auch Yesh Din 2020: 17, 20.

88 »[...] inhuman acts committed for the purpose of establishing and maintaining domination by one racial group of persons over any other racial group of persons and systematically oppressing them [...]«.

89 »[...] institutionalised regime of systematic oppression and domination by one racial group over any other«; »[...] committed with the intention of maintaining that regime;«.

90 Vgl. Jackson 2021: para. 14, 22.

91 Siehe Falk 2014: para. 54 (von einem »single concept« der Apartheid ausgehend), 77 (systematische Unterdrückung als objektives Element

behandelt); Lynk 2022: para. 30f. (relevante Unterschiede mit Verweis auf den AI-Bericht [»secondary differences«] herunterspielend und letztlich dem IStGH-Statut folgend); Russell Tribunal 2011: para. 5.3, 5.10 (die Voraussetzungen vermengend und das Zweckelement übersehend); Dugard und Reynolds 2013: 881 (die Bedeutung des spezifischen Vorsatzes und der Unterscheidung übersehend); IHRC und Addameer 2022: 5 (die Unterscheidung übersehend), 904 (sich auf das Absichtselement konzentrierend); HRW 2021: 5–6, 33 (ApKonv und IStGH-Statut vermischend und die Voraussetzungen verwirrend aufzählend); korrekt die Unterscheidung betonend AI 2022: 48 (einräumend, dass die ApKonv »sich mehr auf den ›Zweck‹ konzentriert, eine solche Herrschaft zu schaffen oder aufrechtzuerhalten, was bedeutet, dass das Verbrechen der Apartheid in Abwesenheit eines bestehenden Regimes begangen werden kann [...] solange es eine Absicht gibt [...] während das Römische Statut [...] impliziert, dass das Regime bereits existieren muss.« [»The Convention focuses more on the ›purpose‹ to create or maintain such domination meaning that the crime of apartheid can be committed in the absence of an existing regime [...] as long as there is an intent [...] while the Rome Statute [...] implies that the regime must already exist.«]); krit. zu HRW insoweit Kern. Für eine gute vergleichende Unterscheidung zwischen Art. II ApKonv und Art. 7(2)(h) IStGH-Statut siehe Yesh Din 2020: 17ff.

92 Zutreffend Jackson 2022: 843f.

93 Siehe auch Jackson 2022: para. 27 (»In der Praxis dürfte dieser Unterschied nicht sehr groß sein, da die Arten von Handlungen, die ausreichen, um auf den erforderlichen Zweck zu schließen, häufig bedeuten, dass der relevante Zusammenhang nach dem Römischen Statut hergestellt wurde.« [»In practice, this difference may not amount to a great deal, given that the kinds of acts sufficient to ground an inference of the required purpose will often mean that the relevant context under the Rome Statute has been established.«]).

94 Vgl. <https://www.icj-cij.org/pending-cases>. Zum Südafrika vs. Israel Verfahren s. Ambos, 2024.

95 Vgl. Art. IX Genozidkonvention; s. auch Art. 30 UN-Folterkonvention sowie Art. 119 (2) IStGH-Statut, wonach die IStGH-Vertragsstaatenversammlung eine Streitfrage – gleichsam in letzter Instanz – an den IGH überweisen kann.

96 Vgl. Art. XII ApConv: »Disputes between States Parties arising out of the interpretation, application or implementation of the present Convention which have not been settled by negotiation shall, at the request of the States Parties to the dispute, be brought before the International Court of Justice, save where the parties to the dispute have agreed on some other form of settlement.«

97 Vgl. Art. 96 (1) UN-Charta.

98 UNGA, Resolution 77/247 vom 30.12.2022, »Israeli Practices affecting the human rights of the Palestinian people in the Occupied Palestinian

Territory, including East Jerusalem«, para. 18 (den IGH um eine gutachterliche Stellungnahme zu folgenden Fragen ersuchend):
»(a) What are the legal consequences arising from the ongoing violation by Israel of the right of the Palestinian people to self-determination, from its prolonged occupation, settlement and annexation of the Palestinian territory occupied since 1967, including measures aimed at altering the demographic composition, character and status of the Holy City of Jerusalem, and from its adoption of related discriminatory legislation and measures?
(b) How do the policies and practices of Israel referred to in paragraph 18 (a) above affect the legal status of the occupation, and what are the legal consequences that arise for all States and the United Nations from this status?«
S. dazu auch Ronen 2023.

99 Vgl. <https://www.icj-cij.org/case/186> mit weiteren Informationen zu der Anhörung vom 19.-26.2.2024.

100 Zum Verfahrensstand s. <https://www.icj-cij.org/case/192>.

101 »Relocation of the United States Embassy to Jerusalem (Palestine v. United States of America)«, zum Verfahrensstand s. <https://www.icj-cij.org/case/176>. Das Verfahren ist seit Jahren ausgesetzt, wohl weil es Verhandlungen zwischen den USA und der palästinensischen Autonomiebehörde gegeben hat.

102 Vgl. als wohl bekanntestes und wichtigstes Kontrollorgan den »Menschenrechtsausschuss« (»Human Rights Committee«) des IPbpR, vgl. dessen Art. 28 ff. (Berichtspflicht gemäß Art. 40) sowie dessen Erstes Zusatzprotokoll, das ein Individualbeschwerdeverfahren vorsieht; vgl. näher <https://www.ohchr.org/en/treaty-bodies/human-rights-bodies-complaints-procedures/complaints-procedures-under-human-rights-treaties>.

103 Art. IX ApConv.

104 Krit. insoweit Kattan/Johnson: 2023 (für eine Reaktivierung der Dreiergruppe mit Blick auf neuere mögliche Apartheidsituationen – Burma/Myanmar, Israel/Palästina – plädierend).

105 Vgl. Art. 7(1)(j) und (2)(h) IStGHS.

106 Die Zuständigkeit des IStGH ergibt sich insoweit aus einer Ad-hoc-Anerkennungserklärung (Art. 12(3) IStGH-Statut) Palästinas vom 1.1.2015 und dem Beitritt zum IStGH-Statut am 2.1.2015 (Inkrafttreten am 1.4.2015, Art. 126(2) IStGH-Statut), vgl. <https://www.icc-cpi.int/palestine>. Auf dieser Grundlage hat die Vorverfahrenskammer (Pre-Trial Chamber) I mehrheitlich (dafür Richter Perrin de Brichambaut und Alapini-Gansou, dagegen Richter Kovács) die Zuständigkeit des IStGH für Taten seit dem 13.6.2014 anerkannt, vgl. ICC-01/18-143 5 February 2021; krit. Ambos 2021b.

107 Insoweit ergibt sich die Zuständigkeit aus dem Inkrafttreten des IStGH-Statuts für Bangladesh am 1.6.2010, weil die in Rede stehenden Verbrechen Myanmars sich auf das bangladeschische Hoheitsgebiert erstreckt haben, siehe <https://www.icc-cpi.int/bangladesh-myanmar>.

Zweiter Teil: Geschichte und Praxis der Apartheid

1 Clark und Worger 2004: 10.

2 Vgl. zur gesamten historischen Entwicklung beispielhaft Marx: 2012; Lapping: 1987; Clark und Worger 2004: 10–31; s. auch TRC, Vol. I (1998), S. 16, para. 65 (»Racism came to South Africa in 1652; it has been part of the warp and woof of South African society since then.«).

3 Lapping 1987: 36.

4 Khoikhoi ist ein Sammelbegriff für eine Gruppe von Völkern in Südafrika und Namibia. Von den Buren wurden sie pejorativ »Hottentotten« genannt, Britannica 2023.

5 Dooling 2005: 50; Gebhard 2018: Rn. 3.

6 Lapping 1987: 38–40.

7 Laut Clark und Worger 2004: 13 waren es 20 Prozent.

8 Lapping 1987: 40–9; Clark und Worger 2004: 12 f.; Gebhard 2018: Rn. 4.

9 Clark und Worger 2004: 14; ausführlich Lapping 1987: 50–60.

10 Auf britischer Seite starben 22 000 Soldaten (davon zwei Drittel an Krankheiten), auf Seiten der Buren 7 000. Die Opferzahlen der Zivilbevölkerung waren insbesondere wegen der britischen Politik der »verbrannten Erde« weit höher. Unter grausamen Haftbedingungen verloren mindestens 14 000 schwarze (ca. zehn Prozent der insgesamt Inhaftierten) und mehr als 26 000 burische 25 Prozent) zivile Gefangene (weit überwiegend Frauen und Kinder) ihr Leben, vgl. Marx 2012: 165 f.; Marks 2011: 159; Clark und Worger 2004: 15.

11 Der Friedensvertrag ist abrufbar unter <https://www.sahistory.org.za/archive/peace-treaty-vereeniging-original-document>.

12 Frieden von Vereeniging, ebd., para. 5: »The DUTCH language will be taught in Public Schools in the TRANSVAAL and the ORANGE RIVER COLONY where the Parents of the Children desire it, and will be allowed in COURTS of LAW when necessary for the better and more effectual Administration of Justice«; vgl. auch Clark und Worger 2004: 15 f.; Wissen.de, »Burenkrieg«, <https://www.wissen.de/lexikon/burenkrieg>. Als Amtssprache in der gesamten Südafrikanischen Union wurde Afrikaans erst 1925 anerkannt, Davenport 1987: 235.

13 Mit Gründung der Südafrikanischen Union erhielt der Oranje-Freistaat seinen ursprünglichen Namen zurück, Clark und Worger 2004: 20.

14 Marx 2012: 177 (»verfassungsrechtlich merkwürdiges Ergebnis«); s. auch Davenport 1987: 247 f.

15 Clark und Worger 2004: 20.

16 Clark und Worger 2004: 20 f. Botha hatte in Transvaal 1905 gemeinsam mit Jan Christian Smuts die Partei »Het Volk«, J. B. M. (Barry) Hertzog im Oranje-Freistaat die »Orangia Unie Party« gegründet. 1911 gingen diese Parteien mit anderen Gruppierungen in der Südafrikanischen Partei (»South African Party«, SAP) auf, vgl. Clark und Worger 2004: 19.

17 Act No. 27 von 1913, abrufbar unter <https://www.sahistory.org.za/archive/natives-land-act-act-no-27-1913>. Er ging auf die Arbeiten der zwischen 1903 und 1905 tagenden »Interkolonialen südafrikanischen Kommission für Eingeborenenangelegenheiten« (»inter-colonial South African Native Affairs Commission«) zurück; sie sollte eine »native policy« in der Landfrage entwickeln, vgl. Welsh 2010: 31 ff.

18 SAHO 2013/2021; Lapping 1987: 73.

19 TRC, Vol. I (1998), S. 16, para. 65 (»... the indigenous people of South Africa would effectively become hewers of wood and drawers of water for those with superior gun power from overseas.«).

20 Act No. 21 von 1923, abrufbar unter <https://www.sahistory.org.za/archive/natives-urban-areas-act-act-no-21-1923>.

21 Clark und Worger 2004: 22.

22 Act. No. 38 von 1927, abrufbar unter <https://www.gov.za/documents/black-administration-act-5-jul-1927-0000>.

23 Clark und Worger 2004: 22 f.

24 J. B. M. (Barry) Hertzog wurde 1912 aus dem Kabinett Bothas entlassen, da er als zu pro-burisch galt und gegen die Aussöhnung mit den Briten war, Welsh 2010: 5; Lapping 1987: 70.

25 Sie wurde insbesondere gegründet, um den Buren-Nationalismus zu fördern, den man in der Folge des Südafrikanischen Kriegs unterdrückt sah, van der Merwe 2023: 164. Vgl. ausführlich zur Geschichte der NP: SAHO 2011/2020b.

26 Die Unionisten Partei nahm von 1910 bis zur Fusion mit der SAP im Jahre 1920 an den Wahlen in der Südafrikanischen Union teil, vgl. Freund 2011: 214; Davenport 1987: 255, 530. Sie war die Partei, die die Bindung zum Britischen Empire repräsentierte (»unambigously the party of the Empire connection«), vgl. Welsh 2010: 5.

27 Die NP wurde schon hier stärkste Kraft (43 Sitze), während die SAP auf 41 Sitze kam und die Unionisten Partei auf 25. Die LP war mit 21 Sitzen vertreten.

28 Die NP kam auf 63 Sitze gegenüber 53 Sitzen der SAP, die LP erreichte 18 Sitze.

29 Welsh 2010: 5–7. Die SAP hatte 148 000 Stimmen bekommen, die NP lediglich 111 500. Dennoch gewann erstere 52, letztere aber 63 Sitze. Bereits hier zeigte sich ein auch in Zukunft fortbestehendes Problem des Wahlrechts. Es galt ein Mehrheitswahlrecht, wobei die Wahlbezirke nicht an Bevölkerungszahlen geknüpft waren und die ländlichen Räume überrepräsentiert waren.

30 Die Koalition gewann 136 der 150 Sitze, Welsh 2010: 9.

31 Welsh 2010: 7–10.

32 Marx 2012: 220 f. In den ehemaligen Burenrepubliken (Oranje-Freistaat und Transvaal) durften von Beginn der Südafrikanischen Union an nur weiße Männer wählen, ebd.: 174. Dies war möglich gewesen, weil Jan Smuts eine Klausel in den Vertrag von Vereeniging hineinverhandelt hatte, nachdem eine Entscheidung über das Wahlrecht der schwarzen

Mehrheit erst nach der Gewährung interner Selbstregierung für die eroberten Burenrepubliken getroffen werden sollte (s. den entsprechenden para. 8: »The question of granting the Franchise to Natives will not be decided until after the introduction of Self-Government«). Smuts war damit maßgeblich verantwortlich für die dauerhafte politische Entmündigung der schwarzen Bevölkerungsmehrheit, ebd.: 167.

33 Die UP erhielt 111 Sitze (bei 447 535 Stimmen), die GNP 27 Sitze (247 582 Stimmen).

34 Das Amt des britischen Generalgouverneurs wurde 1909 mit dem *South Africa Act* (abrufbar unter <https://media.law.wisc.edu/s/c_8/jzhy2/cbsa1.pdf>) eingeführt. Er wurde vom britischen Monarchen ernannt und war als dessen Repräsentant in Südafrika die höchste staatliche Autorität (Abschnitt III. 8.).

35 89 zu 43 Sitzen. Welsh 2010: 17 spricht von einer klassischen »Khaki-Wahl«. Der Begriff geht auf die Farbe der britischen Felduniform zurück (https://de.wikipedia.org/wiki/Khaki-Wahlen) und wurde in Großbritannien erstmals 1900 benutzt, weil die damalige Wahl stark vom Burenkrieg bestimmt war. Generell dient der Begriff in Großbritannien zur Beschreibung einer Wahl, die stark von einem gerade stattfindenden Krieg oder der Stimmung in der Nachkriegszeit bestimmt ist, Merriam-Webster 2024c. Vgl. zum Ganzen Welsh 2010: 10–17.

36 »Segregation« meint hier die Rassendiskriminierung, wie sie in Südafrika zwischen 1910 und 1948 praktiziert und oben beschrieben wurde, d.h. die rechtliche Trennung zugunsten der Menschen europäischer und zulasten derjenigen afrikanischer Abstammung. Vor allem die Rechte der Schwarzen, Land zu besitzen, den Wohnsitz frei zu wählen, zu reisen oder auf einen sicheren Arbeitsplatz wurden dadurch beeinträchtigt, vgl. Clark und Worger 2004: 156.

37 Marx 2020: 284 ff.; Clark und Worger 2004: 35.

38 S. auch Marx 2020: 286: »Apartheid statt Segregation kündigte etwas Neues an«.

39 Schon zu diesem Zeitpunkt kehrte man wieder zum ursprünglichen Namen »Nasionale Partei« (NP) zurück, offiziell wurde dieser Name aber erst 1951 wieder angenommen.

40 Obwohl die NP mit ihrem Koalitionspartner, der Afrikaaner Partei (AP), nur 41,63 Prozent der gesamten Stimmen auf sich vereinigen konnte, gewann sie dank des Mehrheitswahlsystems mehr Sitze (79) als die Koalition aus UP und der Arbeiterpartei (Labour Party, LP), die insgesamt 51,75 Prozent der Stimmen (71 Sitze) erhielt. Die UP brauchte für einen Sitz durchschnittlich über 9 000 (9 124) Stimmen, NP und AP hingegen nur gut 5 500 (5 683), s. Welsh 2010: 26; auch Lapping 1987: 128 ff.

41 Welsh 2010: 24 f.

42 Schneider 2017; Britannica 2024.

43 Vgl. schon o. Endnote 2 mit Haupttext.

44 TRC, Vol. I (1998), S. 25, para. 6 (»Thus, it is evident that it was not the National Party government that introduced racially discriminatory prac-

tices to this part of the world. Nor is it likely that the National Party government was the first to perpetrate some or most of the types of gross violations of human rights [...].«).

45 Vgl. TRC, Vol. I (1998), S. 29, para. 22 (»[...] such discrimination existed before 1948 and had its roots far back in South Africa's colonial past«).

46 S. Ambos 2019: 7, 17 ff. (zwischen rückwärtsgewandter und zukunftsorientierter Kontinuität hinsichtlich des NS-Strafrechts unterscheidend).

47 Marx 2012: 227. Werle und Jeßberger 2020 bezeichnen die Apartheidgesetzgebung als »Paradebeispiel« eines institutionalisierten Regimes der systematischen Unterdrückung und Beherrschung (Rn. 1112).

48 Vgl. Posel 2011: 347, 355; auch Dugard und Reynolds 2013: 874; Jackson 2022: 854.

49 Lapping 1987: 14; Marx 2015: Rn. 16 ff.; vgl. aber für rassistische (Staatsangehörigkeits-)Gesetzgebung in der italienischen Kolonie Eritrea und der deutschen Kolonie Deutsch-Ostafrika Camilleri 2021: 91 ff.

50 Die erste Welle der Dekolonisierung nach 1945 erfolgte in Asien. Bereits im Jahr des Kriegsendes erklärte die Republik Indonesien ihre Unabhängigkeit von den Niederlanden und Vietnam die Unabhängigkeit von Frankreich, was von den Kolonialmächten allerdings nicht akzeptiert wurde. Nach jahrelangen brutalen Auseinandersetzungen zogen sich die Niederlande erst 1949 auf Druck der USA aus Indonesien zurück. Die Franzosen – von den USA im Krieg gegen Indochina unterstützt – kapitulierten erst 1954. Die Briten verließen Indien 1947 unter chaotischen Umständen, woraufhin zwei Staaten – Indien (hinduistisch dominiert) und Pakistan (muslimisch dominiert) – entstanden. Die britische Kolonie Ceylon (heute Sri Lanka) wurde ohne Auseinandersetzungen 1948 unabhängig. Malaya (seit 1963 Malaysia) wurde 1957, Singapur 1965, Hongkong und Macau 1999 unabhängig. Auf dem afrikanischen Kontinent waren Sudan (1956) und Ghana (1957) die ersten unabhängigen Staaten, 1960 folgten 17 weitere Staaten, 1965 gab es bereits 37 afrikanische UN-Mitgliedstaaten, vgl. ausführlich Metzler 2018.

51 Lapping 1987: 13 f.; Clark und Worger 2004: 35.

52 Marx 2020: 289.

53 Vgl. zur Diskussion unter Darstellung der verschiedenen Meinungen – allerdings ohne Quellenangaben – Clark und Worger 2004: 35 f. Teilweise wird auch auf den Einfluss des deutschen National(sozial)ismus verwiesen, s. etwa Furlong 1991; s auch ausführlich Hagemann 1991: 413 ff., wonach einerseits die NS-Machtergreifung dem Afrikaaner-Nationalismus womöglich »einen kräftigen Schub« gegeben habe könne, eine formelle Kooperation andererseits »nicht einmal im Ansatz nachweisbar« sei und die burischen Nationalisten »deutschen ›Nachhilfeunterricht‹ gerade auf diesem Gebiet insgesamt für nicht erforderlich« hielten (436). Gegen einen eindeutigen Beleg eines Einflusses auch Marx 2020: 286.

54 Vgl. dazu Welsh 2010: 23 ff. Zum Sauer-Report, einer Sammlung von Zielen zur Erreichung der Rassentrennung aufgrund der Arbeit einer

von der NP eingesetzten Kommission unter dem Vorsitz von Paul Sauer, insoweit Marx 2020: 289 ff. (wonach dieser keinen solchen »Blueprint« darstellte). Vgl. ferner Posel 1991: 1 (der These eines »Stein um Stein gebauten Gebäudes« [»edifice brick by brick«], dessen Grundzüge schon vor dem Wahlsieg in den Köpfen der Führer der NP vorhanden waren, widersprechend).

55 Giliomee 2003: 389–91 sieht insoweit die Zeitung »Die Burger« als eine der drei zentralen pro Apartheid Organe im Jahrzehnt vor 1948 an.

56 Er wurde 1958 Premierminister und blieb dies bis 1966, als er einem Attentat zum Opfer fiel, vgl. zur Person SAHO 2011/2020a.

57 Scholtz 1974: 43, übersetzt ins Englische von Welsh 2010: 24.

58 Vgl. Marx 2012: 223.

59 Vgl. dazu Marx 2020: 290 mit Nachweisen in Fn. 40.

60 Marx 2020: 290; Lapping 1987: 13.

61 Vgl. seine Rede, zitiert in Clark und Worger 2004: 123–7 (insb. 124).

62 Marx 2012: 224. Demgegenüber versuchte Piet Cillié, ein Journalist und Herausgeber von *Die Burger* (1954–1977), die Apartheid als rassistisches Projekt zu relativieren, denn es handele sich nicht um ein System, eine Ideologie oder einen kohärenten Plan, sondern es gehe nur um die Durchsetzung des Selbstbestimmungsrechts der Afrikaaner gegen die UP (»[A] pragmatic, tortuous process of consolidating a nationalist movement's leadership, of establishing the Afrikaner's right to self-determination, not primarily against a coloured force, but to prevent the return of the United Party.«), Cillié 1990: 67, ins Englische übersetzt von Welsh 2010: 23.

63 Vgl. Marx 2012: 227.

64 Foreword Tutu, in TRC, Vol. I (1998), S. 16 para. 65 (»[...] beginning of a refinement and intensifying of repression, injustice and exploitation«).

65 TRC, Vol. I (1998), S. 29, para. 22 (»[...] the apartheid state that was constructed after 1948 had dimensions that made it different from the discriminatory orders that preceded it.«).

66 Vgl. Marx 2020: 290 (Apartheid »war eine umfassende, totale und tendentiell totalitäre, Politik einer autoritären Umgestaltung und Modernisierung von Staat und Geselschaft«.).

67 TRC, Vol. I (1998), S. 30 para. 24 (»Apartheid sought to maintain the status quo of white supremacy through the implementation of massive social change«).

68 TRC, Vol. I (1998), S. 29 f., para. 23 (»[...] the apartheid system was of a qualitatively different type ... the new government set out to segregate every aspect of political, economic, cultural, sporting and social life, using established legal antecedents where they existed and creating them where they did not. [...] it constructed a totalitarian order that was far from democratic in substance.«).

69 Clark und Worger 2004: 35.

70 Clark und Worger 2004: 35 f.

71 Vgl. Jackson 2022: 854; vorher schon Dugard und Reynolds 2013: 873 (»it was this institutionalized character that made it particularly visible and offensive«). Dabei wird neben der Diskriminierung und der politischen Repression als drittes charakteristisches Merkmal der Apartheid die territoriale Zersplitterung (»territorial fragmentation«) genannt (Dugard/Reynolds, a. a. O., 874 f.); ähnlich für drei Säulen auch HRSC 2009: 20 f., wobei diese jeweils auf gesetzgeberisches Handeln bezogen sind: Einordnung der Bevölkerung in »racial groups«, räumliche Trennung dieser sowie »drakonische« Sicherheitsgesetze (»draconian ›security‹ laws and policies«).

72 Posel 2011: 346.

73 TRC, Vol. I (1998), S. 40 para. 68 (»[...] violence of the law or what is often referred to as institutional or structural violence.«).

74 Vgl. Clark und Worger 2004: 43–5.

75 Smuts, zitiert nach Krüger 1960: 412.

76 Smuts, zitiert nach Krüger 1960: 413 (»He has to become more efficient, he cannot remain simply a barbarian, working on the lowest level«).

77 Smuts, zitiert nach Krüger 1960: 413 (»He must be shaped into an economic instrument; he must be made economically and industrially efficient.«).

78 Nelson Mandela Foundation, »Apartheid«, <https://www.nelsonmandela.org/content/page/apartheid>.

79 Clark und Worger 2004: 45 (»breathtaking«).

80 Für eine Übersicht der wichtigsten Gesetze von 1856 bis 1996 vgl. TRC, Vol. I (1998), S. 448 ff. Vgl. auch Rubin 1974: 6–11; Marx 2012: 222 (»letztlich in die tausende gehende Apartheidgesetze«).

81 Act No. 30 of 1950, abrufbar unter <https://www.sahistory.org.za/archive/population-registration-act-act-no-30-1950>. Vgl. dazu Marx 2012: 226

82 § 3 des Gesetzes zur Wiederherstellung des Berufsbeamtentums (sog. Arierparagraph), RGBl. I, 7. April 1933, S. 175, abrufbar unter <https://www.servat.unibe.ch/dns/rgbl_1933_i_175_g_berufsbeamtentum.pdf>. Im Zweifel musste ein »Ariernachweis« durch Vorlage von Urkunden erbracht werden.

83 Marx 2012: 226.

84 § 1 (x) lautet im Original: »[I]n fact is or is generally accepted as a member of any aboriginal race or tribe of Africa.«

85 Marx 2012: 226 verweist insoweit auf den sog. – absolut willkürlichen – »Bleistifttest«: Der vorstelligen Person wurde ein Bleistift in die Haare gesteckt. Fiel er heraus, handelte es sich um einen »coloured«, blieb er stecken, um einen »native«.

86 Act No. 46 of 1951, abrufbar unter <https://www.sahistory.org.za/archive/separate-representation-voters-act-act-no-46-1951>. Die Nichtigerklärung durch den Supreme Court, s. folgende Endnote, machte u. a. das entsprechende Ergänzungsgesetz, Act No. 30 of 1956 <https://www.sahistory.org.za/archive/separate-representation-voters-amendment-act-act-no-30-1956> erforderlich.

87 Vgl. Harris v Minister of the Interior 1952 (2) SA 428 (AD) zur Nichtigerklärung aus (nur) formalen Gründen, weil das Gesetz entgegen Abschnitt 35(1) und 152 des Südafrikagesetzes nicht mit einer Zweidrittelmehrheit des Parlaments verabschiedet worden war. Der Streit mit dem Supreme Court zog sich über mehrere Jahre hin. Die Zurückweisung der durch das Ministerium eingereichten Rechtsmittel erfolgte noch im selben Jahr (Minister of the Interior v Harris 1952 (4) SA 769 (AD)). Er endete schließlich 1957, als die Rechtsmittel gegen den South Africa Act Amendment Act von 1956 abgewiesen wurden (Collins v Minister of the Interior 1957 (1) SA 552 (AD)). Vgl. auch Beinart 1957: 549–565.

88 Clark und Worger 2004: 48.

89 Vgl. von Dewitz 2005: 39 ff.

90 Act No. 55 of 1949, abrufbar unter <https://www.sahistory.org.za/archive/prohibition-mixed-marriages-act-act-no-55-1949>.

91 SAHO 2011/2023a.

92 § 1(1) des Gesetzes zum Schutze des deutschen Blutes und der deutschen Ehre (»Blutschutzgesetz«) verbot »Eheschließungen zwischen Juden und Staatsangehörigen deutschen oder artverwandten Blutes« ausnahmslos, RGBl. I, 15. September 1935, S. 1146, abrufbar unter <https://www.koeblergerhard.de/Fontes/NuernbergerGesetze1935.pdf>.

93 So auch Hagemann 1991: 413. Für einen Vergleich von Apartheid- und NS-Gesetzen s. auch Kum'a N'dumbe 1980: 250–5.

94 SAHO 2011/2023a.

95 Act No. 54 of 1952, abrufbar unter <https://www.sahistory.org.za/archive/native-laws-amendment-act-act-no-54-1952>.

96 Act No. 67 of 1952, abrufbar unter <https://www.sahistory.org.za/archive/natives-abolition-passes-and-co-ordination-documents-act-act-no-67-1952>.

97 § 27 änderte § 10 des *Natives (Urban Areas) Consolidation Act* (Act 25 of 1945).

98 SAHO 2011/2023a.

99 Vgl. § 15 Act No. 67, o. Endnote 96. Eine eindrucksvolle Beschreibung eines in einer Stadt geborenen Schwarzen, der sich um die Aufenthaltsgestattung in seinem Geburtsort bemüht, findet sich bei Mphahlele 1959: 170 f., zitiert bei Clark und Worger 2004: 47.

100 Act No. 59 of 1953, abrufbar unter <https://www.sahistory.org.za/archive/reservation-separate-amenities-act-act-no-49-1953>.

101 Vgl. § 1 Act No. 59.

102 Act No. 41 of 1950, abrufbar unter <https://www.sahistory.org.za/archive/group-areas-act-act-no-41-1950>.

103 Horrell 1952.

104 Clark und Worger 2004: 48.

105 Zu deren großer Bedeutung s. auch Dugard und Reynolds 2013 874 f. sowie o. Endnote 71.

106 Vgl. ausführlich Johnson-Castle 2014/2021.

107 Statt »Native« wurde nun der pseudowissenschaftliche Begriff »Bantu« verwendet (dazu auch Marx 2012: 225), der eigentlich ein Mitglied einer Gruppe beschreibt, die eine Bantusprache spricht (Merriam-Webster 2024b). Die Weißen in Südafrika bezeichneten so häufig alle Afrikaner, die südlich der Sahara lebten. Nach Marx 2020: 343 geht der Begriff auf den Pro-Apartheid-Anthropologen Eiselen zurück, der den Begriff seit 1929 benutzte.

108 Act No. 68 of 1951, abrufbar unter <https://www.sahistory.org.za/archive/bantu-authorities-act-act-no-68-1951>.

109 Von Dewitz 2005: 41; ausführlich Davenport und Saunders 2000: 407 ff.

110 Act No. 47 of 1953, abrufbar unter <https://www.sahistory.org.za/archive/bantu-education-act-act-no-47-1953>.

111 Ausführlich zur Bantu Education Marx 2020: 323 ff.; Behr 1980: 79–89.

112 Im Jahre 1945 standen 4360 Missionsschulen lediglich 230 staatliche Schulen gegenüber. Allerdings weist Marx 2020 darauf hin, dass »das Niveau der Missionsschulen höchst unterschiedlich [...] und meist nicht besonders gut« war (327), weshalb viele Eltern nicht so unzufrieden mit dem neuen System waren, vor allem weil »ihre Kinder von der Straße geholt wurden« (326 f.).

113 Vgl. Clark und Worger 2004: 49–51. Ausnahmen bildeten einige Schulen der römisch-katholischen Kirche sowie der protestantischen Freikirche der Siebenten-Tags-Adventisten.

114 Zitiert nach Huddleston 1958: 128.

115 »There is no place for him [the Bantu] in the European community above the level of certain forms of labour«, zitiert nach Clark und Worger 2004: 51.

116 »[E]ducation should stand with both feet in the reserves and have its roots in the spirit and being of Bantu society«, zitiert nach Clark und Worger 2004: 51, eigene Übersetzung.

117 Zitiert nach Clark und Worger 2004: 51 (»in accordance with their opportunities in life«).

118 Vgl. dazu das Zitat von Mphahlele in Clark und Worger 2004: 51 f.

119 Huddleston 1958: 126 (»the essential and absolutely logical corollary of the apartheid policy in South Africa«).

120 Der ANC wurde 1912, kurz nach Errichtung der südafrikanischen Union, unter dem Namen *South African Native National Congress* (SANNC) gegründet. Im Jahre 1944 hatten junge Mitglieder des ANC aus Unzufriedenheit mit der passiven Rolle ihre eigene Organisation, die ANC Youth League (ANCYL), gegründet. In den späten 1940er Jahren beschlossen deren führende Figuren (unter ihnen Nelson Mandela) sich wieder im ANC zu engagieren, um so mehr Einfluss ausüben zu können. Im Jahre 1949 wurde James Moroka Präsident des ANC und Mandela sowie zwei weitere Mitstreiter in den Vorstand gewählt, vgl. Clark und Worger 2004: 53; Welsh 2010: 110; ausführlich zur Entwicklung des ANC auch Marx 2014.

121 Präsidentenansprache von Chief A.J. Luthuli, Jahreskonferenz des ANC, 16.–19. Dezember 1954 wiedergegeben in Karis und Gerhart 1977: 140 (»This matter of dwarfing our personality and trying to make us believe we are nobodies is the worst sin the whiteman has committed against Africans.«).
122 Huddleston 1958: 120 (»by far the most important [legislation] and by far the most deadly in its effect«).
123 Huddleston 1958: 132 (»›Bantu education‹ is one of the chief instruments of policy of racialism whose avowed aim is the establishment of an enduring white supremacy, it is, indeed, an education for servitude«).
124 Act No. 45 of 1959, abrufbar unter <https://www.sahistory.org.za/archive/extension-university-education-act-act-no-45-1959>.
125 Lapping 1987: 14 (»This obsessional, anachronistic law-making and its harsh policing are what constitute apartheid«); s. auch HRSC 2009: 21 (»drakonische ›Sicherheitsgesetze‹ und ›Sicherheitsmaßnahmen‹; »draconian ›security‹ laws and policies«); Dugard und Reynolds 2013: 875 (»ein brutaler unter drakonischen Gesetzen operierender Sicherheitsapparat«; »a brutal security apparatus operating under Draconian laws«); vgl. ferner UNSC 1963b: para. 436. Der Sonderausschuss wurde von UNGA 1962 eingesetzt.
126 Posel 2011: 346 (»The simultaneity of law and violence is crucial to understanding how apartheid worked.«).
127 Vgl. Posel 2011: 345 ff.
128 Vgl. dazu Marx 2020: 415
129 Vgl. Marx 2020: 415; Clark und Worger 2004: 53 ff.
130 Vgl. dazu Marx 2020: 415 ff.
131 Posel 2011: 346 f.; Marx 2020: 424; van der Merwe 2023: 170 ff.
132 Vgl. TRC, Vol. I (1998), S. 42 f., paras. 76 ff.
133 TRC, Vol. I (1998), S. 26, para. 9 (»operating in terms of a well-established tradition of excessive or unjustifiable use of force against government opponents.«).
134 Zu nennen sind insoweit insbesondere das »Gesetz zur Unterdrückung des Kommunismus« (*Supression of Communism Act*, Act No. 44 of 1950, abrufbar unter <https://www.sahistory.org.za/archive/suppression-communism-act-act-no-44-1950>) und das »Gesetz über illegale Organisationen« (*Unlawful Organizations Act*, Act No. 34 of 1960, abrufbar unter <https://www.sahistory.org.za/archive/unlawful-organizations-act-act-no-34-1960>), das den ANC und den Panafrikanistischen Kongress (Pan Africanist Congress, PAC) verbot. Vgl. dazu Posel 2011: 346; Marx 2020: 417.
135 Posel 2011: 346.
136 Die von Dugard und Reynolds 2013: 873 im Rahmen ihrer »Drei-Säulen-Theorie« (o. Endnote 71) genannte territoriale Fragmentierung als weitere, zweite der drei »Säulen« stellt sich letztlich nur als Folge der konsequenten Umsetzung der Diskriminierung und insbesondere der Rassentrennung dar.

137 TRC, Vol. I (1998), S. 30 para. 24 (»[...] transformed the laissez-faire pattern of pre-1948 segregation into a systematic pattern of legalised racial discrimination, and [...] constructed a huge internal security apparatus and armed it with awesome legal powers to crush opposition generated by the first process.«).

138 Clark und Worger 2004: 53f. Vgl. auch Mandelas Aufruf zum Widerstand gegen die Apartheid 1953, wiedergegeben ebd.: 127–134.

139 Vgl. Marx 2020: 421, wonach Verwoerd behauptete: »They [der ANC] act on behalf of a very small portion of the Native people and reflect the opinion of a very small portion. The large portion of Native opinion is still inarticulate and also not in a position to judge.«

140 Verwoerd war der Meinung, dass in den sog. »Homelands« keine »Parteien im westlichen Sinne« existieren dürften. Politische Führung müsste vielmehr auf »traditioneller Grundlage beruhen, und zwar innerhalb [s]eines Stammes und der ethnischen Gruppe«. So waren statt Parteien die »traditionellen« Oberhäupter, die Chiefs, als »die echten Bantuführer«, von zentraler Bedeutung in der neuen Verwaltungsstruktur, zitiert nach Marx 2020: 312.

141 Vgl. Marx 2020: 421.

142 Welsh 2010: 110.

143 Welsh 2010: 110f.; Clark und Worger 2004: 55.

144 Etwa das »Gesetz zur öffentlichen Sicherheit« (*Public Safety Act*, Act No. 3 of 1953), das u.a. den britischen Gouverneur ermächtigte, alle Gesetze außer Kraft zu setzen und den Ausnahmezustand zu verhängen. Darüber hinaus sah es die Inhaftierung ohne Gerichtsverfahren für Oppositionelle vor; vgl. SAHO 2011/2023a.

145 Vgl. TRC, Vol. I (1998), S. 36 para. 50 (»[...] South African government had little difficulty containing opposition until well into the 1980s.«).

146 Welsh 2010: 111; Clark und Worger 2004: 55.

147 Nach Welsh 2010: 111 (»significant achievement«).

148 Vgl. SAHO 2011/2019; SAHO, 2011/2022. Die Charta ist abrufbar unter <https://www.dffe.gov.za/sites/default/files/docs/publications/history_freedomcharter.pdf>.

149 Clark und Worger 2004: 57.

150 Vgl. SAHO 2011/2023b; Welsh 2010: 121; ausführlich Frankel 2001.

151 TRC, Vol. I (1998), S. 26 para. 8 (»It is also important to remember that the 1960 Sharpville massacre [...] was simply the latest in a long line of similar killings of civilian protesters in South African history.«).

152 Marx 2020: 381; Schliesser 2018: 8 mit Fn. 30.

153 Clark und Worger 2004: 58; Welsh 2010: 142f.

154 Vgl. Welsh 2010: 143ff. Nach Biko handelt es sich um »eine nach innen gerichtete Bewegung, die darauf abzielt, dass wir uns selbst betrachten und uns nicht mit den absoluten Werten, die uns die weiße Gesellschaft beigebracht hat, sehen, sondern mit neuen Augen« (»This is an inward-looking movement calculated to make us look at ourselves and see ourselves, not in terms of what we have been to taught through the absolute

values of white society, but with new eyes«). Die gesamte Rede Bikos vor der SASO ist abgedruckt bei Clark und Worger 2004: 137–40 (hier 138).

155 Der Begriff »non-white« wurde von der BC ausschließlich in dieser negativen Bedeutung verwendet. Anders als beim PAC wurden durch diese Definition aber auch Inder und »coloureds« in die Gruppe der Schwarzen aufgenommen. Vgl. Welsh 2010: 144 f. mit Originalzitaten von Biko.

156 Dazu SAHO 2011/2019.

157 Das war die Bezeichnung ab 1972, wobei »students« sich hier vorrangig auf »high school students« bezog. Ende der 1960er Jahre hatte sich in Transvaal das »African Students' Movement« gebildet. Vgl. dazu SAHO 2011/2023c. Die SASM gründete ein Komitee, das später »Soweto Students' Representative Committee« (SSRC) genannt wurde und nach dem Aufstand von Soweto eine große Rolle spielen sollte.

158 Soweto stand damals als Akronym für die South West African Townships außerhalb Johannesburgs, Clark und Worger 2004: 157. Vgl. ausführlich dazu und zu den Konsequenzen Welsh 2010: 142–71. Zahlreiche Zeugenaussagen zum »Soweto-Uprising« sind verfübar unter <https://www.justice.gov.za/trc/hrvtrans/jb_victim.htm>.

159 Vgl. dazu etwa Skinner 2017: 97–114, insb. 106 ff.; Justke und Tripp 2016: 280–301. Zum Kulturboykott als spezieller Ausprägung vgl. Siegfried 2016: 254–279.

160 Der evangelische Pressedienst setzt unter das Bild von Norbert Neetz folgende Beschreibung: »Südafrika-Früchteboykott trug zur Abschaffung der Apartheidsgesetze bei.« Das Foto ist abrufbar unter <https://www.epd-bild.de/?12439364025383169990>. Vgl. zur Protestaktion der Projektgruppe »Frauen für Südafrika« Wilhelm 2023.

161 Ausführlich zur Rolle der verschiedenen Kirchen in Südafrika Grohs 1983: 267–273.

162 Grohs 1983: 270–3. Zu den Konflikten zwischen Verwoerd und der anglikanischen Kirche vgl. Marx 2020: 429 ff.

163 Ausführlich zum SACC Rothe 1990; s. auch Welsh 2010: 297 (»[C]hurches and bodies like the South African Council of Churches clearly played an important role in the downfall of apartheid«).

164 Der Reformierte Weltbund setzte die Mitgliedschaft der südafrikanischen NGK und NHK (nederduitsch Hervormde Kerk) 1982 aus, s. Richardson 1986: 1–21.

165 Vgl. FAZ vom 5.12.1985, S. 4 (Eine »Notstandskonferenz« über Südafrika). Vgl. näher Justke und Tripp 2016: 280–301.

166 Ausnahmen bildeten die innerkirchliche Opposition des sog. Christlichen Instituts sowie des Broederkrings, s. Grohs 1983: 270.

167 Die NGK gehörte – mit der NP, der Geheimgesellschaft Afrikaner-Broederbond (einschließlich Unterorganisationen), den afrikaansnationalistischen Gewerkschaften, den afrikaansen Universitäten, den afrikaansen Berufsverbänden und vielen Einzelpersonen – zur nationalistischen Bewegung, vgl. Marx 2020: 198. Zum Afrikaner-Broederbond vgl. ebd.: 203 ff. Die reformierten Missionstheologen hatten 1935 eine eigene Dis-

kussion um die Rassentrennung begonnen und eine entsprechende soziale Praxis entworfen, vgl. ebd.: 290 f.; auch Pienaar 2023.

168 Pienaar 2023, 17; Marx 2020: 291. Ausführlich zur Rolle Gerdeners Pienaar 2020.

169 Zitiert nach Pienaar 2023: 17 (»The apartheid policy which we stand for, and which is also reflected in the law of our country's governments established in 1936, is no static situation. It refers to a process of development, which each volk — on the purest and speediest way — can use to reach its own calling under God's gracious watch. It is the means to an end; that of an independent status. It aims to remove the possibility of friction, of unequal and unhealthy collision between the more and less developed. Only once the less developed reaches its own — on a church and religious level — will we be able to reach out the hand of communal religion.«).

170 Zitiert in Huddleston 1958: 49 (»God divided humanity into races, languages and nations. […] Equality between natives, coloureds and Europeans includes a misappreciation of the fact that God, in His Providence, made people into different races and nations. […] The natives must be led and formed towards independence so that eventually they will be equal to the Europeans, but each on their own territory and each serving God and their own fatherland.«).

171 1953 gewann die NP 24 Sitze dazu (94), 1958 waren es 9 (103), 1961 – kurz nach dem Austritt aus dem Commonwealth – erhielt sie 105 von 151 Sitzen, vgl. Clark und Worger 2004: 52. Eine Rolle spielten dabei aber auch Gesetzesreformen, etwa die Senkung des Wahlalters in 1958 angesichts der wachsenden Afrikaans sprechenden Mehrheit in der Bevölkerung, vgl. ebd.: 18. 1966 gewann die NP wiederum 21 Sitze mehr (126). 1970 wurde diese Entwicklung gestoppt und die NP verkleinerte sich auf 118 Sitze, 1974 steigerte sie sich wieder auf 122, 1977 gar auf 134; 1981 kam sie auf 131, 1987 auf 123. Bei den letzten Wahlen unter der Apartheid kam sie 1989 schließlich auf 94 Sitze, vgl. <https://en.wikipedia.org/wiki/Category:General_elections_in_South_Africa>.

172 Vgl. dazu auch von Dewitz 2005: 153–5.

173 Vgl. erster Teil, Abschnitt II.

174 Marx 2016: 210 datiert den Beginn der Isolation Südafrikas bereits auf die konstituierende Sitzung der UNO-Vollversammlung 1946 – also vor dem Wahlsieg der NP und dem »offiziellen« Beginn der Apartheid.

175 UNGA 1950.

176 Vgl. Siegfried 2012: 50.

177 UNSC 1960. Später wurde die Kritik des UN-Sicherheitsrats noch expliziter: Die Politik der Apartheid sei ein gegen das menschliche Gewissen und die Menschenwürde gerichtetes Verbrechen und störe den internationalen Frieden und die Sicherheit erheblich, vgl. UNSC 1976 (»[T]he policy of apartheid is a crime against the conscience and dignity of mankind and seriously disturbs international peace and security«); UNSC 1980 (»[T]he policy of apartheid is a crime against the conscience and

dignity of mankind and is incompatible with the rights and dignity of man, the Charter of the United Nations and the Universal Declaration of Human Rights, and seriously disturbs international peace and security.«).

178 Vgl. dazu Saunders 2011: 15–34; Melber 2012: 151–159.

179 Mit dem *Republic of South Africa Constitution Act* (Act No. 32/1961) wurde die Südafrikanische Union zur Republik Südafrika.

180 Ausführlich de Smith 1961: 167–90.

181 UNSC 1963a (»Solemnly calls upon all States to cease forthwith the sale and shipment of arms, ammunition of ail types and military vehicles to South Africa«).

182 Gebhard 2018: Rn. 17.

183 UNGA 1965a; UNGA 1965b; UNGA 1966b; UNGA 1967; UNGA 1968b; UNGA 1970; UNGA 1971.

184 Vgl. die filmische Dokumentation der Reden unter <https://www.unmultimedia.org/avlibrary/asset/2595/2595452/>.

185 UNGA 1966a.

186 UNGA 1962.

187 UNSC 1985. Vor allem sollte auch im Bereich von Sport und Kultur der Austausch beschränkt werden.

188 Corsi 1987: 119.

189 Ebd.

190 Levy 1999: 415 (417); Gebhard 2018: Rn. 18.

191 H. R. 4868 – Comprehensive Anti-Apartheid Act of 1986, abrufbar unter <https://www.congress.gov/bill/99th-congress/house-bill/4868>.

192 UNSC 1988.

193 Die Rede ist abrufbar unter <https://www.sahistory.org.za/archive/fw-de-klerks-speech-parliament-2-february-1990>. Zur Bedeutung der Rede vgl. Welsh 2010: 382 ff. (»the Rubicon had been crossed« [382]).

194 Ausführlich – und auch kritisch – zum Referendum Strauss 1993: 339–360; vgl. auch SAHO 2012/2019.

195 Constitution of the Republic of South Africa Act, Act No. 200 of 1993, abrufbar unter <https://www.gov.za/documents/constitution/constitution-republic-south-africa-act-200-1993#251%20Short%20title%20and%20commencement>. Nach ihrem Art. 251 Abs. 1 trat die Verfassung am 27. April 1994 in Kraft, also zeitgleich mit den Wahlen. Sie wurde durch die bis heute geltende Verfassung vom 18.12.1996 aufgehoben, abrufbar unter <https://www.gov.za/sites/default/files/images/a108-96.pdf>. Vgl. ausführlich sowohl zur Verfassung als auch zu den Wahlen Heese und Böhnke 1994: 491–515; vgl. zum gesamten Verhandlungsprozess von Dewitz 2005: 50–4.

196 Beispielhaft van der Merwe 2023: 162.

197 Vgl. ausführlich Marx 2012: 279 ff.

198 Die Rolle der wirtschaftlichen Sanktionen wird häufig als entscheidend angesehen, vgl. etwa Schwartzmann und Taylor 1999: 109–139; Hanlon 1990: 84–95. Für eine andere Ansicht s. Levy 1999: 415–420 (wonach

die Sanktionen bestenfalls die anderen Faktoren, die die Apartheid tatsächlich zu Fall brachten – die innerstaatliche Opposition der schwarzen Mehrheit, die Ineffizienz und die zunehmenden wirtschaftlichen Kosten des Apartheidsystems sowie der Untergang der Sowjetunion – nicht beeinträchtigten).

199 Dazu Schwartzmann und Taylor 1999: 109–39.

200 Marx 2012: 278

201 Es gab zwar die Möglichkeit der Strafverfolgung von Personen, die keine Amnestie erhielten oder diese erst gar nicht beantragt haben, doch fehlte es bis lange nach dem Ende der Arbeit der TRC an einem entsprechenden politischen Willen und der notwendigen Einrichtung spezialisierter Strafverfolgungsbehörden, vgl. Nerlich 2002 (einerseits schlussfolgernd, dass »der direkte Beitrag der Strafverfahren zur Aufarbeitung der Apartheid ist [...] weder quantitativ noch qualitativ von großer Bedeutung« war und damit die »Chance der Strafjustiz, das Unrechtssystem Apartheid aufzuarbeiten [...] vertan« wurde [329]; andererseits jedoch die Drohung der Strafverfolgung, wie sie sich an 249 Amnestiegesuchen von Angehörigen des Sicherheitsapparats zeige, betonend: »Die Peitsche der Strafverfolgung mußte [...] gefährlich wirken, damit man das Zuckerbrot Amnestie aß« [331]); zu diesem Bild von Zuckerbrot und Peitsche auch bereits der Titel »Carrots and sticks« von Sarkin 2004; ferner Nerlich 2009: 90–115; Bubenzer 2009; krit. auch Adonis 2010: 516 f. (»little or no political will to pursue prosecutions«).

202 Vgl. Kapitel 15 Verfassung 1993, o. Endnote 195, insbesondere Art. 229 (Rechtskontinuität), 235, 236 (Regierung, Öffentlicher Dienst, einschließlich Polizei und Militär), 241 (Justiz). Vgl. dazu Corder 1994: 491–533 (insb. 522 f.).

203 Verfassung 1993, o. Endnote 195, nach Art, 251. Die neue Verfassung von 1996 (o. Endnote 195) hat diese Vorschrift, insbesondere die Amnestiemöglichkeit, explizit beibehalten, s. Schedule 6, Art. 22(1).

204 Das Wort Ubuntu kommt aus den Bantusprachen der Zulu und der Xhosa und bedeutet in etwa »Menschlichkeit«, »Nächstenliebe« und »Gemeinsinn« sowie die Erfahrung und das Bewusstsein, dass man selbst Teil eines Ganzen ist, vgl. <https://de.wikipedia.org/wiki/Ubuntu_(Philosophie)>. Diese Philosophie hebt das »Mensch(lich) sein durch andere Menschen« hervor. Ubuntu wird häufig mit der Idee »Ich bin, weil wir alle sind« wiedergegeben, es ist eine »soziale und humanistische Ethik« (»social and humanistic ethic«), vgl. Mugumbate und Nyanguru 2013: 82–100.

205 Wörtlich spricht die Verfassung davon, dass die vergangenen Menschenrechtsverletzungen »can now be addressed on the basis that there is a need for understanding but not for vengeance, a need for reparation but not for retaliation, a need for ubuntu but not for victimisation«.

206 Act 34 of 1995, abrufbar unter <https://www.justice.gov.za/legislation/acts/1995-034.pdf>.

207 Dieses »cut-off date« hatte seine Grundlage in der schon zitierten Vorschrift zu »National Unity and Reconciliation« der Verfassung von 1993 (o. Endnote 195), die dieses Datum auf einen Zeitraum zwischen 8.10.1990 und (vor) 6.12.1993 festlegte, wobei der genaue Zeitpunkt durch Gesetz bestimmt werden sollte. Der Endzeitraum wurde später durch Verfassungsänderung erweitert, Constitution of the Republic of South Africa Amendment Act, No. 35 of 1997, 29.8.1997, abrufbar unter <https://www.gov.za/sites/default/files/gcis_document/201409/act35of1997.pdf>. Dies bedeutete, dass auch für Taten im Vorfeld der ersten freien Wahlen Amnestie gewährt werden konnte. Nelson Mandela nannte die Entscheidung, das Cut-off-Datum zu verschieben, eine seiner schwersten Entscheidungen, vgl. SAPA, Pressemitteilung 13. Dezember 1996, abrufbar unter <https://www.justice.gov.za/trc/mdia/1996/9612/s961213d.htm>.

208 Vgl. TRC, Vol. VI (2003), S. 8 (para. 16).

209 § 3 Abs. 1 Unity and Reconciliation Act: »The objectives of the Commission shall be to promote national unity and reconciliation in a spirit of understanding which transcends the conflicts and divisions of the past.« S. auch die gerade genannte Vorschrift der Verfassung von 1993. Jüngst näher von Dewitz 2024: 24 ff.

210 Vgl. § 3 Abs. 1 lit. a Unity and Reconciliation Act (sich auf »gross violations of human rights« beziehend) i. V. m. der Begriffsdefinition von »gross violation of human rights« in § 1 Abs. 1. Dieses enge Mandat ist auf Kritik gestoßen, s. etwa Adonis 2010: 518.

211 Vgl. TRC, Vol. I (1998), S. 29 (»only a fraction of the totality of human rights violations that emanated from the policy of apartheid – namely, those that resulted in physical or mental harm or death [...].«).

212 § 3 Abs. 3 Unity and Reconciliation Act.

213 § 3 Abs. 1 lit. a Unity and Reconciliation Act (»[...] establishing as complete a picture as possible of the causes, nature and extent of the gross violations of human rights [...].«); näher §§ 12–15 Act.

214 § 3 Abs. 1 lit b Unity and Reconciliation Act (»granting of amnesty to persons who make full disclosure of all the relevant facts relating to acts associated with a political objective«); näher §§ 16–22, insbesondere 18 Abs. 1 und § 20 Abs. 1. Vgl. auch die Ausführungen des Ausschusses in TRC, Vol. VI (2003), Section 1, S. 5–7. Vgl. zudem Nerlich 2002: 26 f.; von Dewitz 2024: 26 ff.

215 § 3 Abs. 1 lit. c Unity and Reconciliation Act (»establishing and making known the fate or whereabouts of victims and by restoring the human and civil dignity of such victims by granting them an opportunity to relate their own accounts of the violations of which they are the victims, and by recommending reparation measures in respect of them«); näher §§ 23–27.

216 Abrufbar sind die Berichte unter <https://www.justice.gov.za/trc/report/>.

217 TRC, Vol. III (1998), S. 3.

218 TRC, Summary of Amnesty Decisions, 1.11.2000, abrufbar unter <https://www.justice.gov.za/trc/amntrans/index.htm>; laut TRC, Vol. VI (2003), S. 36 para. 4 waren es allerdings 7115 Anträge. Mitunter finden sich in der Literatur andere Zahlen, s. z. B. von Dewitz 2005: 55; von Dewitz 2024: 30.
219 Für eine umfassende, empirisch abgestützte Untersuchung s. Chapman und van der Merwe 2008; Gibson 2004; Sarkin 2004; für einen Überblick über die unüberschaubare Lit. s. Skaar 2009: 150 und Adonis 2010: 509 ff.; Werle und Vormbaum 2018: 93 in Fn. 56; von Dewitz 2024: 33 ff. (einerseits »berechtigte Kritik«, andererseits »einzigartige Leistung« [36]). Siehe beispielhaft ferner du Bois-Pedain 2007; Gready 2011; Daniel 2014: 65–89; krit. zum Aspekt der Wahrheit Mendeloff 2004: 355–80; krit. zum Aspekt der Gerechtigkeit Fletcher und Weinstein 2002: 573–639; aus Opferperspektive vgl. Backer 2010: 443–456; für einen Vergleich von TRC und der Enquete-Kommission zur Aufarbeitung von Geschichte und Folgen der SED-Diktatur in Deutschland Burkard 2022.
220 Thimm und Grolle 2006.
221 Vgl. auch Kattan und Johnson 2023, die in diesem Zuge eine Wiederbelebung der sog. »Group of Three«, einem ausgesetzten Überwachungsmechanismus der Apartheidkonvention, fordern.
222 S. Munz 2017; Leider 2018; Klimke 2018; Ebbighausen 2018; Uddin 2020; Fox 2020; Fox et al. 2021: 213; vgl. auch HRW 2013.
223 Mit einem (erneuten) Putsch vom 1. Februar 2021 wurde die demokratisch gewählte Regierung unter Beteiligung der Nobelpreisträgerin Aung San Suu Kyi abgesetzt und eine Militärregierung hat die Macht übernommen, vgl. bpb 2021; Deutschlandfunk 2021.
224 Vgl. insoweit zu den IStGH-Ermittlungen s. <https://www.icc-cpi.int/bangladesh-myanmar>. Zu dem parallelen, von Gambia u. a. Staaten angestrengten Genozidverfahren vor dem IGH s. <https://www.icj-cij.org/case/178>.
225 UNGA 2018a: para. 88 (»the systematic oppression and discrimination not only supports a finding of persecution but may also amount to the crime of apartheid«). Die UNGA hat dieses Ergebnis zum Anlass genommen, die entsprechenden Menschenrechtsverletzungen scharf zu verurteilen, UNGA 2018b.
226 AI 2017: 88. Im Wesentlichen übereinstimmend HRW 2020.
227 AI 2017: 90 (»To understand the crimes committed against the Rohingya in Rakhine States as crimes of apartheid is to foreground the daily reality of Rohingya in Myanmar: as persons systematically subject to domination and oppression.«); HRW 2020; Bauchner 2022; HRW 2022.
228 AI 2017: 92. Ausführlich zu den Einschränkungen der Bewegungsfreiheit ebd.: 42–58. Dadurch sei die unmenschliche Handlung (»inhumane act«) Freiheitsentzug oder sonstige schwerwiegende Freiheitsberaubung unter Verstoß gegen die Grundregeln des Völkerrechts i. S. v. Art. 7

Abs. 1 lit. e i. V. m. 7 Abs. 1 lit. j IStGH-Statut sowie Art. II lit. c Apartheid Konvention verwirklicht worden.

229 AI 2017: 93 (»[A] wide range of discriminatory and exclusionary laws, policies and practices are imposed by the state against the civilian Rohingya population, and have clear – and foreseeable – consequences for the enjoyment of other rights and amount to the infliction of great suffering and serious injury«).

230 Ebd.

231 Ebd. Alles in allem sei dadurch Art. 7 Abs. 1 lit. j i. V. m. Art. 7 Abs. 1 lit. k IStGH-Statut sowie Art. III lit. c ApKonv verwirklicht (Handlungen ähnlicher Art, mit denen vorsätzlich große Leiden oder eine schwere Beeinträchtigung der körperlichen Unversehrtheit oder der geistigen oder körperlichen Gesundheit verursacht werden), ebd.: 94.

232 AI 2017: 97 f.

233 Ebd.: 94 f.

234 Myanmar, Pyithu Hluttaw Law No. 4 of 1982 (Burma Citizenship Law), abrufbar unter <https://www.legal-tools.org/doc/d3e586/>.

235 Ebd.: § 3.

236 Vgl. etwa Arraiza und Vonk 2017; International Commission of Jurists 2019 jeweils mit ausführlichen weiteren Nachweisen. Ob bereits bei Verabschiedung des Gesetzes eine diskriminierende Zielsetzung gegeben war, kann hier dahinstehen. Für eine differenzierende Ansicht vgl. Brett und Yin Hlaing 2020.

237 AI 2017: 96.

238 Ebd.: 97.

239 Shim 2015.

240 Statement by Mr Michael Kirby Chair of the Commission of Inquiry on Human Rights in the Democratic People's Republic of Korea to the 25th session of the Human Rights Council, Geneva, 17 March 2014, abrufbar unter <http://www.ohchr.org/EN/NewsEvents/Pages/DisplayNews.aspx?NewsID=14385&LangID=E>.

241 Ein ausführlicher Vergleich der beiden Systeme findet sich bei Collins 2021; vgl. auch Reddy 2021.

242 Vgl. Lingaas 2015a: 110 f.

243 HRC 2014. Das Wort »Apartheid« selbst findet sich nur ein einziges Mal in dem Bericht, allerdings nicht bezüglich Nordkoreas, sondern im Zusammenhang mit den »crimes committed in Apartheid South Africa« (Fn. 1680).

244 Erster Teil, Abschnitt I.

245 Vgl. Lingaas 2015a: 110.

246 So auch Lingass 2015a: 111.

247 HRW 2021.

248 AI 2021.

249 Waxman 2023: 1 f.

250 Vgl. UNGA 1975, in der an die schon in UNGA 1973b erwähnte »unheilige Allianz zwischen dem südafrikanischen Rassismus und dem Zio-

nismus« (»unholy alliance between South African racism and zionism«) erinnert und festgestellt wurde, dass »der Zionismus eine Form von Rassismus und Rassendiskriminierung ist« (»zionism is a form of racism and racial discrimination«). Siehe auch Klug 2003: 130 ff. (wonach die Resolution vorrangig antiimperialistisch/antikolonial, aber nicht antisemitisch begründet war) und Dugard und Reynolds 2013: 868 ff. (wonach der Rassismusvorwurf auf die 1980er bis 1990er Jahre zurückgeht und während der zweiten Intifada im Jahr 2000 einen Höhepunkt erreichte).

251 Durban Draft Declaration 2001: para. 32 (»[...] holocausts/Holocaust and the ethnic cleansing of the Arab population in historic Palestine [...].«) and para. 33 (»[...] foreign occupation founded on settlements, its laws based on racial discrimination, with the aim of continuing domination of the occupied territory, as well as its practices which consist of reinforcing a total military blockade, isolating towns, cities and villages under occupation from each other, totally contradict the purposes and principles of the Charter of the United Nations and constitute a serious violation of international human rights and humanitarian law, a new kind of *apartheid*, a crime against humanity and a serious threat to international peace and security« [Herv. K. A.]).

252 Durban 2002: 5 ff.; krit. Bultz 2013: 205 f.

253 Special Rapporteurs »on the situation of human rights in the Palestinian territories occupied since 1967«.

254 Dugard 2007: 3 (»elements of the occupation« that »constitute forms [...] of apartheid«).

255 Falk 2014: para. 38.

256 Falk 2014: paras. 55 ff.

257 Ebd.: para. 78 (»Through prolonged occupation, with practices and policies which appear to constitute apartheid and segregation, ongoing expansion of settlements, and continual construction of the wall arguably amounting to de facto annexation of parts of the occupied Palestinian territory, the denial by Israel of the right to self-determination of the Palestinian people is evident.«).

258 Lynk 2022: paras. 35 ff., 52 ff. (56: »This is apartheid. It does not have some of the same features as practised in southern Africa; in particular, much of what has been called ›petit apartheid‹ is not present. On the other hand, there are pitiless features of the ›apartness‹ rule by Israel in the Occupied Palestinian Territory that were not practised in southern Africa, such as segregated highways, high walls and extensive checkpoints, a barricaded population, missile strikes and tank shelling of a civilian population, and the abandonment of the Palestinians' social welfare to the international community. With the eyes of the international community wide open, Israel has imposed upon Palestine an apartheid reality in a post-apartheid world.«).

259 Wir verwenden hier die gebräuchlichere Abkürzung »NGO« für Non-Governmental Organisation statt »NRO« für Nicht-Regierungsorganisation.

260 Albanese 2022: para. 9.

261 Albanese 2022: para. 10c; siehe auch para. 11 (»Umgehung der entscheidenden Frage der Anerkennung des Grundrechts des palästinensischen Volkes, seinen politischen, sozialen und wirtschaftlichen Status selbst zu bestimmen und sich als Volk frei von ausländischer Besatzung, Herrschaft und Ausbeutung zu entwickeln«) [»bypass the critical issue of the recognition of the Palestinian people's fundamental right to determine their political, social and economic status and develop as a people free from foreign occupation, rule and exploitation«]).

262 Für eine grundlegende Behandlung siehe Fayez 2012: 206 ff. (217: »Zionist practicioners [...] beguilingly [...] their innocence« beteuernd).

263 Siehe z. B. Dugard 2007: 3 (»forms of colonialism«); HSRC 2009: 13, 15 f., 119 ff. (»colonial character« of »Israel's rule in the OPT« pursuant to five factors [15–6]); Dugard and Reynolds 2013 (reality »not merely a regime of belligerent occupation but also one of expansionary settler colonialism.«).

264 Erakat 2021 (»Zionism and Apartheid« have to be understood as »political and ideological bedfellows both in their inception as well as their historic strategic alliance« and that »Israel pursues a settler colonial project [...] over all Palestinian lives regardless of their juridical status«).

265 Vgl. Gross 2017: 250–2 (»major features« ausmachend, die dem Kolonialismus ähneln, und die anhaltende Besatzung kritisierend »drawing closer to [...] colonialism«); Kretzmer und Ronen 2021: 511, 513 (»characteristics of a settler colonial regime«). Für eine allgemeine Analyse des Siedlerkolonialismus siehe Wolfe 2006: 387 ff. (argumentierend, dass dieser eine – wenn auch nicht notwendigerweise genozidale – Logik der Eliminierung mit sich bringe, nämlich der Eliminierung der Ureinwohner); vgl. Abu-Lughod 2020: 1, bei 4 (wonach diese Eliminierung möglicherweise nicht vollständig erfolgreich und daher fortlaufend sei).

266 ESCWA 2017: 1, 6 (schlussfolgernd, dass »Israel ein Apartheidregime errichtet hat, das das palästinensische Volk als Ganzes beherrscht« und »sich der Auferlegung eines Apartheidregimes schuldig gemacht hat [...].« [»Israel has established an apartheid regime that dominates the Palestinian people as a whole and is guilty of imposing an apartheid regime [...].«]). Um den Bericht hat es einigen diplomatischen Wirbel gegeben. Er musste kurz nach Veröffentlichung zurückgezogen werden, angeblich weil er ohne Rücksprache mit dem UN-Sekretariat veröffentlicht worden sei. Die Affäre veranlasste die Untergeneralsekretärin und Exekutivsekretärin der ESCWA, die jordanische Diplomatin Rima Khalaf, zum Rücktritt. In einem Schreiben verwies sie auf den Druck »mächtiger Mitgliedsstaaten«, der mit »bösartigen Angriffen und Drohungen« einhergegangen sei, vgl. Reuters 2017.

267 Wibisono 2015.

268 Einerseits siehe HRC 2009, wo verschiedene Formen der (systematischen) Diskriminierung von Palästinensern anerkannt werden: »discrimination and differential treatment« by judicial authorities (para. 113,

1765), »institutionalized discrimination« in the OPT (para. 206), »discrimination« durch »Israel's parastatal agencies« und durch eine »Jewish nationality«, die sich von der israelischen Staatsbürgerschaft unterscheidet (para. 207), »State policy based on discrimination« in Bezug auf die Gewaltanwendung der Sicherheitskräfte (para. 1434), Diskriminierung durch (Verwaltungs-)Haft (para. 1492), »systematic discrimination, both in law and in practice, against Palestinians in legislation [...] and practice during arrest, detention, trial and sentencing«, die »potentially« eine Verfolgung als Verbrechen gegen die Menschlichkeit (»VgM«) darstellt (para. 1502), Diskriminierung durch die Siedlungspolitik (para. 1546) und Duldung von Siedlergewalt gegen Palästinenser (para. 1937); in Bezug auf die strafrechtliche Verantwortung wird jedoch nur die potenzielle Begehung von Verfolgung als Verbrechen gegen die Menschlichkeit, insbesondere in Bezug auf Gaza, festgestellt (para. 75, 1332, 1502, 1936). Andererseits siehe HRC 2022b: para. 85 ff. (»nur« Feststellung von Deportation, Verfolgung und Kriegsverbrechen).

269 IGH 2004: 136.

270 »Legal Consequences arising from the Policies and Practices of Israel in the Occupied Palestinian Territory, including East Jerusalem«, zum Verfahrensstand s. <https://www.icj-cij.org/case/186> Zum Apartheidvorwurf in diesem Zusammenhang s. etwa Wiese 2024 und Kring 2024.

271 Ich habe die Autoren der kollektiven (NGO-)Berichte in Klammern angegeben, damit sich die Leser selbst von dieser Überschneidung ein Bild machen können. Dabei ist zu beachten, dass diese Überschneidungen nicht nur bei den Befürwortern des Apartheid-Vorwurfs auftreten, sondern auch bei deren Gegnern, siehe insbesondere NGO Monitor, unten Endnote 297.

272 Russell Tribunal 2011: para. 5.17 ff.

273 Ebd.: paras. 5.44 f.

274 HRW 2021: 169 (schlussfolgernd, dass die »severity of the repression carried out in the OPT« einer »›systematic oppression‹ by one racial group over another, a key component for the crime of apartheid [...].«, gleichkomme).

275 AI 2022: 267 (schlussfolgernd, dass »die von Israel begangenen Muster verbotener Handlungen Teil eines systematischen und weit verbreiteten Angriffs gegen die palästinensische Bevölkerung sind und dass die im Rahmen dieses Angriffs begangenen unmenschlichen Handlungen in der Absicht begangen wurden, dieses System aufrechtzuerhalten, und sowohl nach der Apartheid-Konvention als auch nach dem Römischen Statut den Tatbestand der Apartheid erfüllen« [»the patterns of proscribed acts perpetrated by Israel form part of a systematic as well as widespread attack directed against the Palestinian population, and that the inhuman or inhumane acts committed within the context of this attack have been committed with the intention to maintain this system and amount to the crime against humanity of apartheid under both the Apartheid Convention and the Rome Statute.«]).

276 Yesh Din 2020: 57 (wonach im Westjordanland Apartheid herrsche, da die Besatzung »mit einem gigantischen Kolonisierungsprojekt einhergeht« [»comes with a gargantuan colonization project«], das die jüdische »Herrschaft über die besetzen [palästinensischen] Einwohner« [»domination over the occupied residents«] zementiere und »ihren minderwertigen Status« [»their inferior status«] sichere; außerdem sei Israel angesichts der »schleichenden rechtlichen Annexion« [»creeping legal annexation«] ein »apartheid regime«, siehe o. Endnote 254).

277 B'Tselem und Kerem Navot 2021: 4 (»Israel scheint entschlossener denn je, in dem von ihm kontrollierten Gebiet weiterhin ein Apartheidregime aufrechtzuerhalten und zu perpetuieren« [»Israel appears more determined than ever to continue upholding and perpetuating an apartheid regime throughout the area under its control [...].«]); B'Tselem 2022: 5f. (Vorherrschaft der Juden und Ausschluss der Palästinenser »under a single regime«).

278 Vgl. insbesondere die an die Führer der »North American Jewry« gerichtete Petition »The Elephant in the Room«, die von israelisch-jüdischen Intellektuellen initiiert und inzwischen (6.2.2024) von fast 3000 Personen unterzeichnet wurde und von einem »regime of apartheid« spricht; abrufbar hier <https://sites.google.com/view/israel-elephant-in-the-room/aug-23-elephant-in-the-room-petition>. Vgl. auch Goldberg 2023 (insbesondere den Antisemitismusbeauftragten der Bundesregierung, Felix Klein, als »Ideologen« kritisierend) sowie AP 2023.

279 Abrufbar unter <https://main.knesset.gov.il/EN/activity/Documents/BasicLawsPDF/BasicLawNationState.pdf>; deutsche Übersetzung (hier zitiert) unter <https://www.swp-berlin.org/publications/products/sonstiges/2018A50_Anhang_IsraelNationalstaatsgesetz.pdf>. Gute Analyse von Lintl/Wolfrum 2018.

280 Adalah 2018b: 3ff.; zusammenfassend Adalah 2018a.

281 Nach der bisherigen Rechtsprechung des Obersten Gerichtshof Israels ist die israelische Gesetzgebung im Einklang mit dem humanitävölkerrechtlichen Besatzungsrecht in den besetzten Gebieten nicht anwendbar, vgl. *Silwad Municipality v. The Knesset*, Urteil vom 9. Juni 2020 (nur auf Hebräisch verfügbar), wonach »das Recht des Staates Israel in der Region [OPT] nicht gilt« (zitiert nach Adalah 2020: 1).

282 Vgl. Nationalstaatsgesetz (2018), Abschnitt 1 (Israel als »historische Heimat des jüdischen Volkes« [»historical homeland of the Jewish people«], »Nationalstaat des jüdischen Volkes« [»nation-state of the Jewish people«] mit dem »einzig für das jüdische Volk« bestehende Recht auf »nationale Selbstbestimmung«) [»right to self-determination [...] unique to Jewish people«]). Zur Identitätsdiskussion instruktiv Lintl/Wolfrum 2018: 2f.

283 Nationalstaatsgesetz (2018), Abschnitt 7 (»Der Staat sieht in der Weiterentwicklung der jüdischen Besiedlung einen nationalen Wert. Er setzt sich dafür ein, die Etablierung und die Konsolidierung jüdische Besiedlung anzuspornen und voranzutreiben« [»The State views the develop-

ment of Jewish settlement as a national value, and shall act to encourage and promote its establishment and consolidation«]).

284 Adalah 2018a (»a colonial law with characteristics of apartheid«, establishing »a colonial regime with distinct apartheid characteristics«); kritisch auch Kremnitzer 2018 (»hebt die offene, unverblümte Diskriminierung auf die verfassungsmäßige Ebene« [»raises the overt, blunt discrimination to the constitutional level«], »Apartheidregime (basierend auf ethnischer Zugehörigkeit) ist nun stolz in Israel eingetreten« [»apartheid regime (based on ethnicity) that exists in the Territories, has now proudly entered into Israel«]); CESCR 2019: para. 16 f.; CERD 2020: paras. 13 f.; HRC 2022a: para. 44; HRCt 2022: para. 10.

285 Lintl/Wolfrum 2018: 2.

286 Abweichende Meinung Richter Kara.

287 Für eine englische Zusammenfassung dieser Entscheidung siehe <https://www.adalah.org/uploads/uploads/Translation_of_Summary_of_JNSL_Judgment.pdf>.

288 »The Law should be fulfilled with flexibility and through balance with the right to equality, and not in a manner which could allow discrimination against individuals who are not Jewish and their rights to land« (ebd.); für eine ähnliche Verteidigung siehe Israels Antwort im CESCR 2022: para. 17 ff.; auch Kontorovich 2021 (»largely symbolic and declaratory measure«); zur Diskussion zum (unerwähnten) Gleichheitsgrundsatz differenzierend Lintl/Wolfrum 2018: 3 f. (darauf hinweisend, dass die Verfasser des Gesetzes vor allem die Anerkennung kollektiver Gleichheitsrechte vermeiden wollten); jüngst s. auch Medina/Bloch 2023: 316 (wonach das Gesetz keine expliziten Vorschriften zur Priorisierung der Interessen der jüdischen Bevölkerung enthalte).

289 Zuvor Quigley 1991: 22 (»Israel's discriminatory practices »mit denen Südafrikas vergleichend und sie als »apartheid policy« im Sinne der ApKonv bezeichend).

290 HSRC 2009: 13, 17 ff., 172 ff., 271 ff., 277.

291 Ebd.: 20–2 (»practices in the OPT can be defined by the same three ›pillars‹ of apartheid«; »Israel exercises control in the OPT with the purpose of maintaining a system of domination by Jews over Palestinians and that this system constitutes a breach of the prohibition of apartheid.«).

292 Dugard und Reynolds 2013: 867 ff.

293 Ebd.: 911 f. (»The three ›pillars‹ of apartheid identified [...] in relation to the former South African regime are broadly reproduced today in Palestine [...]« und »that a system of apartheid has developed in the occupied Palestinian territory« on »the basis of the systemic and institutionalized nature of [...] racial domination« und »in some cases« sogar »worse« als in Südafrika.).

294 Siehe z. B. IHRC und Addameer 2022: 9 ff. (schlussfolgernd auf S. 22: »[...] Israels Einsatz eines dualen Rechtssystems im besetzten Westjordanland und die daraus resultierende systematische Diskriminierung von Palästinensern und die Unterordnung der bürgerlichen und politi-

schen Rechte von Palästinensern unter die Rechte jüdischer israelischer Bürger, die im besetzten Westjordanland ansässig sind, stellen einen Verstoß gegen das völkerrechtliche Verbot der Apartheid dar.« [»[…] Israel's deployment of a dual legal system in the occupied West Bank, and the resulting systematic discrimination against Palestinians and subordination of Palestinians' civil and political rights to the rights of Jewish Israeli citizens settled in the occupied West Bank, amount to a breach of the prohibition of apartheid under international law.«]); zurückhaltender Lingaas 2020: 233 (»gerichtliche Untersuchung der Situation in Palästina […] in greifbarer Nähe, ein erstes Urteil über das Verbrechen der Apartheid ermöglichend« [»judicial examination of the situation in Palestine appears to be within reach, bringing closer the possibility of the first ever judgment on the crime of apartheid«]).

295 Vgl. Zilbershats 2013: 915 (gegen Dugard und Reynolds 2013); vgl. auch die kritischen Beiträge von Kern 2021; Kontorovich 2021 (beide gegen HRW) im Symposium von EJIL: Talk! (Einleitung von Milanovic vom 5. Juli 2021, abrufbar unter <https://www.ejiltalk.org/symposium-introduction-apartheid-in-israel-palestine/>); für eine Replik s. Baldwin und Max (HRW) 2021.

296 Vgl. NGO Monitor, 22.3.2022 (»many falsehoods and distortions«).

297 NGO Monitor: 2022a (AI); NGO Monitor: 2022b (HRW).

298 Siehe z. B. Klug 2023: 3 ff. (Absenkung der Apartheidschwelle bzgl. Israel, sodass »die meisten anderen Länder in der Region fast sicher« der Apartheid schuldig wären [»A brief glimpse at the severe discrimination suffered by minorities in some other Middle East states is enough to suggest that if the bar is lowered to include sovereign Israel, most other countries in the region would almost certainly be guilty of the crime of apartheid, too. And if apartheid is everywhere, it's nowhere.«]); Waxman 2023: 3–4 (»löscht die Grüne Linie effektiv aus« und »wirft Israels Behandlung von Palästinensern in OPT und Israel in einen Topf« [»effectively erases the Green Line« and »lumps together Israel's treatment of Palestinians in the Occupied Territories«]); Raday 2023: 3 f. (Behauptung, dass Israel »von seinem Beginn« [»from its inception«] Apartheidstaat sei »decontextualized and inaccurate«, keine »unmenschlichen Handlungen« [»inhumane acts«] im Sinne der ApKonv in Israel); Mendel 2022; weniger explizit Asseburg 2022: 3 (Kritik an mangelnder Differenzierung und dass » conflict dynamics … are largely ignored«).

299 NGO Monitor 2021.

300 Ebd.: 1 (»not one« der erwähnten »reports and initiatives has undertaken a detailed legal analysis of apartheid's definition as a crime against humanity«).

301 Ebd.: 28 ff.

302 Ebd.: 52 (»elements of the crime have been broadened by Human Rights Watch and others in a manner that is inconsistent with both the principle of legality (under international human rights law) and the presumption that the definition of crimes shall be strictly construed (under inter-

national criminal law). The legal elements suggested by Human Rights Watch are arguably inconsistent with the definition of the crime of apartheid under the Rome Statute and the Apartheid Convention, and their application is inapposite to the Israeli-Palestinian situation.«).

303 Vgl. erster Teil, Abschnitt II. bei Endnote 47.

304 NGO Monitor 2021: 49 (»To avoid violating the principle of legality, a Chamber must exercise great caution when determining whether a particular act constitutes an ›other inhumane act‹.«); 52 (wie zitiert o. Endnote 302 mit Betonung der *lex stricta* [»strictly construed«]).

305 Unklar und unpräzise auch ebd.: 27 (Bestimmung der Apartheid über Verweis auf Art. II ApKonv »would not necessarily offend the principle of legality«).

306 Siehe z. B. ebd.: 2 mit Fn. 7 (fehlender Verweis auf die erwähnte GV-Resolution als Primärquelle), S. 37 mit Fn. 200 (Verweis auf Hall und van den Herik mit »mn [Rn.] 7–146« falsch); unklar S. 34 mit Text zu Fn. 210 (»Es besteht wohl ein Zusammenhang zwischen dem mens rea des Täters und der Beurteilung, ob das Element ›rassische Gruppe‹ des Verbrechens der Apartheid erfüllt ist.« [»A relationship arguably exists between the perpetrator's mens rea and an assessment of whether the ›racial group‹ element of the crime of apartheid is satisfied.«]).

307 Zum einen ist diese Behauptung unzutreffend, weil die in Bezug genommenen Berichte das Apartheidverbrechen durchaus rechtlich analysieren, wenn sie auch nicht der restriktiven Auslegung von NGO Monitor folgen. Tatsächlich lehnt NGO Monitor selbst die Auslegung von HRW als zu weit ab (siehe oben), was aber nur möglich ist, weil es überhaupt eine solche Auslegung durch HRW gegeben hat. Zum anderen ist die Behauptung irreführend und sogar unfair bezüglich Jackson 2021, da diese Studie ausdrücklich die Analyse der Beziehung zwischen Apartheid und Besatzungsrecht zum Gegenstand hatte.

308 Siehe o. Endnote 266.

309 Vgl. NGO Monitor 2021: 2, 17.

310 Dazu Schopenhauer 2016: 14 (zwischen den Modi »ad rem« und »ad hominem« unterscheidend), 19, 25 ff.

311 Reuters 2017 (insbesondere die damalige UN-Botschafterin der USA, Nikky Haley, zitierend).

312 Vgl. Gurvitz 2014.

313 Die dezidiert regierungsfreundliche Haltung von NGO Monitor ergibt sich ohne Weiteres aus ihrer Website, siehe z. B. die deutsche hier: <https://de.ngo-monitor.org/>.

314 Lintl/Ullrich in Ullrich et al. 2024: 86.

315 Zu den Gemeinsamkeiten der Definitionen Ullrich in Ullrich et al. 2024: 69.

316 Ullrich et al. 2024. Dabei ging es darum, die »Vielfältigkeit von Antisemitismusverständnissen« aufzuzeigen und die »Schwierigkeit, Antisemitismus zu definieren«, aufzuarbeiten (ebd.: 10). Zu Problemen der Begriffsbildung und Definitionen eingehend Ullrich, in ebd.: 193 ff. (For-

schung habe »Vielzahl von Antisemitismusverständnissen hervorgebracht«, die »nur begrenzt kompatibel« seien [193]; Leistungsfähigkeit von Definitionen »womöglich überschätzt« [194]; philosophisch-erkenntnistheoretische Grundlegung [196 ff.]; acht Probleme der Begriffsbildung ausmachend [217 ff.]); erkenntnistheoretisch grundlegend und weiterführend auch Machona 2024; zur Etymologie und Genese des Begriffs s. Ullrich/Jensen in Ullrich et al. 2024: 15 ff. (»unglückliche Wortneuschöpfung mit Potenzial für Irritationen« [17]); Ullrich in ebd.: 219 f.

317 International Holocaust Remembrance Alliance (IHRA), abrufbar unter: <https://holocaustremembrance.com/>.

318 Zu den Vorarbeiten der (später aufgelösten) »Europäischen Beobachtungsstelle zu Rassismus und Fremdenfeindlichkeit« (EUMC) in 2004/2005 Croitoru 2020; ZfA-Gutachten 2023: 2; Ullrich in Ullrich et al. 2024: 69 ff. (auch zum politischen Hintergrund in den 2000er Jahren: Zweite Intifada, UN-Antirassismuskonferenz Durban etc.).

319 Abrufbar (mit Übersetzungen) unter <https://holocaustremembrance.com/resources/working-definition-antisemitism>.

320 Sharansky 2004: 6 (»I believe that we can apply a simple test – I call it the ›3D‹ test – to help us distinguish legitimate criticism of Israel from anti-Semitism. The first ›D‹ is the test of *demonization*. When the Jewish state is being demonized; when Israel's actions are blown out of all sensible proportion; when comparisons are made between Israelis and Nazis and between Palestinian refugee camps and Auschwitz – this is anti-Semitism, not legitimate criticism of Israel. The second ›D‹ is the test of *double standards*. When criticism of Israel is applied selectively; when Israel is singled out by the United Nations for human rights abuses while the behavior of known and major abusers, such as China, Iran, Cuba, and Syria, is ignored; when Israel's Magen David Adom, alone among the world's ambulance services, is denied admission to the International Red Cross – this is anti-Semitism. The third ›D‹ is the test of *delegitimization*: when Israel's fundamental right to exist is denied – alone among all peoples in the world – this too is anti-Semitism.« [Herv. K. A.]); krit. Pfahl-Traughber 2015: 296 ff.; Zechlin 2021: 36 f.; Lintl/Ullrich, in Ullrich et al. 2024: 91; Ullrich in ebd.: 233 f. (insbesondere zu Doppelstandards).

321 Vgl. Sterns Stellungnahme vor dem US-Repräsentantenhaus in 2017, <https://docs.house.gov/meetings/JU/JU00/20171107/106610/HHRG-115-JU00-Wstate-SternK-20171107.pdf> und jüngst im Interview mit der Berliner Zeitung, 22.1.2024 abrufbar unter <https://www.berliner-zeitung.de/kultur-vergnuegen/debatte/berliner-antidiskriminierungsklausel-ihra-definition-in-berlin-missbraucht-kenneth-stern-li.2178635>. Zu Stern auch Croitoru 2020.

322 Zechlin 2021: 35 (»konturlos«); ZfA 2023: 3 ff. (»Vagheit«, »mangelnde[n] Komplexität« und »zumindest potentiell – problematisches[n] Verständnis[ses] von Antisemitismus«); Ullrich in Ullrich et al. 2024: 71 ff. (wissenschaftlich »nicht durchgesetzt«, »sinnlich-empirische[n] bias«,

»implizite pro-israelische Parteinahme«); s. auch Ambos et al. 2023 m. w. N.

323 ZfA 2023, 4; s. auch ebd.: 5: »notwendige Unterscheidungen missachtet und eingeebnet«.

324 S. <https://jerusalemdeclaration.org/>. Danach ist die Erklärung von »international scholars working in Antisemitism Studies and related fields, including Jewish, Holocaust, Israel, Palestine, and Middle East Studies« in Abstimmung mit Rechtswissenschaftlern und Mitgliedern der Zivilgesellschaft erarbeitet worden. Dazu auch ZfA 2023, 2 f.; Ullrich, in Ullrich et al. 2024: 74 f.

325 <https://israelandantisemitism.com/the-nexus-document/>. Der Name erkärt sich mit der Bezugnahme auf den »nexus of antisemitism and Israel in American politics«. Dazu Ullrich, in Ullrich et al. 2024: 77 ff.

326 Das Original lautet: »Antisemitism consists of anti-Jewish beliefs, attitudes, actions or systemic conditions. It includes negative beliefs and feelings about Jews, hostile behavior directed against Jews (because they are Jews), and conditions that discriminate against Jews and significantly impede their ability to participate as equals in political, religious, cultural, economic, or social life.« Die Bezugnahme auf (dadurch) fehlende Teilhabe (»conditions [...] to participate«) unterscheidet das Nexus Dokument von den anderen Definitionen und ist mit dem Verständnis von Rassismus relevant, s. Ullrich, in Ullrich et al. 2024: 241; allg. zu Antisemitismus und Rassismus s. Arnold/Axster in ebd.: 79 ff.

327 Vgl. AA, Bundesregierung unterstützt internationale Arbeitsdefintion von Antisemitismus, 22.9.2017, <https://www.auswaertiges-amt.de/de/aussenpolitik/kultur-und-gesellschaft/-/216610>.

328 Antisemitismusbeauftragter, Artikel IHRA-Definition, <https://www.antisemitismusbeauftragter.de/Webs/BAS/DE/bekaempfung-antisemitismus/ihra-definition/ihra-definition-node.html>; s. auch Bundesregierung 2022: 4 f.

329 Krit. auch Croitoru 2020 (»Textmontage«).

330 Krit. auch Croitoru 2020 (»Zitierfehler oder ... Manipulation?«).

331 Während die IHRA-Definition von der EU und ihren Mitgliedstaaten übernommen wurde (vgl. auch das entsprechende Handbuch, Europäische Kommission 2021), findet sie schon innerhalb der OSZE keine vollständige Unterstützung, s. Expertenkreis Antisemitismus 2017: 23 f., insbesondere Fn. 15. Zum Februar 2024 haben – laut Eigenauskunft der IHRA, <https://holocaustremembrance.com/resources/working-definition-antisemitism> – 43 Staaten die Definition übernommen, ferner zahlreiche Organisationen sowie regionale und lokale Selbstverwaltungseinheiten.

332 U. S. Government 2023: 13 (»several definitions [...] valuable tools to raise awareness«; IHRA-Definition »embraced«, aber weitere Definitionen, insbesondere Nexus-Dokument, »willkommen und gewürdigt« [»welcomes and appreciates«]).

333 U. S. Government 2023: 4 (»It does not constitute binding guidance for the public, states, localities, or Federal agencies and therefore does not require compliance with the principles described herein.«).

334 Ullrich in Ullrich et al. 2024: 73 (unter Verweis auf Gould).

335 Es handelt sich um einen »schlichten Parlamentsbeschluss«, der (deshalb) nicht rechtsverbindlich ist, vgl. WT BT 2020: 4 f.

336 BT-DrS 19/10191, abrufbar unter <https://dserver.bundestag.de/btd/19/101/1910191.pdf>. Krit. Zechlin 2021: 44.

337 Zu dieser wichtigen Unterscheidung auch Ullrich, in Ullrich et al. 2024: 194; Machona 2024.

338 Expertenkreis Antisemitismus 2017: 24.

339 Expertenkreis Antisemitismus 2017: 27 f.

340 Grundlegend Ullrich in Ullrich et al. 2024, 196 (»*ein* universelles« Verständnis »weder plausibel noch erwartbar« [Herv. i. O.]), 212, 216, 264 f. (zur immanenten »Vagheit« und »Arbitrarität«), 263 f. (»Schwierigkeiten und Grenzen der Konzeptualisierung ... als einheitlich verstandenem und anwendbarem Begriff«), 265 (nicht »letztbegründbar«, immer »voluntaristisches Moment«); Machona 2024 (»immer zu gewissem Grade unbestimmt«).

341 Zur Verwendung von Idealtypen im Weberschen Sinne auch Ullrich, in Ullrich et al. 2024: 214.

342 ZfA 2023: 5; früher schon Pfahl-Traughber 2015: 314.

343 Dazu in Ullrich in Ullrich et al. 2024: 104 (in Abgrenzung zu abstrakt-formalen Antisemitismusbegriffen).

344 Klug 2003: 122 (»hostility towards Jews *as* Jews« [Herv. im Original]); s. auch Pfahl-Traughber 2015: 294 f.; Zechlin 2021: 31.

345 Abrufbar unter <https://www.bundestag.de/dokumente/textarchiv/2024/kw05-gedenkstunde-rede-szepesi-988212> (Herv. K. A.).

346 S. auch Machona 2024 (»Ein Antisemitismusbegriff, der nicht die Sicht von Betroffenen aufgreift, wird das Phänomen nie in Gänze begreifen können.«); Ullrich, in Ullrich et al. 2024: 201; differenzierend Mendel, in Ullrich et al. 2024: 93 ff. (sowohl gegen den »Versuch, jüdische Positionen als »subjektiv» abzuwerten«, als auch ihnen »höheren moralischen Wert zuzusprechen und [...] eine besondere Deutungsmacht [...].«).

347 Zu Imagination/Projektion in diesem Zusammenhang s. Heß in Ullrich et al. 2024: 98 ff.

348 S. Deutsches Historisches Museum, <https://www.dhm.de/lemo/kapitel/der-zweite-weltkrieg/kunst-und-kultur/film-der-ewige-jude.html>.

349 Klug 2003: 124; zu ihm insoweit Ullrich, in Ullrich et al. 2024: 243 f.

350 Vgl. Ullrich, in Ullrich et al. 2024: 263 (mit Ergänzungen dieser Minimaldefinition).

351 Beachte aber die Pluralität des Zionismus mit seinen (religiös begründeten) antizionistischen und postzionistischen Positionen, vgl. Zechlin 2021: 38 ff. Klug 2003: 126 ff. weist überdies auf die (historische) Ironie hin, dass viele pro-zionistische Politiker der Kolonialmächte, allen voran

Großbritanniens (Balfour!), tatsächlich antisemitisch motiviert waren, weil sie letztlich die Juden aus ihrem Staatsgebiet in einen neu zu gründenden Staat (der Juden) verbannen wollten. Allein schon dies zeige, dass Antizionismus nicht per se antisemitisch sei. S. zum jüdischen Antizionismus im Übrigen Haury in Ullrich et al. 2024: 44 f.

352 Zur Unterscheidung zwischen »antizionistischem Antisemitismus« bzw. »israelbezogenem Antisemitismus«, »antiimperialistischer Israelfeindlichkeit« und »menschenrechtlicher Israelkritik« insoweit Pfahl-Traughber 2015: 293, 298 ff. und Zechlin 2021: 31 ff. (mit einer hilfreichen Matrix auf S. 41 und Beispielen aus der Rechtsprechung auf S. 41 ff.). Zu diesen und anderen »Grundbegriffen« s. auch Ullrich et al. 2024: 18 ff.

353 Vgl. Pfahl-Traughber 2015: 306 f. (mit Verweis auf das bekannte Manifest).

354 Ähnlich ZfA 2023: 5 (»Während in einem Rechtsstaat die Artikulation von Israelkritik, selbst wenn dies auf harsche und ungerechte Weise geschieht, selbstverständlich erlaubt sein muss, können Formen von Israelfeindschaft aufgrund antisemitischer Aufladung unangemessen und dem sozialen Frieden abträglich sein.«); s. auch Pfahl-Traughber 2015: 302 f. und Zechlin 2021: 37 (»[…] sehr harte, überzogene Kritik […] *kann* aus anderen als antisemitischen Motiven gespeist sein.« [Herv. i. O.]), 45 (menschenrechtliche Israelkritik).

355 In diesem Abschnitt III., Unterabschnitt 1.

356 Für Pfahl-Traughber 2015: 300 f. und Zechlin 2021: 40, 44 f. bleibt antiimperialistische Israelfeindlichkeit, insbesondere »antiimperialistische bzw. postkoloniale Kritik an der Besatzungs- und Siedlungspolitik« (Zechlin), grundsätzlich unterhalb der Antisemitismusschwelle.

357 Dazu Arnold, in Ullrich et al. 2024: 35 ff. (Sechs-Tage-Krieg von 1967 als zeitlicher Ausgangspunkt; im Übrigen krit. wegen der damit verbundenen Desavouierung legitimer Israelkritik unter Verweis auf Butler, Finkelnstein u. a.); auch Zechlin 2021: 44.

358 Vgl. insoweit zur schwierigen Auslegung des (in Deutschland verbotenen) Slogans »From the River to the Sea […]« Goldberg 2024.

359 In diesem Sinne (aus geschichts- bzw. sozialwissenschaftlicher Sicht) auch Haury in Ullrich et al. 2024: 49 (ob »israelbezogener Antisemitismus« tatsächlich antisemitisch sei, »lässt sich nicht pauschal entscheiden«); Weyand, in ebd.: 55 f. (ob »postkolonialer Antisemitismus« tatsächlich antisemitisch sei, »lässt sich schwerlich allgemein beantworten«, »in dieser Pauschalität […] sicher falsch«, eher »postkoloniale Verkennung von Antisemitismus«); Lintl/Ullrich in ebd.: 87 (»Dissens […], welche konkreten Phänomene antisemitischer Natur […]«, »Antizionismus oder Israelfeindschaft […] nicht zwingend antisemitisch«), 92 (»nicht […] jede Israelfeindschaft antisemitisch […]«); Ullrich in ebd.: 233 ff. (»Antisemitischer Sinn ist jeweils zu konstatieren/nachzuweisen oder eben nicht […]« [237]).

360 So Zechlin 2021: 44.

361 Grundlegend und kritisch Klug 2003: 117, 120 (»collective Jew among the nations« [Irwin Cotler zitierend], »substitute ›Israel‹ [...] for ›Jews‹«), 136 (Antizionismus nur antisemitisch, wenn Israel »*the* Jewish state« [Herv. i. O.], also der Staat für alle Juden sei, »where the nation comprises the whole of Jewry«), wobei dieser kollektive Ansatz und damit auch der ›Neue Antisemitismus‹ – als Gegenbegriff zum alten, traditionellen (vorstaatlichen) Antisemitismus – konzeptionell »konfus« (121) sei. Dazu auch Lintl/Ullrich in Ullrich et al. 2024: 87 (in Abgrenzung zu sog. Differenz- und Affinitätspositionen).

362 S. einerseits die in der vorherigen Endnote referierte Kritik von Klug sowie Lintl/Ullrich in Ullrich et al. 2024: 87 (in Abgrenzung zu sog. Differenz- und Affinitätspositionen).

363 In diesem Abschnitt III., Unterabschnitt 1., bei Endnote 282.

364 Vgl. Nationalstaatsgesetz, Abschnitt 6 (c) (»Der Staat wirkt, um das kulturelle, historische und religiöse Erbe des jüdischen Volkes im Judentum der Diaspora zu bewahren«) sowie Lintl/Wolfrum 2018: 5 (»Deutungshoheit über essentielle Fragen jüdischer Identität weltweit«).

365 Klug 2003: 133 (»The depth and bitterness of this conflict is sufficient to explain, for the most part, the strength and intensity of the polemic against the state, especially on the part of those who are directly impinged on by Israel's presence in the Middle East and by the expansion of Jewish settlements in the territories it has retained since the June 1967 war. [...] if Palestinians and people who take their side are partisan, this does not mean they are being antisemitic; they are just not being Jewish. The mere fact that they are biased does not make them antisemitic [...].«). Allerdings bestreitet Klug nicht, dass Antizionismus antisemitisch begründet sein *kann* (ebd.: 134).

366 Zutreffend Ullrich, in Ullrich et al. 2024: 108 (»negiert ›realistische‹ Faktoren für Feindschaft [...]«, »reduktionistische apriorische Identitätsunterstellung«); zur »›realistische[n]‹ Konfliktdimension« i. S. v. Langmuir s. ebd.: 234.

367 Ullrich in Ullrich et al. 2024: 266 (»Antisemitismus als privilegierte Folie zum Verständnis des Nahostkonflikts fehlverstanden [...].«).

368 Auf diese Gefahr der Instrumentalisierung hat insbesondere Judith Butler hingewiesen, dazu Hahn, in Ullrich et al. 2024: 178 ff.

Dritter Teil: Eine völkerstrafrechtliche Analyse des Apartheidverbrechens und seine Anwendung auf die besetzten palästinensischen Gebiete

1 Diese weite Auslegung wird durch Verbrechenselemente zum IStGH-Statut bestätigt, abrufbar unter <https://www.icc-cpi.int/sites/default/files/Publications/Elements-of-Crimes.pdf>. Element 2 zu Artikel 7 Absatz 1 lit. j IStGH-Statut lautet: »Diese Handlung war eine Handlung im Sinne von Artikel 7 Absatz 1 des Statuts oder eine Handlung, die einer dieser Handlungen ähnlich ist« (»Such act was an act referred to in article 7, paragraph 1, of the Statute, or was an act of a character similar to any of those acts«). In diesem Sinne auch Hall 2008: Rn. 120; van den Herik und Braga da Silva 2022: Rn. 267 (beide kommen zu dem Ergebnis, dass das gemeinsame Merkmal die Unmenschlichkeit der Handlungen ist); Werle und Jessberger 2020: Rn. 1110.

2 Vgl. Fn. 29 zu Element 2 des soeben zitierten Artikels 7 Abs. 1 lit. j, in dem der Begriff »Charakter« unter Bezugnahme auf die »Art und Schwere der Handlung« definiert wird.

3 S. schon erster Teil, Abschnitt II bei Endnote 47.

4 Krit. auch Lingaas 2015a: 97.

5 Siehe auch Werle und Jessberger 2022: Rn. 130.

6 Unzutreffend insofern Yesh Din 2020: 20 (»gewisser Schweregrad« [»certain degree of severity«]), 36 (Handlung »weitverbreitet und systematisch« [»widespread and systemic«]); insoweit auch (!) NGO Monitor 2021: 50 (Erfordernis der Schwere, »gravity requirement«).

7 In diesem Sinne auch Russell Tribunal 2011: para. 5.14; Yesh Din 2020: 20.

8 In diesem Sinne jedoch Hall 2008: Rn. 120; Bultz 2013: 223; auch AI 2022: 49

9 Für die Liste siehe erster Teil, Abschnitt II. bei Endnote 27.

10 S. Art. 7 Abs. 2 lit h IStGH-Statut.

11 Ebenso Jackson 2021: para. 23 (der allerdings dem Unterschied nicht zu viel Gewicht beimessen will).

12 Werle und Jessberger 2020: Rn. 1110; für einen Vergleich siehe van den Herik und Braga da Silva 2022: Rn. 267.

13 Vgl. Falk 2014: paras. 55 ff.; Lynk 2022: paras. 50 ff., 55; Albanese 2022: para. 6; HRC 2022a: paras. 42 ff.; HRC 2022b: paras. 54 ff., 77 f.; IHRC und Addameer 2022: 19 f.; für eine ausführliche Analyse in Bezug auf Art. II ApKonv siehe auch HSRC 2009: 17–20, 172 ff., 272–4; Russell Tribunal 2011: paras. 5.21 ff.; Dugard und Reynolds 2013: 891–903 (Feststellung unmenschlicher Handlungen gemäß Art. II (a), (c), (d) und (f) ApKonv); Asseburg 2022: 3 f.; mit Schwerpunkt auf Verfolgungshandlungen gemäß Art. 7 Abs. 2 lit. g IStGH-Statut Yesh Din 2020: 36 ff. (zum Westjordanland: Verweigerung von Rechten und der palästinensischen Selbstbestimmung, Schaffung und Aufrechterhaltung eines dualen Rechtssystems, Verhinderung der Entwicklung, Enteignung von

Land, Verfolgung von Gegnern und Kritikern, Zwangsverlegung der Bevölkerung).

14 Siehe z. B. Raday 2023: 4 (zum Westjordanland und Ost-Jerusalem).

15 Mein Kollege Yuval Shany, Professor an der Hebräischen Universität in Jerusalem, hat mich auf diese Beispiele aufmerksam gemacht. Sie wurden von israelischen Rechtswissenschaftlern gut dokumentiert, vgl. Kretzmer und Ronen 2021: 375 ff. (Hauszerstörungen), 419 ff. (Deportationen, die gegen Art. 49(1) GC IV) sowie Gross 2017: 256 ff. (Bewegungseinschränkungen).

16 Yesh Din 2020: 16.

17 Vgl. van den Herik und Braga da Silva 2022: Rn. 268; zustimmend NGO Monitor 2021: 32; auch Lingaas 2020: 200; IHRC und Addameer 2022: 21 f. In diesem Zusammenhang ist es von Interesse, dass der Goldstone-Bericht (HRC 2009: paras. 75, 1332, 1502, 1936) »nur« die mögliche Begehung von Verfolgung als VgM annimt.

18 In diesem Sinne McCormack 2004: 200 (»Regierungspolitik« [»requires a government policy of apartheid«]); Bultz 2013: 222 ff. (insbesondere den Begriff des »institutionalized regime« als »zu weit und unbrauchbar« [»overbroad and inoperable«, 225] kritisierend und eine restriktive Auslegung vorschlagend, die einen »erkennbaren Zustand« [»recoginzable state«, 229] voraussetze, aber eine *de facto* Politik akzeptiere [229]).

19 S. dazu oben zweiter Teil, Abschnitt I.

20 Vgl. Dugard und Reynolds 2013: 873 (»Apartheid in Südafrika« als »institutionalisiertes System [...], das durch Gesetze geschaffen und durch Rechtsinstitutionen durchgesetzt wurde« [»institutionalized system in the sense that it was created by law and enforced by legal institutions«]); Werle und Jessberger 2020: Rn. 1112 (»durch innerstaatliche Gesetze festgeschrieben«, Südafrika als »Paradebeispiel«).

21 Insoweit kann auf das Konzept der »organisierten bewaffneten Gruppe« (»organised armed group«) des humanitären Völkerrechts rekurriert werden. Danach muss es sich um eine hinreichend hierarchisch organisierte militärische Gruppe mit verantwortlicher Befehlsgewalt und (teilweiser) territorialer Kontrolle handeln (Artikel 1 Absatz 1 ZP II der Genfer Konventionen). Damit wären »lose organisierte« [»loosely organized«] Gruppen nicht erfasst (insoweit korrekt Bultz 2013: 225).

22 In diesem Sinne auch Hall 2008: Rn. 122.

23 Siehe auch Werle und Jessberger 2020: Rn. 1112 (»insbesondere«).

24 Vgl. Art. I ApKonv; siehe auch die Diskussion in der UN-Völkerrechtskommission (»International Law Commission«, ILC), wie sie von Bultz 2013: 223 f. wiedergegeben wird.

25 Ambos 2022c: 131; in diesem Sinne auch Bultz 2013: 229.

26 Die Beziehung zwischen dem allgemeinen und dem spezifischen Kontextelement wird häufig vernachlässigt, siehe z. B. NGO Monitor 2021: 28 ff. (das allgemeine Kontextelement analysierend, ohne sich mit der Frage des Verhältnisses zum spezifischen Kontextelement der Apartheid überhaupt zu befassen).

27 Vgl. Ambos 2022a: Rn. 22, 204.

28 In diesem Sinne auch Jackson 2022: 847.

29 Hall 2008: Rn. 123; van den Herik und Braga da Silva 2022: Rn. 268; Bultz 2013: 229; Werle und Jessberger 2020: Rn. 1112 mit Fn. 424.

30 Die Literatur schweigt zu dieser Frage, siehe statt vieler Jackson 2022: 848.

31 Anders Hall 2008: Rn. 123 (»im Wesentlichen das gleiche« [»essentially the same«]); ihm folgend van den Herik und Braga da Silva 2022: Rn. 268; in ähnlicher Weise AI 2022: 19, 26 und passim (im Wesentlichen von einem Herrschaftssystem sprechend).

32 Vgl. Ambos 2021a: 219 f., insbesondere Fn. 460 und weitere Nachweise; ders. 2022b: Rn. 11.

33 Der englische Originalbegriff »domination« wird verstanden als »Ausübung von Macht oder Einfluss auf jemanden oder etwas, oder der Zustand, auf diese Weise kontrolliert zu werden« (»exercise of power or influence over someone or something, or the state of being so controlled«), vgl. <https://www.oed.com/>; in Anlehnung an diese Definition Lingaas 2015a: 99; leicht abweichend (ohne genaue Quellenangabe) van den Herik und Braga da Silva 2022: Rn. 268 (»Kontrolle oder sehr starker Einfluss« [»control of or a very strong influence on«]); vgl. auch Jackson 2022: 847 (»eine besonders wirksame Form der Kontrolle« [»a particulary powerful form of control«]); ähnlich HRW 2021: 39 (»verstärkte Kontrolle« [»increased control«]). Dennoch kann »Beherrschung« nicht, wie von NGO Monitor 2021: 33 f. behauptet, auf (rassische) Vorherrschaft im Sinne des südafrikanischen *Baasskap* beschränkt werden, da dies die autonome Bedeutung des Konzepts leugnen würde.

34 Der Originalbegriff »oppression« beschreibt eine »anhaltende grausame oder ungerechte Behandlung oder Ausübung von Autorität« (»prolonged cruel or unjust treatment or exercise of authority«), vgl. <https://www.oed.com/>; in Anlehnung an diese Definition Lingaas 2015a: 99; in gleicher Weise (ohne genaue Quellenangabe) van den Herik und Braga da Silva 2022: Rn. 268; Jackson 2022: 847; siehe auch HRW 2021: 40 (richtigerweise betonend, dass »die Methoden« in der Absicht vorgenommen werden »die Beherrschung aufrechtzuerhalten« [»to maintain domination«]); contra NGO Monitor 2021: 36 (argumentierend, dass das Verständnis von HRW »das Tatbestandsmerkmal der ›Unterdrückung‹ ununterscheidbar von [...] ›unmenschlichen Handlungen‹ macht und damit ein Tatbestandsmerkmal [...] überflüssig macht« [HRW »arguably renders the element of ›oppression‹ indistinguishable from the element of ›inhumane acts‹, reducing an element of the crime to redundancy«]; dies vermengt jedoch die objektive und die subjektive Ebene: Die objektiven »Methoden«, auf die HRW verweist, sind nur ein Hinweis auf die notwendige Absicht, was sie nicht überflüssig macht).

35 Siehe bereits o. erster Teil, Abschnitt IV.

36 Unzutreffend daher Kern 2021, für den »Beherrschung« »durch Praktiken der Vorherrschaft (*baasskaap*) und Segregation« (»through practices

of supremacy (*baasskaap*) and segregation«) und »Unterdrückung« durch die »Angemessenheit« (»reasonableness«) diskriminierender Maßnahmen im Rahmen der Besatzung der palästinensischen Gebiete im Vergleich zur südafrikanischen Apartheid geprägt ist.

37 Dafür auch HSRC 2009: 22, 275–7 (»Elemente eines institutionalisierten und unterdrückerischen Systems« [»elements of an institutionalized and oppressive system«]); Russell Tribunal 2011: paras. 5.42 f. (abgeleitet aus unmenschlichen Handlungen); Dugard und Reynolds 2013: 891, 903 (»unmenschliche Handlungen in einem Ausmaß, das als institutionalisierte und systematische Herrschaft zu qualifizieren ist« [»inhuman acts in a manner sufficiently extensive to qualify as institutionalized and systematic domination«]), 897 (»Umfang und Beständigkeit der [...] Verstöße deuten [...] auf ein System hin, das die Palästinenser kontrolliert und beherrscht« [»the breadth and consistency of such infringements suggest that they do not occur in isolation, but are part of a system that operates to control and dominate Palestinians«]), 904 (Handlungen als »Teil eines weit verbreiteten und unterdrückerischen Regimes, das sowohl institutionalisiert als auch systematisch ist« [»part of a widespread and oppressive regime that is both institutionalized and systematic«]) und 910 (Institutionalisierung von zwei getrennten Rechtssystemen für zwei getrennte rassische Gruppen in einer Weise, die ein System der Vorherrschaft der einen über die andere untermauert« [»the institutionalization of two separate legal systems for two separate racial groups in a manner that underpins a system of domination by one over the other.«]); ESCWA 2017: 3 ff., 30, 37 ff. (strategische »Fragmentierung« der Palästinenser per Gesetz und/oder de facto als Hauptmethode zur Durchsetzung der Apartheid, »fragmentation to secure Jewish-national domination«, »Fragmentation to enforce apartheid«); Yesh Din 2020: 27 ff. (konzentriert sich auf die militärische Besatzung, die von einem kolonialen Siedlerprojekt begleitet wird, und sieht »im Westjordanland ein Regime, das auf der systematischen Beherrschung und Unterdrückung einer Gruppe durch die andere beruht« [»a regime centered on systemic domination and oppression by one group over the other is present in the West Bank«] [31]); HRW 2021: 79 (Unterwerfung der »mehr als 5 Millionen Palästinenser« in den besetzten Gebieten als »systematische Unterdrückung« [»systematic oppression«] im Sinne des Verbrechens der Apartheid); auch Asseburg 2022: 3 (»institutionalisiertes und auf Dauer angelegtes System der Diskriminierung«).

38 HRC 2022b: para. 47 (»mehr Menschenrechte für Israelis« [»greater enjoyment of human rights for Israelis«]); zuvor HRC 2022a: para. 45; HSRC 2009: 15, 105 ff., 118–9 (»duales und diskriminierendes Rechtssystem« [»dual and discriminating legal system«] [15, 118]); Russell Tribunal 2011: para. 5.43 (»zwei vollständig getrennte Rechtssysteme« [»two entirely separate legal systems«]); Dugard und Reynolds 2013: 905 (»zweistufiges System des Personenstandwesens« [»two-tiered system of civil status«]), 910 (»zwei getrennte Rechtssysteme« [»two separate

legal systems«]); ESCWA 2017: 44 f.; Yesh Din 2020: 40 ff.; PWG 2023: 2 (»zweistufiges Rechtssystem« [»two-tier legal system«]); Association of Civil Rights in Israel 2014; Reynolds 2023: 118 f.; Gross 2017: 158, 172 ff.; Kretzmer und Ronen 2021: 511 f. (»unterschiedliche Rechtsordnungen« [»different legal regimes«]); selbst NGO Monitor 2021: 3 (»getrennte Rechtssysteme« [»separate systems of law«] in Bezug auf das Westjordanland, allerdings gerechtfertigt mit dem Besatzungsrecht auf S. 37 ff. [47]. S. zum Ganzen auch schon zweiter Teil, Abschnitt III. 1. bei Endnoten 290 ff. mit Haupttext.

39 CERD 2020: paras. 15, 22 (»zwei völlig getrennte Rechtssysteme und Institutionen für jüdische Gemeinden in illegalen Siedlungen einerseits und die palästinensische Bevölkerung in palästinensischen Städten und Dörfern andererseits [...]. Hermetischer Charakter der Trennung« [»two entirely separate legal systems and sets of institutions for Jewish communities in illegal settlements on the one hand and Palestinian populations living in Palestinian towns and villages on the other hand [...] hermetic character of the separation«]); ESCWA 2017: 4 ff., 30, 37 ff. (unterscheidet vier rechtliche »domains«, die ein »comprehensive regime« rassischer Herrschaft darstellen). Für einen diesbezüglichen Vergleich mit der südafrikanischen Apartheid ESCWA 2017: 46 (»jüdisch-nationale Herrschaft über ein mit palästinensischen Autonomiezonen durchsetztes Gebiet« [»Jewish-national domination over an area dotted with Palestinian autonomy zones«], ähnlich einer »Teilungsstrategie ... in einem einheitlichen Staat« [»partition strategy [...] as it is in a unified state«]), 49 (israelische Besetzung der besetzten Gebiete wie »Namibia unter südafrikanischer Besatzung« [»Namibia under South African occupation«]); HSRC 2009: 21 f., 105 ff., 274 f. (Feststellung einer strukturellen Ähnlichkeit mit der südafrikanischen Gesetzgebung).

40 Erster Teil, Abschnitt V.

41 Gemäß Art. 49 Abs. 6 GK IV darf die Besatzungsmacht ihre Zivilbevölkerung nicht im besetzten Gebiet ansiedeln (»The Occupying Power shall not deport or transfer parts of its own civilian population into the territory it occupies«). Dies stellt ein Kriegsverbrechen gemäß Art. 8 Abs. 2 lit. b (viii) IStGH-Statut dar (»transfer, directly or indirectly, by the Occupying Power of parts of its own civilian population into the territory it occupies«).

42 Auf diese temporäre Natur einer Besatzung ist mehrfach während der Anhörung in dem laufenden IGH-Gutachtenverfahren zur israelischen Politik im OPT (ICJ 2024c) hingewiesen worden, s. insbesondere Stellungnahme Reichler (Palestina), verbatim record CR 2024/4, 19.2.2024, S. 61 ff.; Stemmet (Südafrika), verbatim record CR 2024/5, 20.2.2024, S. 16; Laraba (Algerien), ebd., S. 24; Lefeber (Niederlande), ebd., S. 46 f.; Hamidullah (Bangladesh), ebd., S. 55; Craven (Guyana), verbatim record CR 2024/8, 21.2.2024, S. 39; Ma (China), verbatim record CR 2024/9, 22.2.2024, S. 16 f.; Fanning (Irland), ebd., S. 39; Wood (Jordanien), ebd., S. 64; Okowa (Namibia), verbatim record CR 2024/11, 23.2.2024, S. 13;

Jervell (Norwegen), ebd., S. 22; Aslam (Pakistan), ebd., S. 44; Marsudi (Indonesien), ebd., S. 49; Sander (Maldiven), verbatim record CR 2024/14, 26.2.2024, S. 29; zu Art. 49 Abs. 6 GK IV s. etwa Heirbaut (Belgien), verbatim record CR 2024/5, 20.2.2024, S. 63 f.; Fanning (Irland), verbatim record CR 2024/9, 22.2.2024, S. 37; Perrez (Schweiz), verbatim record CR 2024/11, 23.2.2024, S. 46; Pin (Spanien), verbatim record CR 2024/14, 26.2.2024, S. 11.

43 Das völkerrechtliche Besatzungsrecht findet sich in der Haager Landkriegsordnung (HLKO) von 1907 (Art. 42–56), in der vierten Genfer Konvention (GK IV) von 1949 (Art. 27–34, 47–78) sowie in einigen Vorschriften des Ersten Zusatzprotokolls (ZP I) zu den GK von 1977. Im Übrigen sind aber alle vier Genfer Konventionen gemäß ihres gemeinsamen Art. 2 während einer Besatzung anwendbar. Für einen guten Überblick s. <https://www.icrc.org/en/doc/resources/documents/misc/634kfc.htm>. Nach offizieller israelischer Ansicht ist die Besatzung des Westjordanlands insofern einzigartig, als es nicht von einem rechtmäßigen Souverän (Jordanien) erobert wurde, weshalb die GK IV (die im Übrigen auch kein Gewohnheitsrecht darstelle) nicht anwendbar sei; gleichwohl würden ihre humanitären Bestimmungen – gleichsam freiwillig – angewandt, vgl. Gross 2017: 141 ff. (insbesondere kritisch zum widersprüchlichen israelischen Verständnis der HLKO, die trotz der mit ihr verbundenen Anerkennung der ehemaligen jordanischen Souveränität akzeptiert würde [150]); s. auch Hostovsky Brandes 2020b: 771, 774 ff.; Kretzmer und Ronen 2021: 23 ff., 55 ff. (die zeigen, dass ursprünglich die Anwendung sowohl der HLKO als auch der GK IV akzeptiert wurde und die aktuelle Position widerlegen [59 f.]). In diesem Zusammenhang ist von Bedeutung, dass das Oberste Gericht seit dem Fall *Elon Moreh* (1979) die Anwendbarkeit des Besatzungsrechts akzeptiert hat (vgl. Kretzmer und Ronen 2021: 64 ff.), wenngleich er den gewohnheitsrechtlichen Status der GK IV (insbesondere Art. 49 Abs. 1 und 6) verneint und nur bei »freiwilliger« Anwendung durch die Regierung angewendet (vgl. krit. ebd., 68 ff.); s. auch Kretzmer 2023: 400 ff. (die Entwicklung der Rechtsprechung nachzeichnend). Zur uneinheitlichen Behandlung der Menschenrechte durch das Oberste Gericht vgl. Kretzmer und Ronen 2021: 89 ff. (97).

44 Dabei ist zu beachten, dass das lokale Recht nicht auf das jordanische Recht beschränkt ist, sondern sich aus verschiedenen Rechtsregimen speist, einschließlich des osmanischen und des britischen Mandatsrechts, vgl. für eine genauere Analyse der komplexen Beziehungen Kretzmer und Ronen 2021: 41 ff.; s. auch Hostovsky Brandes 2023b: 418 f.

45 Für eine detaillierte Analyse der Rechtsprechung des Obersten Gerichts zu Art. 43 HLKO und seine wachsende Anwendung zur Kontrolle der palästinensischen Bevölkerung vgl. Kretzmer und Ronen 2021: 133 ff.

46 Yesh Din 2020: 40 f. (jordanisches Recht in der durch israelische militärische Anordnungen für Palästinenser geänderten Fassung und israelisches Recht, das durch militärische Anordnungen de facto für anwend-

bar erklärt wird, sog. *pipelining*); s. auch Hostovsky Brandes 2020b: 771 f.; dies 2022: 126 (»materiell auf israelischem Recht basierend« [»substantively based on Israeli law«]).

47 Vgl. Hostovsky Brandes 2022: 126; zur Anwendung israelischen Rechts zugunsten der Siedler, nämlich aufgrund israelischer Staatsangehörigkeit der Siedler (sog. Personalitätsprinzip) und aufgrund tatsächlicher israelischer Kontrolle (Territorialitätsprinzip), siehe auch Gross 2017, 172 ff.; Kretzmer und Ronen 2021: 100.

48 Für eine eingehende Analyse siehe Kretzmer und Ronen 2021: 50 ff. (die Bedeutung der Angemessenheits- und Verhältnismäßigkeitsprüfung betonend); auch Hostovsky Brandes 2023b: 419.

49 Hostovsky Brandes 2020b: 772, 777; dies. 2022: 126; Kretzmer und Ronen 2021: 48 f. Die Zuständigkeit des Obersten Gerichts ist auch von der israelischen Regierung nie bestritten, sondern auf dieser Grundlage angenommen worden, vgl. Kretzmer und Ronen 2021: 29–31.

50 Kretzmer und Ronen 2021: 52 (»internationales Recht der kriegerischen Besatzung [...] in den Hintergrund gedrängt« [»international law of belligerent occupation [...] relegated to a secondary standing«]), 88 (»Schutz der Menschenrechte durch das Verwaltungsrecht, wodurch die direkte Anwendung der Menschenrechte vermieden wird« [»human rights protection by way of administrative law, thus avoiding the direct application of human rights law«]), 493 (»ersetzt Völkerrecht« [»displaces international law«).

51 Vgl. Yesh Din 2020: 41 (mit Verweis auf A. Rubinstein); zur Anerkennung solcher »rechtlichen Enklaven« durch den Obersten Gerichtshof siehe Kretzmer und Ronen 2021: 223.

52 Vgl. The Israeli Law Professors' Forum for Democracy 2023: 2 (unter Bezugnahme auf die Koalitionsvereinbarung); s. auch Kretzmer 2023: 405 f.

53 *Silwad Municipality v. The Knesset*, Urteil vom 9.6.2020 (nur auf Hebräisch verfügbar), in dem das Gericht feststellte, dass »das Recht des Staates Israel in der Region nicht gilt« [»the law of the State of Israel does not apply in the region«] (zitiert nach Adalah 2020: 1). Siehe auch die Besprechung bei Hostovsky Brandes 2020a.

54 Das israelische Verfassungsrecht besteht aus vierzehn dieser sog. »Grundgesetze«, die eine allmähliche und fortlaufende Konstitutionalisierung bewirken (abrufbar in Englisch unter <https://main.knesset.gov.il/en/activity/pages/basiclaws.aspx>); allerdings betreffen nur zwei dieser Grundgesetze, die 1992 verabschiedet wurden, die Rechte des Einzelnen (d. h. das Gesetz über »Menschenwürde und Freiheit« [»Human Dignity and Liberty«] und das Gesetz über »Besatzungsfreiheit« [»Freedom of Occupation«]), während die anderen hauptsächlich institutionelle Angelegenheiten (z. B. die Regierung und die Justiz) regeln und daher nur innerhalb Israels gelten; für eine instruktive Darstellung siehe Hostovsky Brandes 2022: 115 f., 121, 124; aus verfassungshistorischer Sicht Medina/Bloch 2023; 309 ff.; Hostovsky Brandes 2023b: 417 f.

55 Vgl. Kretzmer und Ronen 2021: 100 f., 104, 222 f.

56 Vgl. Kretzmer und Ronen 2021: 102–04, 110 (u.a. die Inkonsistenz und Widersprüchlichkeit der Rspr. kritisierend); Hostovsky Brandes 2020b: 777 ff. (insbesondere auf 778, 780 und passim); Hostovsky Brandes 2022: 126; Hostovsky Brandes 2023b: 419.

57 Kretzmer und Ronen 2021: 104, 106–9.

58 Kretzmer und Ronen 2021: 110 f.; kritisch zu dem daraus resultierenden »pick and choose«-Ansatz Gross 2017: 36, 151, 153, 161 ff.

59 Für eine ausführliche kritische Analyse siehe Kretzmer und Ronen 2021: 217 ff., 494 (die zeigen, dass die Rechtsprechung des Obersten Gerichtshofs die vorteilhafte Behandlung der Siedler bestätigt und legitimiert).

60 Zur selektiven Berufung auf das Besatzungsrecht zum Nachteil der Palästinenser vgl. Kretzmer und Ronen 2021: 294 (bezüglich der Einschränkung der palästinensischen Beteiligung am Planungsprozess), 308 (bezüglich des Aufenthalts und der Familienzusammenführung); zur Anwendung von Verfassungs-/Menschenrechtsvorschriften zugunsten der Siedler siehe Gross 2017: 248, 352 ff.

61 Vgl. Gross 2017: 14, 167 f., 248, 293 ff., 328, 343, 345 ff., 376 f., 391 ff. (mit dem Argument, dass die Sicherheit der Siedler und ihr daraus resultierender – verfassungsmäßiger/menschenrechtlicher – Schutz eine weitere »Last« [»burden«] für das Besatzungsrecht darstelle, die zu Lasten der Palästinenser gehe und die strukturelle Ungleichheit/das Ungleichgewicht zwischen ihnen und den Siedlern verstärke, was letztlich auf eine Verzerrung des Völkerrechts hinauslaufe).

62 In englischer Sprache abrufbar unter <https://www.legal-tools.org/doc/908988/>; für eine Zusammenfassung Kretzmer und Ronen 2021: 184–6.

63 Vgl. *Silwad Municipality*, o. Endnote 53 (Verfassungswidrigkeit des Gesetzes, weil es gegen die durch das »Basic Law: Human Dignity and Liberty« geschützten Rechte auf Eigentum, Gleichheit und Würde verstößt); vgl. auch Kretzmer und Ronen 2021: 111 ff., 499; Hostovsky Brandes 2020b: 780 f.; Hostovsky Brandes 2020a; Kretzmer 2023: 404 f.

64 Hostovsky Brandes 2020b: 772 ff. (nachweisend, wie sich der israelische Oberste Gerichtshof in seiner Rechtsprechung zu den besetzten Gebieten zunehmend auf israelisches Verwaltungs- und Verfassungsrecht statt auf Völkerrecht stützt und dies mit der Notwendigkeit seiner innerstaatlichen Legitimität erklärend); vgl. Kretzmer und Ronen 2021: 116.

65 Siehe auch o. Endnote 53 und die Zusammenfassung von Adalah 2020, wonach völkerrechtliches Besatzungsrecht gilt und die Palästinenser geschützte Personen sind; siehe auch Kretzmer und Ronen 2021: 112 f.

66 Vgl. Kretzmer und Ronen 2021: 226 ff., 230 f.

67 Vgl. Kretzmer und Ronen 2021: 191, 214 f., 225 f., 489, 499, 512; auch Gross 2017: 152 und passim (kritisch dazu, dass das Oberste Gericht »sich geweigert hat, über die Rechtmäßigkeit der Siedlungen zu entscheiden« [»has refused to rule on the legality of the settlements«]).

68 Siehe für eine detaillierte und nuancierte Analyse Kretzmer und Ronen 2021: 272, 496 ff., 500 ff., die neben der Legitimationsfunktion des Obersten Gerichts (S. 455, 488, 489, 512, mit Erörterung der jeweiligen gerichtlichen Taktik auf S. 491 ff.) auch seine mildernde, vermittelnde Rolle betonen (S. 507 ff. und passim); zur Notwendigkeit innerstaatlicher Legitimität s. auch schon Hostovsky Brandes 2020b: 772 ff.

69 HRC 2022b: para. 45 (»Die Kommission stellt fest, dass die von Israel angewandte Planungs- und Zoneneinteilungsregelung einen eindeutig diskriminierenden Ansatz widerspiegelt, da es sich um eine äußerst restriktive Regelung handelt, die auf palästinensische Bauten abzielt, während für die Planung und Zoneneinteilung in den Siedlungen eine wesentlich freizügigere Regelung gilt.« [»The Commission notes that the planning and zoning regime applied by Israel reflects a clearly discriminatory approach, as it is a highly restrictive one targeted at Palestinian construction, while a much more permissive regime is applied to planning and zoning in settlements.«]).

70 Gemäß dem Osloer Interimsabkommen (»Interim Agreement«) von 1995 wurde das Westjordanland in drei Verwaltungseinheiten (A, B, C) aufgeteilt, wobei Israel die volle Verfügungsgewalt über Land in Gebiet C behielt; dieses umfasst zwei Drittel des gesamten Westjordanlandes und die dortige Politik betrifft auch die Palästinenser in »ihren« Gebieten A und B, vgl. Kretzmer und Ronen 2021: 273 f. Nach ebd.: 294 f. seien Palästinenser de facto von Gebiet C ausgeschlossen und der »immanent diskriminierende« (»inherently discriminatory«) Planungsprozess, der von der israelischen Zivilverwaltung durchgeführt werde, sei »auf die Bedürfnisse der israelischen Siedlerbevölkerung zugeschnitten« (»tailored to the needs of the Israeli settler population«) und mache sie »zu einem privilegierten Teil der lokalen Bevölkerung, für den besondere rechtliche Regelungen getroffen und zu dessen fast ausschließlichen Gunsten die Landressourcen [...] genutzt werden« (»into a privileged part of the local population, for whom special legal arrangements are made and for whose almost exclusive benefit land resources [...] are harnessed«).

71 Dugard und Reynolds 2013: 897, 910; zur »Apartheidstraße« in Ost-Jerusalem siehe The Israeli Centre for Public Affairs und Breaking the Silence 2020: 8, 10, 12, 23.

72 Siehe z. B. zum eingeschränkten Zugang zu (Trink-)Wasser HRC 2021.

73 S. zweiter Teil, Abschnitt III. 1.

74 Nationalstaatsgesetz (2018), in deutscher Übersetzung abrufbar unter <https://www.swp-berlin.org/publications/products/sonstiges/2018A50_Anhang_IsraelNationalstaatsgesetz.pdf>.

75 Ebd., Abschnitt 1 (Israel als »historische Heimat des jüdischen Volkes«, »Nationalstaat des jüdischen Volkes« mit dem Recht auf Selbstbestimmung »einzig für das jüdische Volk«). Für eine ausführliche rechtliche Analyse mit zahlreichen Nachweisen Adalah 2018b: 3 ff.; zusammenfassend Adalah 2018a (»koloniales Gesetz mit Merkmalen der Apartheid«

[»colonial law with characteristics of apartheid«], das »ein koloniales Regime mit ausgeprägten Apartheidmerkmalen« [»a colonial regime with distinct apartheid characteristics«] etabliert [1]); krit. auch Kremnitzer 2018 (»hebt die offene, unverblümte Diskriminierung auf die Verfassungsebene« [»raises the overt, blunt discrimination to the constitutional level«], »Apartheid Regime hat nun stolz die besetzten Gebiete erreicht« [»apartheid regime (based on ethnicity) that exists in the Territories, has now proudly entered into Israel«]); Lintl/Wolfrum 2018 (Schaffung von »Grundlagen für ein majoritäres System«); CESCR 2019: paras. 16f.; CERD 2020: paras. 13f.; HRC 2022a: paras. 10, 44; Hussein 2023 (Ausdruck des Neo-Zionismus); Liel 2023: 5 (»arabische Bevölkerung gesetzlich herabgestuft« [»we downgraded the Arab population in law«]); PWG 2023: 2; Kiswanson 2023: 1f.; Reynolds 2023: 113f. Für eine Verteidigung dieses Gesetzes siehe Israels Antwort in CESCR 2023: paras. 17ff. (das Gesetz müsse zusammen mit anderen »Grundgesetzen« gelesen werden, und unter Bezugnahme auf die Entscheidung des Obersten Gerichts vom Juli 2021, mit der die allgemeine Anwendbarkeit des Gleichheitsgrundsatzes – trotz der fehlenden Erwähnung in diesem Gesetz – betont und im Hinblick auf den (in der folgenden Endnote zitierten) Abschnitt 7 erklärt wurde, dass er »mit Flexibilität und im Einklang mit dem Recht auf Gleichheit ausgelegt werden sollte, und nicht in einer Weise, die eine Diskriminierung nicht-jüdischer Personen und ihrer Rechte auf Land erlaube« [»should be fulfilled with flexibility and through balance with the right to equality, and not in a manner which could allow discrimination against individuals who are not Jewish and their rights to land«]; für eine englische Zusammenfassung dieser Entscheidung siehe <https://www.adalah.org/uploads/uploads/Translation_of_Summary_of_JNSL_Judgment.pdf>); verteidigend auch Kontorovich 2021 (»weitgehend symbolische und deklaratorische Maßnahme« [»largely symbolic and declaratory measure«]); differenzierend Medina/Bloch 2023: 316 (wonach das Gesetz keine »expliziten Vorschriften« zur Priorisierung der Interessen der jüdischen Bevölkerung enthalte). Zu anderen (früheren) Rechtsvorschriften in diesem Sinne siehe Quigley 1991: 226ff.; Reynolds 2023: 114ff.

76 Nationalstaatsgesetz, Abschnitt 7 (»Der Staat sieht in der Weiterentwicklung der jüdischen Besiedlung einen nationalen Wert. Er setzt sich dafür ein, die Etablierung und die Konsolidierung jüdische Besiedlung anzuspornen und voranzutreiben«).

77 HRCt 2014: para. 14 (»fortgesetzter Bau und Erweiterung« [»continued construction and expansion«], »nicht genehmigte Außenposten« [»unauthorized outposts«] (mit Verweis auf entsprechende Erklärungen verschiedener Vertragsorgane, des UN-Sicherheitsrats, des Menschenrechtsrats und der Generalversammlung); zu der daraus resultierenden zunehmenden Siedlergewalt vgl. ebd., paras. 24f.; zu den »finanziellen, rechtlichen und planerischen Mechanismen« [»financial, legal and planning mechanisms«], den »Vorteilen und Anreizen« [»benefits and incen-

tives«], die Israel »seit mehr als einem halben Jahrhundert einsetzt, um die Errichtung und den Ausbau von Siedlungen zu ermöglichen und aufrechtzuerhalten« [»for more than half a century to enable the establishment and expansion of settlements and sustain them«] B'Tselem und Kerem Navot 2021: 2 und passim; zu den »nicht genehmigten Außenposten« s. jüngst Kretzmer 2023: 403 ff.

78 Vgl. Adalah 2023: 1 (die Leitprinzipien gingen über das Nationalstaatsgesetz hinaus, denn danach habe »das jüdische Volk ein ausschließliches und unveräußerliches Recht auf alle Gebiete des Landes Israel« [»Jewish people have an exclusive and inalienable right over all areas of the Land of Israel«, übersetzt aus dem Hebräischen]). Siehe auch die Ankündigung von Finanzminister Smotrich (»Wir werden die Besiedlung weiter ausbauen und den israelischen Einfluss auf das Gebiet stärken« [»We will continue to develop the settlement of and strengthen the Israeli hold on the territory«]), vgl. <https://www.reuters.com/world/middle-east/israel-set-approve-thousands-building-permits-west-bank-2023-06-18/>. Dies bestätigt seine früheren Ansichten, vgl. Smotrich 2017: 10, 21 (»volle israelische Souveränität für [...] Judäa und Samaria [...] und Siedlungen tief im Inneren des Gebiets und die Ansiedlung von Hunderttausenden zusätzlicher Siedler« [»full Israeli sovereignty to [...] Judea and Samaria [...] and settlements deep inside the territory and bringing hundreds of thousands of additional settlers to live therein«], was zu einem »Sieg durch Besiedlung« [»victory by settlement«] führen werde). Krit. zu Smotrichs »Unterwerfungsplan« (»subdual plan«) und seiner Durchsetzung auch Kretzmer 2023: 408 ff.

79 Erster Teil, Vorbemerkungen, bei Endnote 5 mit Haupttext.

80 Hostovsky Brandes 2020b: 768, 785, 786; dies. 2021: 117 (verwischt »die Unterscheidung zwischen souveränem [...] und besetztem Gebiet« [»the distinction between sovereign [...] and occupied territory«]); The Israeli Law Professors' Forum for Democracy 2023: 4.

81 Siehe auch Megiddo et al. 2023 (»Die Durchführung einer Annexion stellt daher wohl auch die Auferlegung eines institutionalisierten Regimes der systematischen Unterdrückung und Beherrschung einer rassischen Gruppe über eine andere dar, mit der Absicht, dieses Regime aufrechtzuerhalten, auch bekannt als Apartheid« [»Undertaking annexation therefore arguably further constitutes an imposition of an institutionalized regime of systematic oppression and domination by one racial group over the other, with the intention of maintaining this regime, otherwise known as apartheid«]).

82 Z. B. Zilbershats 2013: 922–4 (mit dem Argument, dass »Israels Handlungen, auch wenn sie manchmal repressiv sind, durch klare und legitime Sicherheitsbedenken ausgelöst werden« [»Israel's actions, while sometimes repressive, are caused by clear and legitimate security concerns«] [923], allerdings ausschließlich unter Berufung auf die Rechtsprechung des OG); Kontorovich 2021 (»mörderische Welle des Terrors« [»murderous wave of terror«]).

83 Eines der berüchtigsten Beispiele ist die Straße 443 (Bethoron Ascent), die Tel Aviv mit Jerusalem verbindet und durch das Westjordanland führt, vgl. Schneider 2023: 72 f., 76; krit. B'Tselem 2011.

84 Siehe z. B. AI 2022: 263 (»viele der Verstöße [...] sind einfach nicht durch Sicherheit zu rechtfertigen« [»many of the violations [...] simply no justification in security«]). Siehe auch ICJ (IGH) 2004: paras. 123 ff. (schlussfolgernd, dass der Gerichtshof »nicht davon überzeugt ist, dass der spezifische Verlauf, den Israel für die Mauer gewählt hat, notwendig war, um seine Sicherheitsziele zu erreichen [...] der Weg kann nicht durch militärische Erfordernisse oder [...] nationale Sicherheit oder öffentliche Ordnung gerechtfertigt werden« [»it is not convinced that the specific course Israel has chosen for the wall was necessary to attain its security objectives [...] route cannot be justified by military exigencies or [...] national security or public order.«], para. 137).

85 Für eine differenzierte Analyse der legitimen Sicherheitsbedenken im Gegensatz zu rein politischen Erwägungen siehe Kretzmer und Ronen 2021: 311–4.

86 HRC 2022b: para. 79 (»Eine beträchtliche Anzahl der von Israel im Westjordanland durchgeführten politischen Maßnahmen und Aktionen zielt nicht darauf ab, diese Bedenken zu zerstreuen, sondern die Sicherheit wird häufig als Rechtfertigung für die territoriale Ausdehnung Israels benutzt« [»a significant number of the policies and actions implemented by Israel in the West Bank are not intended to address these concerns, but rather that security is often used to justify the territorial expansion of Israel.«]); Lynk 2022: para. 47 (»die Absicht Israels beim Bau der Siedlungen war nie in erster Linie die Sicherheit ..., sondern sicherzustellen, dass es so viel Land wie möglich behält« [»The intention of Israel in building the settlements was never primarily about security or increasing the incentive of neighbouring Arab States to negotiate a final peace agreement, but to ensure that it retained as much of the land as possible.«]); HSRC 2009: 22 (die Berufung auf die Sicherheit »verdeckt die eigentliche Absicht, Widerspruch gegen sein Herrschaftssystem zu unterdrücken« [»to mask a true underlying intent to suppress dissent to its system of domination«]); AI 2022: 17, 19, 32 f., 263–5 (Politik »unter dem Deckmantel« [»under the guise«] der Sicherheit und »pauschal umgesetzt« [»implemented in a blanket manner«]; »keine vernünftige Grundlage in der Sicherheit« [»no reasonable basis in security«]).

87 Vgl. Gross 2017: 37, 45, 153 (Errichtung und anschließender Schutz der Siedlung aufgrund eines »vagen Konzepts von Sicherheitsüberlegungen« [»a vague concept of security considerations«] [45]).

88 Asseburg 2022: 3 (»Zersplitterung des palästinensischen Territoriums in voneinander isolierte Enklaven«).

89 Vgl. ESCWA 2017: 37 ff. (vier Bereiche oder Gruppen von Palästinensern unterscheidend, nämlich israelische Staatsbürger, Bewohner von Ost-Jerusalem, Bewohner des Westjordanlands und des Gazastreifens sowie Flüchtlinge und Exilanten).

90 Jackson 2022: 849; ähnlich Baldwin und Max 2021 (Verletzung von Menschenrechten »en masse« nicht gerechtfertigt). Dies ergibt sich auch aus Art. 26 ILC-Entwurf zur Staatenverantwortung (ILC 2001), wonach die »Unrechtmäßigkeit« (»wrongfulness«) eines Verstoßes gegen »eine zwingende Norm des allgemeinen Völkerrechts« (»a peremptory norm of general international law«) niemals ausgeschlossen werden kann.

91 Zutreffend Baldwin und Max 2021. Für eine solche Rechtfertigung jedoch NGO Monitor 2021: 35 ff. (46) und Kern 2021 (die argumentieren, dass »oppression« durch »reasonableness« eingeschränkt werde, weshalb Diskriminierung durch eine Besatzungsmacht nicht willkürlich und nicht per se unterdrückerisch sei). Doch abgesehen davon, dass diese Ansicht inhaltlich unzutreffend ist (siehe bezüglich der Besatzung bereits erster Teil, Abschnitt V.), so kann sie nicht auf die abweichende Meinung von Richter Tanaka im Südwestafrika-Urteil des IGH vom 18. Juli 1966 (ICJ Reports 1966, S. 250 ff. [306–10]) gestützt werden. Denn zwar diskutiert dieser das Konzept der »reasonableness« (im Sinne von Gerechtigkeit [»justice«]) als Rechtfertigung für eine ungleiche (nicht willkürliche) auch im Zusammenhang mit Apartheid und hält insoweit eine Rechtfertigung »in some matters« für möglich (ebd., 305), doch betrachtet er Diskriminierung als Folge von Apartheid ausdrücklich als »illegal ob gut- oder bösgläubig« (ebd., 309) und die entsprechenden Maßnahmen als meist »unreasonable« (ebd., 310) betrachtet.

92 Zu dieser dualen Definition jüngst ICJ 2024b: para. 192 ff., wonach die unterschiedliche Behandlung etc. einerseits auf einem der genannten (verbotenen) Gründe beruhen muss und andererseits den Zweck bzw. die Wirkung haben muss, die Menschenrechte der betroffenen Gruppe einzuschränken (para. 195). Doch auch dem ersten Anschein nach »neutrale« Maßnahmen können eine rassistische Diskriminierung darstellen, wenn ihre Wirkungen zeigen, dass sie tatsächlich auf einem der verbotenen Gründe beruhen; bloße Nebenfolgen oder Sekundäreffekte stellen aber für sich genommen (»in and of themselves«) keine relevante Diskriminierung dar (para. 196).

93 CERD 2012: para. 24 (»weist den Vertragsstaat auf seine Allgemeine Empfehlung 19 (1995) zur Verhütung, zum Verbot und zur Beseitigung aller Politiken und Praktiken der Rassentrennung und Apartheid hin und fordert den Vertragsstaat nachdrücklich auf, unverzüglich Maßnahmen zu ergreifen, um solche Politiken oder Praktiken zu verbieten und zu beseitigen, die die palästinensische Bevölkerung in den besetzten palästinensischen Gebieten schwerwiegend und unverhältnismäßig beeinträchtigen und die gegen die Bestimmungen von Artikel 3 des Übereinkommens verstoßen« [»draws the State party's attention to its General Recommendation 19 (1995) concerning the prevention, prohibition and eradication of all policies and practices of racial segregation and apartheid, and urges the State party to take immediate measures to prohibit and eradicate any such policies or practices which severely and dispro-

portionately affect the Palestinian population in the Occupied Palestinian Territory and which violate the provisions of article 3 of the Convention«]); CERD 2020: paras. 22f. (Besorgnis ausdrückend wegen »Segregation« und »hermetischem Charakter der Trennung« [»hermetic character of the separation«]) in den besetzten Gebieten und Israel auffordernd, Art. 3 Antirassismuskonvention vollständig umzusetzen [»to give full effect to Art. 3 ICERD«]); siehe auch HRCt 2014: para. 7 (Bedenken äußernd, dass »die jüdische und die nichtjüdische Bevölkerung […] unterschiedlich behandelt werden« [»Jewish and non-Jewish population are treated differently …«]).

94 Richtig Quigley 1991: 226 (»Herrschaft einer rassischen Gruppe über eine andere« [»domination by one racial group over another«]); Lingaas 2020: 155ff. und dies. 2021; auch NGO Monitor 2021: 48; die beiden Konzepte vermengend van den Herik und Braga da Silva 2022: Rn. 269.

95 S. schon erster Teil, Abschnitt II bei Endnote 47.

96 »Rassismus« ist in Art. 114A des israelischen Strafgesetzbuchs ähnlich weit wie in Art. 1 Antirassismuskonvention; definiert, nämlich als »Verfolgung, Erniedrigung, Entwürdigung, Zurschaustellung von Feindschaft, Feindseligkeit oder Gewalt oder Verursachung von Gewalt gegen die Öffentlichkeit oder Teile der Bevölkerung wegen ihrer Hautfarbe, Rassenzugehörigkeit oder nationalen ethnischen Herkunft« (»persecution, humiliation, degradation, a display of enmity, hostility or violence, or causing violence against a public or parts of the population, all because of their color, racial affiliation or national ethnic origin«).

97 Zu Recht gegen diese Art der menschenrechtlichen Erweiterung des objektiven Tatbestands (»rassische Gruppe« [»racial group«]) des Apartheidverbrechens Lingaas 2015b: 485, 515 (»Die menschenrechtliche Definition sollte im Völkerstrafrecht nur mit Vorsicht angewandt werden« [»human rights' definition should be applied to international criminal law only with cautiousness«]); dies. 2020: 160ff. (164), 175, 185; dies. 2021 (»fragwürdig, eine strafrechtliche Bestimmung unter Rückgriff auf ein menschenrechtliches Konzept auszulegen« [»questionable to interpret a criminal law provision by reverting to a concept of human rights law«]). Dennoch wird diese expansive Auslegung häufig befürwortet, meist im Anschluss an HSRC 2009: 153 sowie Dugard und Reynolds 2013: 886f. (beide leiten eine »weite« Auslegung von »rassisch« aus der weit gefassten Definition von »Rassendiskriminierung« in Art. 1 Antirassismuskonvention ab, insbesondere »einschließlich der Abstammung oder der nationalen oder ethnischen Herkunft« [»including descent or national or ethnic origin«], und argumentieren somit, dass eine »Rassengruppe« für die Zwecke der Apartheid »nicht auf eine enge Konstruktion« der »Rasse« beschränkt sein muss [»need not be limited to a narrow construction«]). Siehe in diesem Sinne auch Hall 2008: Rn. 124f. (mit dem Argument, dass die Verfasser des IStGH-Statuts nicht die Absicht hatten, eine restriktivere Definition einzuführen); Russell Tribunal 2011: paras. 5.11f., 5.20 (Bedeutung des Begriffs »Rassen-

gruppe« im Sinne des ICERD); Lynk 2022: para. 32 sowie IHRC und Addameer 2022: 7 (beide definieren »Rasse« und »Rassengruppe« im weitesten Sinne unter Bezugnahme auf Art. 1 Antirassismuskonvention; IHRC und Addameer beziehen sich zusätzlich auf »Rassismus«, wie er im israelischen StGB, s. vorherige Endnote, definiert ist); ESCWA 2017: 3, 22 (siehe aber auch die Erörterung der Abstammung als Merkmal von »Rassengruppen«, 22 ff.); Werle und Jessberger 2020: Rn. 1114 und dies. 2022: Rn. 131 (weite Auslegung des Begriffs »rassische Gruppe« im Sinne von »Rassendiskriminierung«); in ähnlicher Weise van den Herik und Braga da Silva 2022: Rn. 269, wenn sie über die »ursprüngliche Bedeutung« [»original meaning«] von »Rasse« hinausgehen (ohne allerdings diese ursprüngliche Bedeutung zu definieren) und sie diese durch »Bezugnahme auf die umfassenderen diskriminierenden Verfolgungsgründe« [»broader discriminatory grounds of persecution«] erweitern und »andere Arten diskriminierender Herrschaft« [»other types of discriminatory domination«] durch »Argumente der Logik und Konsistenz« einbeziehen wollen (ohne dies weiter auszuführen); Asseburg 2022: 1. Interessanterweise akzeptiert auch Kern 2021 – der ansonsten den Apartheidvorwurf von HRW rundheraus ablehnt – die ICERD-Definition »zum Zweck der Bestimmung von Juden und Palästinensern als ›rassische Gruppen‹« [»for the purpose of establishing Jews and Palestinians as ›racial groups‹«] und wohl auch, dass Juden und Palästinenser »als Gruppen auf der Grundlage von ›Abstammung‹ oder ›nationaler oder ethnischer Herkunft‹« [»as groups based on ›descent‹ or ›national or ethnic origin‹«] betrachtet werden können. Jackson 2022: 850 f., verfolgt einen differenzierten Ansatz: Während er argumentiert, dass es »keinen Grund zu der Annahme gibt« (»[t]here is no reason to think«), dass die ICERD-Definition »nicht für die Idee von ›rassischen‹ Gruppen« im Rahmen des Apartheidverbots gilt« (»does not apply to the idea of ›racial‹ groups' under the apartheid prohibition), und dass es »seltsam wäre zu denken« (»it would be strange to think«), dass bestimmte Praktiken zwar eine »Rassendiskriminierung« (»*racial* discrimination«) darstellen können, aber nicht die »Beherrschung einer *rassischen* Gruppe« (»domination of a *racial* group« [Herv. im Original]) nach sich zögen, räumt er ein, dass »das Problem der Definition von ›Rasse‹ selbst bestehen bleiben könnte« (»there may remain the problem of defining ›race‹ itself«).

98 Vgl. *Jelisić*, TC Urteil 14.12.1999, IT-95-10-T, para. 70 (anstatt sich auf rein objektive Kriterien zu beziehen, ist es »angemessener« [»more appropriate«], den Status einer Gruppe aus der Perspektive derjenigen Personen zu bewerten, »die diese Gruppe vom Rest der Gemeinschaft abgrenzen wollen« [»who wish to single that group out from the rest of the community«], d. h. aus der Perspektive der mutmaßlichen Täter); vgl. *Krstić*, AC Urteil 19.4.2004, IT-98-33-T, para. 557 (»unter Verwendung der Stigmatisierung der Gruppe, insbesondere durch die Täter« [»using as a criterion the stigmatisation of the group, notably by the perpetrators of the crime«]); *Kayishema und Ruzindana*, TC II Urteil 21.5.1999, ICTR-

95-1-T, para. 98 (»Selbstidentifizierung« vs. »Identifizierung durch andere« [»self-identification« vs. »identification by others«]); siehe auch CERD 1990 (»Selbstidentifizierung durch die betroffene Person« [»self-identification by the individual concerned«]).

99 Die erste ICTR-Genozidverurteilung in *Akayesu* befürwortete sogar einen (fragwürdigen) objektiven Ansatz, der sich auf eine »konventionelle Definition der Rasse [...] auf der Grundlage der vererbbaren physischen Merkmale, die oft mit einer geografischen Region identifiziert werden, ungeachtet sprachlicher, kultureller, nationaler oder religiöser Faktoren« (»conventional definition of racial group [...] based on the hereditary physical traits often identified with a geographical region, irrespective of linguistic, cultural, national or religious factors«) stützte (*Akayesu*, TC Urteil 2.9.1998, ICTR-96-4-T, para. 514).

100 Siehe für eine frühe Entscheidung *Rutaganda* (ICTR- 96-3-T), TC I Urteil 6.12.1999, para. 56–8 (»subjektive Definition allein [...] nicht ausreichend« [»subjective definition alone [...] not enough«], sondern kontextspezifisch und von Fall zu Fall). Ebenso Lingaas 2015b: 499 ff. (»Ad-hoc-Tribunale [...] stützten sich in den meisten Fällen nicht nur auf den subjektiven Ansatz, sondern verlangten auch bestimmte objektive Elemente« [»ad hoc [...] tribunals did in most cases not rely purely on the subjective approach, but demanded certain objective elements as well« 499], »fehlende Kohärenz in den ICTR-Urteilen« [»lack of coherence in the ICTR judgments«, 505], »Bevorzugung eines subjektiven Ansatzes [...] mit Berücksichtigung bestimmter objektiver Elemente« [»favour a subjective approach [...] with consideration of certain objective elements«, 509], »kein dominanter Ansatz« [»no dominant approach«, 510]); siehe auch Lingaas 2020: 103 ff., 137–9 (mit Diagramm), 140, 141 (»große Diskrepanz« [»wide discrepancy«]); für einen Überblick über die Rechtsprechung siehe auch Ambos 2022c: 6–8.

101 S. etwa Lingaas 2015b: S. 485, 490 f., 493 ff., 515 f.; Lingaas 2020: 137, 141, 235; Jackson 2021: para. 19; ders. 2022: 851.

102 Zunächst in zwei Aufsätzen (Lingaas 2015a und 2015b), die die Grundlage für ihre spätere Monografie bildeten (Lingaas 2020).

103 Lingaas 2015b: S. 512 f. (mit der zutreffenden Feststellung, dass »eine praktisch unbegrenzte Anzahl geschützter Gruppen existieren könnte [...] wodurch die Gefahr einer Ausweitung der Definition einer rassischen Gruppe besteht, die jede Art von diskriminierender Klausel einschließt« [»a virtually unlimited number of protected groups could exist [...] thereby risking an expansion of the definition of a racial group to include any kind of discriminatory clause«]); siehe aber auch Lingaas 2020: 4 (»subjektive Definition« [»subjective definition«]), 137, 235 (sogar »rein subjektiv« [»purely subjective«]).

104 Lingaas 2015b: 513 (eine »combination of a subjective approach [...] with objective elements« ablehnend, weil die mögliche Erweiterung »is not necessarily narrowed by the requirement of a certain degree of objectivity«).

105 Lingaas 2015b: 516 (»double subjective approach, allowing for either self-perception, the perpetrator's perception or a combination of both«); auch Lingaas 2020: 139.

106 Lingaas 2015b: 516 (»It is [...] suggested that race should be interpreted to include the perception and/or self-perception – the so-called double subjective approach, allowing for either self-perception, the perpetrator's perception or a combination of both – for reasons of perceived racial or ethnical differences.«).

107 Vgl. Lingaas 2015b: 514 (Berücksichtigung des konkreten »politischen, kulturellen und sozialen Umfelds« als »Schritt in die richtige Richtung« [»political, cultural and social setting« as [»step into the right direction«]).

108 Lingaas 2015a: 86; später Lingaas 2020: 142 ff.

109 Lingaas 2020: 2 f., 6, 32 f., 35, 139, 164, 175 f., 232.

110 Das sozio-anthropologische Verständnis wurde auch in Lingaas 2015b: 486 (»social construct that includes a combination of personal and social attributes«) sowie 491 ff., 511 (»social construct«) diskutiert, aber durch ihre völkerstrafrechtliche Analyse (493 ff.) etwas verdrängt. In diesem Sinne auch HSRC 2009: 17, 153 f., 157; Russell Tribunal 2011: para. 5.12, 5.20; Dugard und Reynolds 2013: 885 f. (»sozial konstruierte Identitäten in einem bestimmten lokalen Umfeld« [»socially constructed identities in a given local setting«]), 889 (»dominante Gruppe konstruiert eine untergeordnete Bevölkerung als rassisch verschieden« [»dominant group constructs a subordinate population as racially distinct«]); Lynk 2022: para. 32 (zitiert Lingaas); ESCWA 2017: 21–2; Yesh Din 2020: 9; NGO Monitor 2021: 47, 49 (»constructed upon«, »otherness«); Barskanmaz und Samour 2020 (»das Antidiskriminierungsgesetz versucht, die Aspekte, auf denen die Diskriminierung beruht, nicht als objektive Eigenschaft, sondern als soziale Konstrukte zu betrachten, die Ungleichheit konstituieren«); Winant 2000: 172 (»Rasse kann als ein Konzept definiert werden, das soziopolitische Konflikte und Interessen in Bezug auf verschiedene Arten von menschlichen Körpern bezeichnet und symbolisiert [...] die Auswahl [...] bestimmter menschlicher Merkmale zum Zwecke der rassischen Bezeichnung ist immer und notwendigerweise ein sozialer und historischer Prozess.« [»race can be defined as a concept that signifies and symbolizes sociopolitical conflicts and interests in reference to different types of human bodies [...] selection of [...] particular human features for purposes of racial signification is always and necessarily a social and historical process.«]); für einen ähnlichen analytischen Ansatz Waquant 2023: 9 f. (»›Race‹ als eine verleugnete Modalität von Ethnizität zu begreifen, die die Verweigerung von Ehre und die Naturalisierung, Verstetigung und Homogenisierung von Ungleichheit mit sich bringt. Für eine Soziologie rassischer Herrschaft besteht die zentrale Aufgabe darin aufzudecken, wie ein System ethnorassischer Klassifizierung geschaffen, eingeimpft und auf ein System ethnorassischer Stratifizierung abgebildet wird, d. h. da-

rin, ›Rasse‹ als eine besondere Modalität der ›Herstellung von Gruppen‹ zu begreifen.«).

111 Lingaas 2015a: 101 (»people discriminate because someone is *perceived* as being different. In other words, if a group is *perceived* and treated as a distinct racial group, it would qualify as a racial group in the meaning of the crime of apartheid, despite the lack of any ›objective‹ differences between the groups to which the victim and the perpetrator belong to«, Hervorhebung K. A.); vgl. auch Jackson 2021: para. 19.

112 Lingaas 2015a: 114 (»the two groups in the OPT could indeed be characterised as two racial groups«).

113 So noch das *Akayesu* Urteil, o. Endnote 99. Für eine Kritik an dieser traditionellen Sichtweise siehe Lingaas 2015b: 487, 488; kritisch aus wissenschaftlicher Sicht Goodman 2020 (argumentierend, dass es keine biologische oder genetische Grundlage für rassische Klassifizierungen gibt).

114 Lingaas 2021 (»race is real because thoughts, perceptions and behaviour are constructed upon it, but is has no biological foundation.«; weiter argumentierend, dass es »keine vordefinierten Kriterien zur Bestimmung der ›Rasse‹ gibt, sondern dass diese auf der Wahrnehmung als ihre Rasse beruht, die in der Regel Elemente des Phänotyps beinhaltet« [»there are no pre-defined criteria to determine the ›race‹, but is based on the perception on their race, which commonly involves elements of phenotype«]); siehe auch Lingaas 2020: 35–37 (eher »Ausdruck sozialer Hierarchien [...] als biologischer oder genetischer Unterschiede« [»reflection of social hierarchies [...] than biological or genetic differences«]), 231.

115 Äußerungen, die die palästinensische Identität leugnen – wie die Aussage von Minister Smotrich, dass es »so etwas wie ein palästinensisches Volk nicht gibt« (»There is no such thing as a Palestinian people«, <https://edition.cnn.com/2023/03/21/middleeast/israel-smotrich-palestinians-intl/index.html>) –, mögen zwar rassistisch begründet sein, sie gehen aber über eine rassistische Zuschreibung hinaus, weil sie den Palästinensern den Volks- bzw. Gruppencharakter, ihre Identität, überhaupt absprechen. Solche Äußerungen haben allerdings Tradition. Am berühmtesten ist wohl de Äußerung der damaligen israelischen Premierministerin Golda Meir im Interview mit der Sunday Times vom 15.6.1969, in dem sie sagte, dass »so etwas wie Palästinenser« nicht existierte, als die Juden ins Land kamen (»There was no such thing as Palestinians«, zit. nach <https://en.wikipedia.org/wiki/There_was_no_such_thing_as_Palestinians>)

116 Zu anderen Faktoren (Äußerungen, Praktiken), die in diesem Zusammenhang Rückschlüsse zulassen, siehe auch Lingaas 2020: 235 f.

117 HSRC 2009: 17, 157 ff., 271 (»Jüdische« und »palästinensische« Identitäten [...] sind sozial konstruiert als Gruppen, die sich durch Abstammung oder Herkunft sowie Nationalität, ethnische Zugehörigkeit und Religion unterscheiden« [» ›Jewish‹ and ›Palestinian‹ identities [...] socially cons-

tructed as groups distinguished by ancestry or descent as well as nationality, ethnicity, and religion«] und daher »als ›rassische Gruppen‹ im Sinne der Definition angesehen werden können« [»can be considered ›racial groups‹ for the purposes of the definition«] [17, 163]); Russell Tribunal 2011: para. 5.20 (»zwei unterschiedliche, identifizierbare Gruppen im praktischen Sinne« [»two distinct, identifiable groups exist in a very practical sense«]); Dugard und Reynolds 2013: 889–91 (zwar anerkennend, dass die »Entstehung und Entwicklung jüdischer und palästinensischer Identitäten bemerkenswert komplex sind« [»formation and evolution of Jewish and Palestinian identities are remarkably complex«], aber im Ergebnis schlussfolgernd, dass für die Zwecke der völkerrechtlichen Definition von Apartheid »die Auslegung von Rassengruppen [...] ausreichend weit gefasst erscheint, um jüdische Israelis und palästinensische Araber als unterschiedliche Gruppen zu verstehen« [»the interpretation of racial groups [...] appears sufficiently broad to understand Jewish Israelis and Palestinian Arabs as distinct groups«], nämlich »konstruiert als Gruppen, die sich durch Abstammung oder Herkunft sowie ethnische Zugehörigkeit, Nationalität und Religion unterscheiden« [»constructed as groups distinguished by ancestry or descent as well as ethnicity, nationality, and religion«] und somit als solche »in einer Reihe von Formen innerhalb der Parameter der Rassendiskriminierung nach den internationalen Menschenrechten voneinander unterschieden werden« [»distinguished from each other in a number of forms within the parameters of racial discrimination under international human rights law.«]; Juden »als eine Gruppe, die auf Abstammung und/oder ethnischer oder nationaler Herkunft beruht« [»as a group based on descent and/or ethnic or national origin«], Palästinenser als eine »Gruppe, die in erster Linie durch die nationale Herkunft definiert ist« [»group defined primarily by national origin«]; »Juden und Palästinenser [...] werden sowohl von ihnen selbst als auch von externen Akteuren als stabile und dauerhafte Gruppen konstruiert und wahrgenommen, die sich voneinander unterscheiden, und können daher als unterschiedliche rassische Gruppen für die Zwecke der Definition von Apartheid betrachtet werden« [»Jews and Palestinians [...] constructed and perceived both by themselves and by external actors as stable and permanent groups distinct from each other, and therefore can be considered as different racial groups for the purposes of the definition of apartheid.«]) [891]); ESCWA 2017: 21 ff. (mit Schwerpunkt auf den Identitäten von Juden und Palästinensern »im lokalen Umfeld« [»local environment«] und auf »Rassengruppen« [»racial groups«] durch Abstammung); IHRC und Addameer 2022: 7 (mit Verweis auf Dugard und Reynolds 2013 in Fn. 26); Lynk 2022: para. 33 (»Jüdische Israelis und palästinensische Araber können als unterschiedliche rassische Gruppen verstanden werden, die sich durch ihre Nationalität, ethnische Zugehörigkeit, Religion, Abstammung und Abstammung unterscheiden« [»Jewish Israelis and Palestinian Arabs may be understood as distinct racial groups distinguished by their nationality, ethnicity, religion, ancestry and descent«]; Politik/Gesetzgebung definieren, »wer ein Jude ist und wer kein Jude ist (die nichtjüdische Bevölkerung ist überwiegend palästinensisch)« [»who is a Jew and who is not a Jew (the non-Jewish population being overwhelmingly Palestinian«]); noch umfassender Yesh Din 2020: 26 f. (zwei »Rassengruppen« auf der Grundlage der Nationalität). Zu beachten ist allerdings, dass es unmöglich ist, »rassische Gruppen« auf stabile oder universelle Weise zu definieren, vgl. Goodman 2020.

118 S. Endnote 97.

119 Lingaas 2021 (»their group membership«, »based on an understanding of their lesser value and (racial) inferiority«); allgemein zur »Minderwertigkeit« als Teil des rassischen/rassistischen Denkens Lingaas 2020: 3, 32, 164, 175; zum »Minderwertigkeits«-Argument in unserem Zusammenhang siehe auch Dugard und Reynolds 2013: 904 (Erhebung der »Juden in einen höheren Status« [»Jews to a higher status«], »Vorherrschaft der »überlegenen« über die »minderwertige« Gruppe« [»domination of the ›superior‹ over the ›inferior‹ group«]); zu Arabern als »nicht gleichwertige« Menschen, d. h. ihrer (rassischen) Minderwertigkeit siehe auch Mendel 2023: 12.

120 Lingaas 2021 (»the ›others‹, a separate, ostensible distinguishable, identity group«, »racialized perception of the Palestinian group membership«). Vgl. Waxman 2023: 1. Allerdings ist Lingaas' Zitat aus der HRC-Resolution S-30/1 vom 27.5.2001 (Einrichtung einer Untersuchungskommission zu den besetzten Gebieten und Israel), para. 1, etwas aus dem Zusammenhang gerissen: Der Verweis auf die »rassische« Identität ist dort allgemein und wird durch »national«, »ethnisch« und »religiös« ergänzt. In diesem Sinne offenlassend jüngst auch der IGH im von Südafrika angestrengten Verfahren gegen Israel wegen eines möglichen Genozids in Gaza, wo der Gerichtshof die Palästinenser als »national, ethnical, racial or religious group« im Sinne der Genozidkonvention bezeichnet (ICJ 2024a: para. 45).

121 UNGA 1975 (an die »unheilige Allianz zwischen südafrikanischem Rassismus und Zionismus« [»unholy alliance between South African racism and zionism«] in GV Res. 3131, 14.12.1973 erinnernd und feststellend, dass »Zionismus eine Form von Rassismus und Rassendiskriminierung ist« [»zionism is a form of racism and racial discrimination«]); krit. Rosenne 1978: 3, 45 ff.; NGO Monitor 2021: 7 f., 9 f. (mit der Behauptung, dass die »Sowjetunion eine zentrale Rolle bei der Verbreitung antizionistischer Propaganda als Teil [...] des Kalten Krieges spielte« [»Soviet Union played a central role in disseminating anti-Zionist propaganda as part [...] of the Cold War«], indem sie sich mit arabischen Staaten verbündete und »die internationale Bedrohung durch ihre jüdische Minderheit« [»international threat of its Jewish minority«] sah); zur Rolle der spätstalinistischen Sowjetunion auch Haury in Ullrich et al. 2024: 46. In diesem Zusammenhang ist überdies darauf hinzuweisen, dass GV-Resolution 3379 durch GV-Resolution 46/86 vom 16.12.1991

(aufgrund US-amerikanischen Drucks) aufgehoben wurde (NGO Monitor 2021: 10); krit. Erakat 2021.

122 Sayegh 2012: 214 (»Die zionistische *Rassenidentifikation* bringt drei Konsequenzen mit sich: *Rassenselbstsegregation, rassische Exklusivität* und *rassische Vorherrschaft*« als »Kern der zionistischen Ideologie« [»Zionist *racial identification* produces three corollaries: *racial self-segregation, racial exclusiveness* and *racial supremacy*« als »the core of the Zionist ideology«]), 215 (rassische Selbstsegregation »verlangt *rassische Reinheit und rassische Exklusivität*« [»demands *racial purity and racial exclusiveness*«], die die Vertreibung aller Nicht-Juden aus [...] Palästina erfordert), 216 (»Nirgendwo [...] hat sich der europäische Rassen-Suprematismus [...[so leidenschaftlich [...] für durchgehende rassische Ausschließlichkeit und für die physische Vertreibung der ›einheimischen‹ Bevölkerung ausgedrückt«) [»[N]owhere [...] has European race-supremacism expressed itself [...] so passionate [...] for thoroughgoing racial exclusiveness and for the physical expulsion of ›native‹ populations«], 217 (»*Rasseneliminierung*« [»*racial elimination*«] als »Motto des rassisch-suprematistischen europäischen Siedlerregimes in Palästina« [»motto of the race-supremacist European settler-regime in Palestine«] [alle Hervorhebungen im Original]; in gleicher Weise Erakat 2021; dagegen NGO Monitor 2021: 8f. (Sayeghs Ansichten in erster Linie *ad personam*, nämlich mit dem Hinweis auf seine Funktion als PLO-Exekutivkomiteemitglied und UN-Vertreter für die Delegation der arabischen Staaten verwerfend).

123 ESCWA 2017: 30ff. (»Israel as a racial State«, wobei das rassistische Element unter anderem von Organisationen wie der Jewish Agency und der Zionistischen Weltorganisation [World Zionist Organisation] betont werde und in der Unterscheidung zwischen Staatsbürgerschaft und Staatsangehörigkeit zum Ausdruck komme, wobei Letztere den Juden vorbehalten sei).

124 Vgl. Zilbershats 2013: 921 (»Trennung [...] nicht entlang rassischer Linien, sondern zwischen israelischen Bürgern und Palästinensern« [»separation [...] not along racial lines but between Israeli citizens and Palestinians«]); Koplow 2022 (»nicht ein rassischer, sondern ein nationaler Konflikt« [»not a racial conflict, but a national conflict«], »Einen Rassenkonflikt zu sehen, ist so ziemlich das ungeheuerlichste Beispiel dafür, dass man den Wald vor lauter Bäumen verfehlt« [»see a conflict over race is just about the most egregious possible example of missing the forest for the trees«]); Kontorovich 2021 (»no racial or ethnic distinctions in Israeli law«).

125 Dazu schon erster Teil, Abschnitt V.

126 ICJ 2021: para. 74ff. (81), deshalb in para. 105 schlussfolgernd, dass »nationale Herkunft« (»national origin«) nicht die »aktuelle Staatsangehörigkeit« (»current nationality«) umfasst; entgegen der weitergehenden Auffassung des CERD, wonach »eine unterschiedliche Behandlung aufgrund der Staatsangehörigkeit [...] eine Diskriminierung darstellt, wenn die Kriterien für eine solche Unterscheidung [...] nicht im Rahmen eines

legitimen Ziels angewandt werden und nicht in einem angemessenen Verhältnis zur Erreichung dieses Ziels stehen« (»differential treatment based on citizenship [...] will constitute discrimination if the criteria for such differentiation [...] are not applied pursuant to a legitimate aim, and are not proportional to the achievement of this aim«), vgl. CERD 2002: para. 4 sowie CERD 2019: paras. 53 ff. (59 f.), wo als weiteres Kriterium hinzugefügt wird, dass eine solche Differenzierung »zu einer Verweigerung grundlegender Menschenrechte von Nicht-Staatsangehörigen führt« (»in a denial of fundamental human rights of non-citizens.«) (para. 63).

127 Jackson 2021: para. 66 (»the mere fact that a distinction is based on nationality does not mean that differences in treatment cannot also entail a regime of oppression and domination by one racial group over another«); siehe auch ders. 2022: 851 f. (»Unterscheidungen auf der Grundlage der Staatsangehörigkeit können unter bestimmten Umständen mit einer operativen rassischen Klassifizierung in einem bestimmten Kontext übereinstimmen, d. h., die Staatsangehörigkeit kann einer Vorstellung von Rasse an einem bestimmten Ort und zu einer bestimmten Zeit entsprechen. In solchen Fällen auferlegte Herrschaftsregime können sowohl eine Diskriminierung aufgrund der Staatsangehörigkeit als auch eine Diskriminierung aufgrund der Rasse – und damit Apartheid – beinhalten.« [»distinctions on the basis of nationality may, in certain circumstances, coincide with an operative racial classification in a particular context – that is, nationality may track a conception of race in a certain place and time. Regimes of domination imposed in such cases may entail both discrimination on the basis of nationality and discrimination on the basis of race – and, thus apartheid.«] [852]).

128 Siehe auch Verbrechenselemente, Allgemeine Einführung, Nr. 2 Satz 1 (»Wie in Artikel 30 [...] ausgeführt, ist eine Person nur dann strafrechtlich verantwortlich und für ein Verbrechen, das der Gerichtsbarkeit des Gerichtshofs unterliegt, strafbar, wenn die wesentlichen Elemente vorsätzlich und wissentlich begangen werden« [»As stated in article 30 [...] a person shall be criminally responsible and liable for punishment for a crime within the jurisdiction of the Court only if the material elements are committed with intent and knowledge.«]).

129 Art. 30 Abs. 1 IStGH-Statut spricht von »intent and knowledge«, wobei der durchaus strittige Begriff des »intent« hier voluntativ zu verstehen ist, weil sich sonst eine Redundanz zum kognitiven Element (»knowledge«) ergäbe, näher Ambos 2021a: 363 ff.

130 Die »Verbrechenselemente« (»EoC«) wurde von den IStGH-Vertragsstaaten als erläuterndes Zusatzinstrument zu den Verbrechenstatbeständen der Art. 5 bis 8bis IStGH-Statut verabschiedet, vgl. Ambos 2018: § 6 Rn. 31.

131 Es handelt sich insoweit um sieben »Elements« zum Apartheidverbrechen, auf die wir, soweit relevant, im folgenden Haupttext eingehen werden.

132 Vgl. EoC, General Introduction, Nr. 2 Satz 2 (»Wird in den Verbrechenselementen nicht auf ein psychisches Element für eine bestimmte Handlung, eine Folge oder einen bestimmten Umstand verwiesen, so gilt das entsprechende psychische Element, d.h. Absicht, Wissen oder beides, wie in Artikel 30 dargelegt« [»Where no reference is made in the Elements of Crimes to a mental element for any particular conduct, consequence or circumstance listed, it is understood that the relevant mental element, i.e., intent, knowledge or both, set out in article 30 applies«]).

133 EoC, Element 7 zu Art. 7(1)(j): »The perpetrator knew that the conduct was part of or intended the conduct to be part of a widespread or systematic attack against a civilian population«.

134 Das ergibt sich auf dem subsidiär geltenden allgemeinen Vorsatzerfordernis des Art. 30 IStGH-Statut, der auch das (spezifische) Kontextelement einschliesst.

135 EoC, Element 3 zu Art. 7(1)(j): »The perpetrator was aware of the factual circumstances that established the character of the act«.

136 EoC, Element 2 mit Fn. 29 zu Art. 7(1)(j) (»nature and gravity of the act«).

137 EoC, General Introduction, Nr. 4 (»In Bezug auf psychische Elemente, die mit Elementen verbunden sind, die ein Werturteil beinhalten, wie z.B. die Verwendung der Begriffe ›unmenschlich‹ oder ›schwer‹, ist es nicht erforderlich, dass der Täter persönlich ein bestimmtes Werturteil abgegeben hat, sofern nicht anders angegeben« [»With respect to mental elements associated with elements involving value judgement, such as those using the terms ›inhumane‹ or ›severe‹, it is not necessary that the perpetrator personally completed a particular value judgement, unless otherwise indicated«]).

138 EoC, Element 5 zu Art. 7(1)(j) lautet: »Der Täter hatte die Absicht, dieses Regime durch sein Verhalten aufrechtzuerhalten« (»The perpetrator intended to maintain such regime by that conduct«).

139 Das Gleiche gilt für das erforderliche (allgemeine) Wissen über die unmenschlichen Handlungen und den Kontext, vgl. EoC, Elemente 3 und 7 zu Art. 7(1)(j).

140 Vgl. Art. 8 *bis* (1) IStGH-Statut (»durch eine Person, die in der Lage ist, die politische oder militärische Tätigkeit eines Staates tatsächlich zu kontrollieren oder zu lenken« [»by a person in a position effectively to exercise control over or to direct the political or military action of a State«]).

141 Art. 20(1) ILC Draft Code 1991 (ILC 1991) beschränkt den Straftatbestand auf einen »Anführer oder Organisator« (»leader or organizer«). Siehe dazu auch Clark 2008: 618.

142 Hall 2008: Rn. 126; van den Herik and Braga da Silva 2022: Rn. 270 mit Fn. 1199; für das gleiche Ergebnis Werle und Jessberger 2022: Rn. 132.

143 Clark 2008: 604; dagegen Dugard 2012: 203.

144 In Bezug auf die Zuständigkeit des IStGH ergibt sich dies auch aus seiner begrenzten Zuständigkeit für »natürliche« Personen gemäß Art. 25 Abs. 1 IStGH-Statut.

145 Siehe auch Art. 30 IStGH-Statut, der den Vorsatz (die subjektive Tatseite) in Bezug auf »eine [natürliche] Person« (»a person«) definiert.

146 S. erster Teil, Abschnitt II.

147 Da das Apartheidverbot eine zwingende Norm des Völkerrechts ist (s. schon erster Teil, Abschnitt II., bei Endnote 29), würde seine Verletzung (ILC 2001, Art. 2(b), 12–15) einen schweren Verstoß (»serious breach«) darstellen (ebd., Art. 40) und kollektive Gegenmaßnahmen nach sich ziehen (ebd., Art. 41, 48, 54). Siehe auch ICJ (IGH) 1971: para 16, 129–31; HSRC 2009: 14, 23, 28, 54, 282 ff.; Graefrath 1974: 193; Dugard und Reynolds 2013: 912 und kürzlich Clancy 2023: 537 (kollektive Gegenmaßnahmen im Falle von Rassendiskriminierung).

148 Es ist jedoch zu beachten, dass nach dem Recht der Staatenverantwortlichkeit der »objektive« oder »subjektive« Charakter der Verantwortlichkeit »von den Umständen, einschließlich des Inhalts der betreffenden Hauptpflicht, abhängt« (»depends on the circumstances, including the content of the primary obligation in question«), womit auch eine rein objektive Verantwortlichkeit möglich zu sein scheint; allerdings kann ein Erfordernis der Subjektivität (des Vorsatzes) in die Voraussetzung der Zurechnung gemäß Art. 2(a) ILC Draft Articles hineingelesen werden (vgl. Commentary on Article 2, para. 3, in *Yb ILC* (2001) Vol. II, Part Two, 34).

149 Jackson 2022: 848 unterscheidet insoweit nicht klar zwischen staatlicher und individueller Verantwortung (offenbar auf jene bezugnehmend durch ein »Staatsziel« [»State's goal«] und »Vertreter des Staates« [»agents of the State«], deren Handlungen dem Staat »zurechenbar« [»attributable«] sein können).

150 Siehe auch Jackson 2022: 847. Siehe auch – bezüglich Art. II ApKonv – HSRC 2009: 166 (»nicht mit möglichen Endzielen einer Politik der Beherrschung und Unterdrückung befasst. Vielmehr […] geht es um unmenschliche Handlungen, die zu dem Zweck begangen werden, ein System der Beherrschung und Unterdrückung durch eine rassische Gruppe gegenüber einer anderen zu errichten oder aufrechtzuerhalten« [»not concerned with any potential ultimate goals of a policy of domination and oppression. Rather […] concerned with inhuman acts committed for the purpose of establishing or maintaining a system of domination and oppression by one racial group over another.«]).

151 »Intent« hat in seinem Kern zwar eine willentliche Ausrichtung (Wunsch, Absicht usw.), aber der Begriff wird häufig nicht definiert oder im weiteren Sinne als allgemeiner Vorsatz verwendet; vgl. Williams und Baker 2021: para. 3.10; siehe auch Ambos 2021a: 363 f. mit Nachweisen zur Verwendung im voluntativen oder kognitiven Sinne.

152 Vgl. mit einer Zusammenfassung von Rechtsprechung und Lehre Ambos 2021a: 396–8; Ambos 2022c: 24; zustimmend Jackson 2022: 848.

153 Ambos 2021a: 396; ders. 2022c: 21.

154 Siehe auch Jackson 2022: 848.

155 Der Wortlaut des Apartheidverbrechens lässt aber keinen Raum für das – von Bultz 2013: 230 verlangte – weitere Absichtserfordernis, »diskriminierende Folgen herbeizuführen« (»to bring about discriminatory consequences«). Zwar ist es durchaus denkbar, dass ein Täter mit einer allgemeinen Diskriminierungsabsicht handelt, weil ein implizites Element des Apartheidverbrechens eben sein diskriminierender Charakter ist. Jedenfalls würde die Forderung nach einer spezifischen Diskriminierungsabsicht aber die Abgrenzung zum Verfolgungsverbrechen erschweren, setzt dieses Verbrechen doch genau diese Absicht voraus, vgl. Ambos 2022c: 124 f.

156 Stuckenberg 2007: 266 (»Die überschießende Absicht kann auf eine weitere (Basis-)Handlung (parallel zum unbeendeten Versuch: unvollkommenes zweiaktiges Delikt) oder auf eine weitere Folge der ausgeführten Handlung (parallel zum beendeten Versuch: erfolgskupiertes Delikt) gerichtet sein«). Siehe auch Puppe 2022: 454–58.

157 Clark 2008: 604; Dugard 2012: 203; auch Reynolds 2023: 130 (»schwieriger zu beweisen« [»more difficult to prove«]).

158 Vgl. McCormack 2004: 199 f. (insbesondere in Bezug auf die Bedenken der US-Delegation); krit. Hall 2008: Rn. 126; van den Herik und Braga da Silva 2022: Rn. 270.

159 Dies wird im Hinblick auf den Genozid und die insoweit erforderlich Zerstörungsabsicht von einigen Autoren befürwortet, vgl. Ambos 2022c: 22, 25 ff. (die Vorschläge anderer Autoren erörternd und selbst auf der Grundlage einer Kombination des struktur- und des wissensbasierten Ansatzes zwischen Tätern der unteren und der mittleren/höheren Ebene unterscheidend und für jene – im Sinne eines kognitiven Ansatzes – die bloße Kenntnis, dass sie Teil einer genozidalen Kampagne sind, für ausreichend haltend [27 ff.]).

160 Siehe insbesondere Greenawalt 1999: 2279 (der auf der Grundlage einer historischen und wörtlichen Auslegung argumentiert, dass der Begriff des »intent« in der Genozidkonvention und im nationalen (Straf-)Recht »mehrere Interpretationen« zulasse).

161 Ebenso Dugard 2012: 203 (»interprété strictement en faveur de l'accusé«); siehe auch Clark 2008: 604 (»zugunsten des Angeklagten ausgelegt« [»construed favorably to the accused«]).

162 Vor diesem Hintergrund kann es Verwirrung stiften, von einem »De-facto-Führungsverbrechen« (»*de facto* leadership crime«) zu sprechen; so van den Herik und Braga da Silva 2022: Rn. 270, die offenbar Dugard 2012: 203 missverstehen, denn er befürwortet keine Auslegung des Verbrechens als Führungsdelikt (o. Endnote 161), sondern bezieht sich aus – den auch hier im Haupttext genannten – praktischen Gründen nur auf die mögliche Strafverfolgung von Führungspersonen (»sauf dans le case de poursuites contre les *leaders* politiques«). In ähnlicher Weise den Schwerpunkt auf Führungspersonen legend Werle und Jessberger 2020: Rn. 1113; Stahn 2019: 69.

163 Dazu Volk 1993: 611. S. auch EoC, General Introduction, Nr. 3 (»Das Vorhandensein von Vorsatz und Wissen kann aus den relevanten Tatsachen und Umständen abgeleitet werden« [»Existence of intent and knowledge can be inferred from relevant facts and circumstances«]).

164 Vgl. Roberts und Zuckerman 2022: 119; Renno 2021: para. 1 f.; zur praktischen Bedeutung in internationalen Strafgerichten ebd.: Rn. 24–7; siehe auch EGMR, *Merabishvili v. Georgia*, Urteil vom 28.11.2017 (Appl. no. 72508/13), para. 317: »circumstantial evidence in this context means information about the primary facts, or contextual facts or sequences of events which can form the basis for inferences about the primary facts« (abrufbar unter <http://hudoc.echr.coe.int/>); s. auch Ambos 2016: 509.

165 Vgl. Anderson et al. 2005: 95, wo es heißt, dass der Beweis »die Schlussfolgerung ist, zu der man gelangt, nachdem man eine Bewertung der Ableitungen vorgenommen hat« (»the conclusion to be reached after the inferences have been evaluated«).

166 Ambos 2016: 510.

167 ICTY, *Jelisić*, AC Urteil, 5.7.2001 (IT-95-10-A), para. 47 (»the general context, the perpetration of other culpable acts systematically directed against the same group, the scale of atrocities committed, the systematic targeting of victims on account of their membership of a particular group, or the repetition of destructive and discriminatory acts.«). Zur neueren Rechtsprechung Ambos 2022c: 25; allgemein zur Verwendung von Indizienbeweisen in der gerichtlichen Praxis Ambos 2016: 509 f.

168 Vgl. HRC 2018: paras. 1419 ff. (fünf Faktoren ausmachend, die für die Feststellung einer genozidalen Absicht relevant sind); auch Jackson 2022: 849; zum aktuellen IGH-Verfahren wegen eines möglichen Genozid in Gaza s. insoweit Ambos 2024.

169 Siehe z. B. *Claiborne Hardware*, 458 U. S., S. 920 (allerdings einen deliktsrechtlichen Fall betreffend): »Für eine Haftung allein aufgrund der Vereinigung muss nachgewiesen werden, dass die Gruppe selbst rechtswidrige Ziele verfolgte und dass der Einzelne die konkrete Absicht hatte, diese rechtswidrigen Ziele zu fördern« (»For liability 26st h imposed by reason of association alone, it is necessary to establish that the group itself possessed unlawful goals and that the individual held a specific intent to further those illegal aims.«); BGH NJW 2010, 1979, 1983 (ein kollektiver, übergeordneter Vorsatz einer Vereinigung liegt vor, wenn ihre Mitglieder ein gemeinsames Ziel verfolgen, das über die individuellen Handlungen hinausgeht, und wenn sie koordiniert handeln: verfolgen »die Mitglieder der Organisation eine über den bloßen Zweckzusammenhang der Vereinigung hinausreichende Zielsetzung«, komme es »wesentlich auf die Existenz dieses Gemeinschaftswillens, nicht aber darauf an, nach welchen verbindlichen Regeln sich die Willensbildung im Einzelfall vollzieht.«); siehe auch Eidam 2015: 300 ff. (zur kollektiven Absicht), 319 ff. (zur partizipativen Zurechnung).

170 Vgl. Williams und Baker 2021: para. 5.16 (»wenn jemand bewusst und willentlich [»deliberately«] die Augen schließt, nicht wissen will, wird

Kenntnis vermutet« [»taken to know«]); Sarch 2019: 12 (»erforderliche Kenntnis [...] liegt vor, wenn der Angeklagte hinsichtlich des betreffenden Sachverhalt lediglich vorsätzlich unwissend war. Die Doktrin kann auf jeden Sachverhalt angewandt werden: vom Unterlassen der Prüfung, ob der Koffer, den man mitnehmen soll, Drogen enthält, bis hin zum Ignorieren der Möglichkeit, dass die eigenen Angestellten in Geldwäsche verwickelt sind. Diese Doktrin erlaubt es den Gerichten, solche Angeklagten so zu behandeln, als hätten sie das für eine Verurteilung erforderliche Wissen gehabt« [»requisite knowledge [...] present if the defendant was merely wilfully ignorant of the relevant proposition. [...] The doctrine can apply in any factual setting: from not looking to see if the suitcase one has been asked to carry contains drugs to turning a blind eye to the possibility that one's employees are engaged in money laundering. This doctrine allows courts to treat such defendants as if they had the knowledge required for conviction.«]). Für eine vergleichende (spanisch-anglo-amerikanische) Studie über das Konzept der vorsätzlichen Blindheit siehe Ragués i Vallès 2007. Für eine Diskussion im Hinblick auf die Vorgesetztenverantwortlichkeit Ambos 2021a: 313, 318 f.

171 Zu diesem Willenselement des *dolus eventualis* vgl. Ambos 2021a: 376 mit Rechtsprechungsnachweisen in Fn. 118. Siehe auch *United States v. Philip Morris USA, Inc.* 566 F.3d 1095, 1121 (D.C. Cir. 2009) (mit der Feststellung, dass das kollektive Wissen eines Unternehmens ausreichte, um den Geschworenen die Schlussfolgerung zu ermöglichen, dass es eine besondere Betrugsabsicht hatte).

172 Kenntnisnahme bedeutet, dass der »Angeklagte es wusste, weil ein normaler Mensch es gewusst hätte« (»defendant knew it because an ordinary person would have known it«), Kenntnisnahme durch bewusste Unkenntnis bedeutet, dass der Angeklagte »es hätte wissen müssen, weil eine vernünftige Person es gewusst hätte« (»should have known it because a reasonable person would have known it«), siehe Williams und Baker 2021: paras. 5.14 f.

173 ICTY, *Karadžić*, TC Urteil, 24.3.2016 (IT-95-5/18-T), para. 5814 (»beyond reasonable doubt«) vs. para. 5830 (»only reasonable inference available«). Auf der Ebene der Staatenverantworlichkeit geht der Test auf das IGH-Urteil im Genozidverfahren *Kroatien gegen Serbien* zurück, ICJ 2015: para. 148.

174 Für den »beyond reasonable doubt«-Test daher Ambos 2016: 510.

175 Siehe insbesondere Regel 140 Abs. 3 der Verfahrens- und Beweisregeln (Rules of Procedure and Evidence, RPE) des Kosovo Sondertribunals (Kosovo Specialist Chambers, KSC), wonach der »beyond reasonable doubt«-Maßstab bei Indizienbeweisen »nur dann erfüllt ist, wenn die Schlussfolgerung aus diesem Beweis die einzig vernünftige ist, die aus den vorgelegten Beweisen gezogen werden kann« (»is only satisfied if the inference from that evidence is the only reasonable one that could be drawn from the evidence presented.«); s. dazu KSC, *Gucati and Haradi-*

naj, Trial Judgement, 18.5.2022 (KSC-BC-2020-07), para. 37 und *Mustafa*, Trial Judgement, 16.12.2022 (KSC-BC-2020-05), para. 29. Zu weiterer Rechtsprechung s. ICC, *Bemba et al.*, Appeals Judgement, 8.3.2018 (ICC-01/05-01/13-2275), para. 868 (betonend, dass »lediglich *eine* vernünftige Schlussfolgerung« [»merely *a* reasonable conclusion«, Hervorhebung K. A.] nicht ausreicht); *Bemba*, Trial Judgement, 21.3.2016 (ICC-01/05-01/08-3343), para. 192 (bezüglich des »Nachweises des Geisteszustandes eines Angeklagten« [»proof of an accused's state of mind«]); zust. Dissenting Opinions Mmasenono und Hofmanski, *Bemba*, Appeals Judgment, 8.6.2016 (ICC-01/05-01/08-3636-Anx1.Red), para. 268 f.; STL, *Merhi and Oneissi*, Appeals Judgement, 10.3.2022 (STL-11-01/A-2/AC), para. 48, 55, 95 (einzige vernünftige Folgerung oder Schlussfolgerung aus allen Beweisen); siehe auch implizit ICC, *Ntaganda*, Appeals Judgement, 30.3.2021 (ICC-01/04-02/06-2666), para. 939 (»vernünftiger« Schluss der Mittäterschaft aus bestimmten Feststellungen, denn die Verteidigung »did not set out any alternative conclusion«); siehe auch HRC 2018: paras. 1434 ff. (andere vernünftige Schlussfolgerungen ausschließend). Zu beachten ist jedoch, dass der Test der einzigen vernünftigen Schlussfolgerung nicht anwendbar ist, wenn der Angeklagte selbst eine Schlussfolgerung auf der Grundlage von Indizienbeweisen zieht, denn er trägt nicht die Beweislast, vgl. ICTR, *Zigiranyirazo*, Appeals Judgment, 16.11.2009 (ICTR-01-73-A), para. 49.

176 Siehe z. B. ICC, *Lubanga*, Appeals Judgment, 1.12.2014 (ICC-01/04-01/06-3121), para. 22 (»holistic evaluation and weighing of *all the evidence taken together* in relation to the fact at issue«, Hervorhebung im Original). Siehe auch Ambos 2016: 452 mit weiteren Hinweisen in Fn. 55.

177 Vgl. implizit Renno 2021: para. 40.

178 Siehe z. B. HSRC 2009: 22, 271 ff., 277 (»Israel übt die Kontrolle in den besetzten Gebieten mit dem Ziel aus« [»Israel exercises control in the OPT with the purpose of«, 22]); Dugard und Reynolds 2013: 911 (»Die einzige Schlussfolgerung, die aus dem institutionalisierten und systematischen Regime von unmenschlichen Handlungen und Diskriminierung gezogen werden kann, ist, dass *Israel anstrebt*, sich die Vorherrschaft zu sichern ... Dass dies der Zweck der israelischen Besatzung ist [...] ein Beweis für die *Absicht*, die Vorherrschaft der Juden über die Palästinenser aufrechtzuerhalten.« [»only inference that can be drawn from the institutionalized and systematic regime of inhumane acts and discrimination [...] is that *Israel intends* to secure the domination [...]. That this is the *purpose* of Israel's occupation [...] evidence of an *intention* to maintain the domination of Jews over Palestinians«]) [Herv. K. A.]); Lynk 2022: para. 54 (»dieses System der Fremdherrschaft wurde mit der Absicht errichtet, die Vorherrschaft einer rassisch-national-ethnischen Gruppe über eine andere aufrechtzuerhalten« [»this system of alien rule has been established with the intent to maintain the domination of one racial-national-ethnic group over another«]); aber auch mit Verweis auf

konkrete Aussagen von Politikern, siehe u. Endnote 181); ESCWA 2017: 2 (Israels Gesetzgebung als Beweis für die Absicht, das Regime aufrechtzuerhalten), 6 (»das Regime wurde mit der Absicht entwickelt, [...] die Vorherrschaft [...] zu sichern« [»regime developed for the purpose of ensuring [...] domination«]); Yesh Din 2020: 31 ff. (Absicht abgeleitet aus Israels Politik und Verhalten, insbesondere dem Siedlungsprojekt, das auf eine schleichende Annexion hinausläuft: »Beweise [...] für Israels Absicht ... stark in dem Maße, in dem sie eindeutig, offensichtlich und endgültig sind« [»evidence [...] of Israel's intent [...] powerful to the point of being unequivocal, manifest and conclusive«, 32, Herv. im Original]; »Die offensichtliche, bewusste Politik der Enteignung, der Besiedlung und der schleichenden Annexion [...] verrät ihre Absicht, ihre Kontrolle zu zementieren und die Aufhebung der Souveränität und der Rechte der Palästinenser durchzusetzen« [»manifest, deliberate policy of dispossession, settlement and creeping annexation [...] gives away its intent to cement its control and perpetuate the suspension of sovereignty and Palestinians' rights«, 35]); AI 2022: 218 (Israels Absicht: »Aus der langen Dauer der grausamen und diskriminierenden Behandlung kann gefolgert werden, dass die Unterdrückung und Beherrschung der Palästinenser nicht zufällig ist« [»can be inferred from the prolonged nature of the cruel and discriminatory treatment, which indicates the non-accidental nature of the oppression and domination perpetrated against Palestinians«]); IHRC und Addameer 2022: 20 f. (»Die Gesamtheit der israelischen Handlungen und Maßnahmen ... zeigt die Absicht, eine jüdisch-israelische Vorherrschaft und Unterdrückung der Palästinenser zu etablieren und aufrechtzuerhalten [...] Israels Handlungen werden mit der Absicht durchgeführt, eine jüdisch-israelische Vorherrschaft über die Palästinenser zu etablieren und aufrechtzuerhalten« [»totality of Israeli actions and policies [...] manifests an intent to establish and maintain Jewish Israeli domination and suppression of Palestinians [...] Israel's actions are done with an intent to establish and maintain Jewish Israeli dominance over Palestinians«]) – In dem laufenden IGH-Gutachtenverfahren zur israelischen Politik im OPT (ICJ 2024c) haben sich – mit Palästina selbst – 20 Staaten den Apartheidvorwurf in allgemeiner Form zu eigen gemacht, darunter allerdings kein europäischer Staat, s. Stellungnahme Negm (Palästina), verbatim record CR 2024/4, 19.2.2024, S. 80 mit Nachweisen in Fn. 100 (eigene knappe Subsumtion auf S. 81 f.); s. beispielhaft die Stellungnahmen von Stemmet (Südafrika), verbatim record CR 2024/5, 20.2.2024, S. 18 f.; Webb (Belize), verbatim record CR 2024/6, 20.2.2024, S. 15 f. (Ableitung aus »scale and institutionalized nature« und »differing effects«, im Übrigen aber mit genozidaler Absicht vermengend und nicht auf Beweismaßstab eingehend); knapper Jallow (Gambia), verbatim record CR 2024/8, 21.2.2024, S. 31 f.; Wood (Jordanien), verbatim record CR 2024/9, 22.2.2024, S. 63 (Diskriminierung »tantamount to apartheid«); Al-Nasser (Kuwait), verbatim record CR 2024/10, 22.2.2024, S. 18; El Gehani (Lybien), ebd.,

S. 33 (Rassendiskriminierung und Apartheid gleichstellend); Dausab (Namibia), verbatim record CR 2024/11, 23.2.2024, S. 11 f. (Parallele zwischen südafrikanischer Apartheid in Namibia und Palästina); Okowa (Namibia), ebd., S. 14 ff.; Aslam (Pakistan), ebd., S. 42 f. (Parallele zu Südafrikas Besatzung von und Apartheid in Namibia); Wilde (League of Arab States), verbatim record CR 2024/13, 26.2.2024, S. 26, 28 (apartheid als »racial domination«); Chemillier-Gendreau (Organisation of Islamic Cooperation), ebd., S. 41; Sander (Maldiven), verbatim record CR 2024/14, 26.2.2024, S. 34.

179 In diesem Sinne zutreffend Yesh Din 2020: 20, 26 (die individualstrafrechtliche Verantwortlichkeit offenlassend, da die »spezifische Haftung« [»specific liability«] einer Person »nur individuell bestimmt werden kann, entsprechend den Erkenntnissen darüber, was die Person wusste und beabsichtigte« [»can only be determined individually, according to findings about what the person knew and intended«]).

180 Vgl. Hasan 2017.

181 Siehe Lynk 2022: para. 46 (u.a. mit einem Zitat von Premierminister Netanjahu aus dem Jahr 2019: »Ein palästinensischer Staat wird unsere Existenz gefährden [...]. Ich werde Jerusalem nicht teilen, ich werde keine Gemeinde [Siedlung] evakuieren und ich werde sicherstellen, dass wir das Gebiet westlich des Jordans kontrollieren.« [»A Palestinian state will endanger our existence [...]. I will not divide Jerusalem, I will not evacuate any community [settlement] and I will make sure we control the territory west of Jordan.«]) und abschließend in para. 54 (»israelische politische Führer, in der Vergangenheit und in der Gegenwart, haben wiederholt erklärt, dass sie beabsichtigen, die Kontrolle über das gesamte besetzte Gebiet zu behalten, um die Landanteile für gegenwärtige und zukünftige jüdische Siedlungen zu vergrößern, während sie die Palästinenser auf verbarrikadierte Bevölkerungsreservate beschränken.« [»Israeli political leaders, past and present, have repeatedly stated that they intend to retain control over all of the occupied territory in order to enlarge the blocs of land for present and future Jewish settlement while confining the Palestinians to barricaded population reserves«]). In demselben Jahr sagte Netanjahu, dass »Israel kein Staat aller seiner Bürger« sei, sondern vielmehr »der Nationalstaat des jüdischen Volkes und nur dieses« (»Israel is not a state of all its citizens«, but rather »the nation-state of the Jewish people and only them«), Benjamin Netanjahu in einem Instagram-Post vom 10. März 2019, instagram.com/p/BuoU2TAB-MNI; später wies er die Ablehnung der Siedlungen durch den UN-Sicherheitsrat mit dem Argument zurück, dass damit »das Recht der Juden, in unserer historischen Heimat zu leben, verweigert wird« (»denies the rights of Jews to live in our historic homeland«) <https://english.alarabiya.net/News/middle-east/2023/02/21/Netanyahu-blasts-UN-settlements-censure-as-denying-Jews-historic-rights-slams-US>. Unter Betonung des (religiösen) Identitätsdiskurses auch ESCWA 2017: 24 f.

182 Im Zusammenhang mit der jüngsten Ankündigung weiterer Siedlungen (o. Endnote 78) rechtfertigte Shlomo Ne'eman, Bürgermeister des Regionalrats von Gush Etzion und Vorsitzender des Yesha-Rats, die Ausweitung der Siedlungen damit, dass Israel die biblischen Namen »Judäa und Samaria« für das Westjordanland verwende, vgl. <https://www.reuters.com/world/middle-east/israel-set-approve-thousands-building-permits-west-bank-2023-06-18/>; siehe auch das Schreiben von Kabinettssekretär Yossi Fuchs an Adalah, 19. Juni 2023 (in dem von »Siedlungen in Judäa und Samaria« die Rede ist, über die »Israel das Recht hat, seine Souveränität durchzusetzen als Wiege der Geschichte des jüdischen Volkes« (»settlements in Judea and Samaria« über die »Israel has a right to impose its sovereignty [...] as [...] cradle of history of the Jewish people«), abrufbar unter <https://www.adalah.org/uploads/uploads/Response_Cabinet_Secretary_19_June_2023.pdf>. Für eine noch radikalere Ansicht siehe Smotrich 2017, o. EN 78 (für einen »rechten, zionistischen, glaubensbasierten Ansatz« [»rightwing, Zionist, faith-based approach«], der de facto auf eine Ein-Staaten-Lösung hinausläuft, da »im Land Israel kein Platz für zwei gegensätzliche nationale Bewegungen ist« [»there is no room in the Land of Israel for two conflicting national movements«], die »ausschließliche Zugehörigkeit der Juden zum Land Israel« [exclusive belonging to the Land of Israel«] betonend und sich auf einen orthodoxen Glauben an den »Staat Israel [...] unserer sich entfaltenden Erlösung« [»State of Israel ... of our unfolding redemption«], das »Schicksal und die Mission des jüdischen Volkes für die ganze Welt« [»destiny and mission of the Jewish People for the whole world«] berufend und einen »Sieg durch Siedlung« [»victory by settlement«], fordernd, wobei dies alles nicht auf Apartheid hinauslaufe). Zu solchen Äußerungen s. auch Lintl/Ullrich, in Ullrich et al. 2024: 89 und die »Settlements Bring Security« Konferenz in Jerusalem am 28.1.2024, dazu The Times of Israel, 30.1.2024, <https://www.timesofisrael.com/at-packed-jerusalem-conference-religious-far-right-dreams-big-of-resettling-gaza/>.

183 Dort heißt es wörtlich: »Das jüdische Volk hat ein exklusives und unveräußerliches Recht auf alle Teile des Landes Israel. Die Regierung wird die Besiedlung aller Teile des Landes Israel fordern und entwickeln – in Galiläa, Negev, Golan und Judäa und Samaria.« (zit. nach Lintl/Ullrich, in Ullrich et al. 2024: 90 mit Fn. 14). S. auch Adalah 2023: 1 ff. (Grundprinzipien und Koalitionsvereinbarung der neuen Regierung »verfestigen Israels institutionalisierte Politik der Segregation, Diskriminierung, Unterdrückung und Kontrolle gegenüber den Palästinensern« [»entrench Israel's Institutionalised policy of segregation, discrimination, oppression, and control against Palestinians«] [20]); auch Kretzmer 2023: 405 ff. Zu früheren Aussagen dieser Art siehe bereits Erster Teil, Vorbemerkungen, bei Endnote 8.

184 Vgl. Raday 2023: 4 (zwar gegen den Apartheidvorwurf, aber einräumend, dass Erklärungen gegen die Existenz eines palästinensischen Staats, zu-

sammen mit der Förderung von Siedlungen »auf die Absicht hinweisen, ein bestehendes Regime aufrechtzuerhalten« [»indicate the intention to maintain an existing regime«]); AI 2022: 218 (die Absicht folgernd »aus den Erklärungen aufeinanderfolgender israelischer politischer Führer verschiedener Parteien, die das übergreifende Ziel der Aufrechterhaltung der Identität Israels als jüdischer Staat und die Tatsache betont haben, dass dies die Verhinderung des vollen Genusses gleicher Rechte für die Palästinenser erfordert« [»from statements by successive Israeli political leaders of various political parties, who have emphasized the overarching objective of maintaining Israel's identity as a Jewish state and the fact that this is perceived to require preventing Palestinians from full enjoyment of equal rights.«]); Adalah 2023: 2, 22 (wonach die Leitprinzipien der neuen Regierung »auf die klare kriminelle Absicht der Koalitionsmitglieder hinweisen, [...] das Verbrechen der Apartheid zu begehen« [»indicate clear criminal intent of the coalition members [...] to commit [...] crime of apartheid«]).

185 Die kollektive Entscheidungsfindung, z. B. durch parlamentarische Abstimmungen, wirft eine Reihe weiterer Fragen auf, die mit der Bewertung der Stimmabgabe jedes einzelnen Mitglieds eines Kollektivorgans im Hinblick auf ihre konkrete (kausale) Auswirkung auf das Endergebnis/das strafbare Verhalten zusammenhängen; grundlegend dazu Dencker 1996: 179 ff., 217 ff.; zum Völkerstrafrecht siehe Ambos 2002/2004: 561 f.; aus der Perspektive der angloamerikanischen »conspiracy« siehe Ohlin 2007: 155–7, 194 f. (Relevanz bei engmaschigen horizontalen Verschwörungen).

186 Siehe auch Adalah 2018a: 5 (»Das Gesetz erklärt die Absicht zu diskriminieren« [»Law declares the intention to discriminate«]); vorsichtiger Medina/Bloch 2023: 316 (zwar Zweck der Änderung der verfassungsrechtlichen Identität Israel, aber keine »expliziten Vorschriften« zur Priorisierung der Interessen der jüdischen Bevölkerung).

187 Siehe für ein repräsentatives Beispiel einer rechtlichen Ansicht das gesonderte (aber zustimmende) Votum von Präsident Beinisch in *Abu Safiyeh v. Minister of Defence et al.*, Urteil vom 29.12.2009 (HCJ 2150/07), para. 6 (»Der große Abstand zwischen den Sicherheitsmaßnahmen, die der Staat Israel zur Verteidigung gegen den Terrorismus ergriffen hat, und den inakzeptablen Praktiken der Apartheidpolitik zwingt dazu, von jedem Vergleich oder der Verwendung des schlimmen Ausdrucks Abstand zu nehmen [...] nicht jeder Fall von unrechtmäßiger Diskriminierung stellt Apartheid dar [...] die Verhinderung von Bewegungsfreiheit [...] mit dem Verbrechen der Apartheid zu vergleichen, ist so extrem und übertrieben, dass es keinen Raum gab, es überhaupt anzusprechen« [»great distance between the security measures taken by the State of Israel in defending against terrorism and the unacceptable practices of the Apartheid policy oblige refraining from any comparison or use of the dire phrase [...] not every instance of wrongful discrimination constitutes Apartheid [...] comparing the prevention of movement [...] to the crime of

Apartheid is so extreme and exaggerated that there was no room to raise it at all«]), abrufbar (Übersetzung aus dem Hebräischen) unter <https://hamoked.org/document.php?dID=Documents1046>. Smotrich 2017 bestreitet ebenfalls, dass sein Ansatz auf Apartheid hinausläuft. Zu politischen Ablehnungen siehe z. B. die Erklärungen des Außenministeriums unter <https://edition.cnn.com/2022/02/01/middleeast/israel-apartheid-amnesty-intl/index.html> (»falsch und voreingenommen« [»false and biased«], »moderner Antisemitismus« [»modern antisemitism«], »doppelte Standards« [»double standards«]); NGO Monitor 2022b: 3 (gegen AI: »Lügen, Verzerrungen, Auslassungen und ungeheuerliche Doppelstandards, um ein betrügerisches und verleumderisches Narrative israelischer Grausamkeit zu konstruieren« [»lies, distortions, omissions, and egregious double standards to construct a fraudulent and libelous narrative of Israeli cruelty«]). S. schon Zweiter Teil, Abschnitt III.2.

188 Zu diesem – häufig übersehenen – Unterschied zwischen Vorsatz und Beweggründen siehe Ambos 2021a: 365 f. (Ersterer bezieht sich auf die innere Tatseite und ist eine Folge des Schuldprinzips, Letztere geben Auskunft über den Grund/die Gründe, aufgrund dessen/derer der Täter eine bestimmte Handlung vorgenommen hat).

189 Siehe insbesondere B'tselem und Kerem Navot 2021.

190 Vgl. Ronen 2017: 60 (für das Siedlungsverbrechen nach Art. 8(2)(b)(viii) IStGH-Statut).

Abkürzungsverzeichnis

AC	Appeals Chamber (Berufungskammer)
AI	Amnesty International
AJIL	American Journal of International Law
AJSW	African Journal of Social Work
ANC	African National Congress (Afrikanischer Nationalkongress)
Anti-Rassismus-Konvention	Internationales Übereinkommen der Vereinten Nationen zur Beseitigung jeder Form von Rassendiskriminierung
Apartheidkonvention	Internationale Konvention über die Bekämpfung und Bestrafung des Verbrechens der Apartheid
ApKonv	Internationale Konvention über die Bekämpfung und Bestrafung des Verbrechens der Apartheid
APuZ	Aus Politik und Zeitgeschichte
Art.	Artikel
Aufl.	Auflage
AZ	Aktenzeichen
BDS	Boycott, Divestment and Sanctions
BGH	Bundesgerichtshof

Bpb	Bundeszentrale für politische Bildung
Brd	beyond reasonable doubt
BT	Bundestag
BT-DrS	Bundestagsdrucksache
BVerfG	Bundesverfassungsgericht
bzw.	beziehungsweise
CaH	Crimes against Humanity (Verbrechen gegen die Menschlichkeit)
CERD	Committee on the Elimination of Racial Discrimination (UN-Ausschuss für die Beseitigung von Rassendiskriminierung)
CESCR	Committee on Economic, Social and Cultural Rights (UN-Ausschuss für wirtschaftliche, soziale und kulturelle Rechte)
CLF	Criminal Law Forum
Columbia HRLR	Columbia Human Rights Law Review
ComInq	Commission of Inquiry (Untersuchungskommission)
d.h.	das heißt
dies.	dieselbe(n)
Doc.	Document
DW	Deutsche Welle
ebd.	ebenda
EEC	European Economic Community (Europäische Wirtschaftsgemeinschaft)
EG	Europäische Gemeinschaft
EGMR	Europäischer Gerichtshof für Menschenrechte
EGO	Europäische Geschichte Online

EJIL	European Journal of International Law
EoC	Elements of Crimes (Verbrechenselemente zu den im IStGH-Statut enthaltenen Verbrechen)
ESCWA	United Nations Economic and Social Commission for Western Asia (UN-Wirtschafts- und Sozialkommission für Westasien)
EUMC	European Monitoring Centre on Racism and Xenophobia (Europäische Beobachtungsstelle zu Rassismus und Fremdenfreindlichkeit)
f.	folgende
ff.	fortfolgende
FES	Friedrich-Ebert-Stiftung
Fn.	Fußnote
FS	Festschrift
GA	General Assembly (Generalversammlung)
GK	Genfer Konventionen
GNP	Gesuiwerde Nasionale Partei (Gereinigte Nationale Partei)
GV	Generalversammlung der Vereinten Nationen
HCJ	High Court of Justice
Herv.	Hervorhebung
Herv. i. O.	Hervorhebung im Original
HLKO	Haager Landkriegsordnung
HNP	Herengide Nasionale Partei (Wiedervereinigte Nationale Partei)
HRC	Human Rights Council (UN-Menschenrechtsrat)

HRCt	Human Rights Committee (UN-Menschenrechtsausschuss)
HRW	Human Rights Watch
HSRC	Human Sciences Research Council
hss News	Hans Seidel Stiftung News
ICC	International Criminal Court (Internationaler Strafgerichtshof)
ICERD	International Convention on the Elimination of All Forms of Racial Discrimination (Internationales Übereinkommen der Vereinten Nationen zur Beseitigung jeder Form von Rassendiskriminierung)
ICJ	International Court of Justice (Internationaler Gerichtshof)
ICL	International Criminal Law
ICLQ	International and Comparative Law Quarterly
ICLR	International Criminal Law Review
I-CON	International Journal of Constitutional Law
ICTR	International Criminal Tribunal for Rwanda (Internationaler Strafgerichtshof für Ruanda)
ICTY	International Criminal Tribunal for the Former Yugoslavia (Internationaler Strafgerichtshof für das ehemalige Jugoslawien)
IDF	Israel Defence Forces
IGH	Internationaler Gerichtshof
IHRA	International Holocaust Remembrance Alliance (Internationale Allianz zum Holocaustgedenken)
IHRC	International Human Rights Clinic

IJTJ	International Journal of Transitional Justice
Ind. Int'l & Comp. L. Rev	Indiana International and Comparative Law Review
ILC	International Law Commission (UN-Völkerrechtskommission)
IPG / ipg	Internationale Politik und Gesellschaft (online Zeitschrift FES)
IStGH	Internationaler Strafgerichtshof
IStGHS	Römisches Statut des Internationalen Strafgerichtshofs
IStGH-Statut	Römisches Statut des Internationalen Strafgerichtshofs
i. S. v.	im Sinne von
IZPB	Informationen zur politischen Bildung
JPSR	Jewish Political Studies Review
J. Crim. L. & Criminology	Journal of Criminal Law and Criminology
JICJ	Journal of International Criminal Justice
JSAS	Journal of Southern African Studies
k. A.	keine Angabe
KJ	Kritische Justiz
krit.	kritisch
KSC	Kosovo Specialist Chambers (Kosovo Sondertribunal)
LTO	Legal Tribune Online
MPEPIL	Max Planck Encyclopedia of Public International Law

m. w. N.	mit weiteren Nachweisen
NGK	Nederduitse Gereformeerde Kerk (Niederländisch-reformierte Kirche)
NGO	Non-Governmental Organisation (Nichtregierungsorganisation)
NJW	Neue Juristische Wochenschrift
NP	Nationale Partei (Südafrika)
NRO	Nichtregierungsorganisation
o.	oben
o. g.	oben genannt
OG	Oberstes Gericht
OPT	Occupied Palestinian Territory (besetztes palästinensisches Gebiet) [in Deutsch Plural gebräuchlich]
OSLAW	Oslo Law Review
OSZE	Organisation für Sicherheit und Zusammenarbeit in Europa
PAC	Pan Africanist Congress (Panafrikanistischer Kongress)
para.	Paragraph
PIJ	Palestine-Israel Journal
PLO	Palestine Liberation Organization
PWG	Policy Working Group
Res.	Resolution
Rn.	Randnummer
RPE	Rules of Procedure and Evidence (Verfahrens- und Beweisregeln)
S.	Seite

SACC	South African Council of Churches
SAHO	South African History Online
SAP	South African Party (Südafrikanische Partei)
SAPA	South African Press Association
SASM	South African Students' Movement
SASO	South African Students' Organisation
sog.	sogenannt
StGB	Strafgesetzbuch
STL	Special Tribunal for Lebanon (Sondertribunal für den Libanon)
TC	Trial Chamber (Strafkammer)
TOAEP	Torkel Opsahl Academic EPublisher
TRC	Truth and Reconciliation Commission of South Africa
u. a.	unter anderem
UN	United Nations (Vereinte Nationen)
UNALIL	United Nations Audiovisual Library of International Law
UNGA	General Assembly of the United Nations (Generalversammlung der Vereinten Nationen)
UNSC	United Nations Security Council (Sicherheitsrat der Vereinten Nationen)
UP	Vereinigte Partei/United Party (Südafrika)
UPI	United Press International
v.	versus
vs.	versus
VerfBlog	Verfassungsblog

vgl.	vergleiche
VgM	Verbrechen gegen die Menschlichkeit
VN	Vereinte Nationen
Vol.	Volume
WT	Wissenschaftliche Dienste (BT)
ZAR	Zentralafrikanische Republik
z. B.	zum Beispiel
ZfA	Zentrum für Antisemitismusforschung (TU Berlin)
ZFAS	Zeitschrift für Außen- und Sicherheitspolitik
ZORA	Zurich Open Repository and Archive
ZP	Zusatzprotokoll
zust.	zustimmend

Quellenverzeichnis

I. Literatur

1. *Allgemein*

Abu-Lughod, Lila (2020): Imagining Palestine's Alter-Natives: Settler Colonialism and Museum Politics, Critical Inquiry 47 (2020), S. 1–23.

Adonis, Cyril (2010): Reviewing M. Shore »Religion and Conflict Resolution: Christianity and South Africa's Truth and Reconciliation Commission«; A. Krog, N. Mpolweni and K. Ratele, »There Was This Goat: Investigating the Truth and Reconciliation Commission Testimony of Notrose Nobomvu Konile«; François du Bois and Antje du Bois-Pedain, eds., »Justice and Reconciliation in Post-Apartheid South Africa«; O. Bubenzer, »Post-TRC Prosecutions in South Africa: Accountability for Political Crimes after the Truth and Reconciliation Commission's Amnesty Process«, International Journal of Transitional Justice 4 (2010), S. 509–518.

Akbar et al. (2023): Offener Brief, 5. Oktober 2023, abrufbar unter https://endgenderapartheid.today/legal-brief.php.

Ambos, Kai (2002/2004): Allgemeiner Teil des Völkerstrafrechts. Ansätze einer Dogmatisierung, Berlin: Duncker & Humblot.

Ambos, Kai (2016): Treatise on International Criminal Law. Volume III. International Criminal Procedure, Oxford: Oxford University Press.

Ambos, Kai (2018): Internationales Strafrecht. 5. Aufl. München: Beck.

Ambos, Kai (2019): Nationalsozialistisches Strafrecht. Kontinuität und Radikalisierung, Baden-Baden: Nomos.

Ambos, Kai (2021a): Treatise on International Criminal Law. Volume I. Foundations and General Part, 2. Aufl., Oxford: Oxford University Press.

Ambos, Kai (2022a): Article 7, in Ambos, Kai (Hrsg.): Rome Statute of the International Criminal Court. Article-by-Article Commentary, 4. Aufl., München: Beck/Nomos/Hart.

Ambos, Kai (2022b): Article 25, in Ambos, Kai (Hrsg.): Rome Statute of the International Criminal Court. Article-by-Article Commentary, 4. Aufl., München: Beck/Nomos/Hart.

Ambos, Kai (2022c): Treatise on International Criminal Law. Volume II. The Crimes and Sentencing, 2. Aufl., Oxford: Oxford University Press.

Ambos, Kai (2024): Genozid in Gaza? ipg-journal 19.1.2024, abrufbar unter https://www.ipg-journal.de/regionen/naher-osten/artikel/genozid-in-gaza-7258/.

Ambos, Kai; Barskanmaz, Cengiz; Bönnemann, Maxim; Fischer-Lescano, Andreas; Goldmann, Matthias; Mangold, Anna Katharina; Markard, Nora; Michaels, Ralf; Montag, Jerzy; Steinbeis, Maximilian; Tabbara, Tarik; Wihl, Tim; Zechlin, Lothar (2023): Die Implementation der IHRA-Arbeitsdefinition Antisemitismus ins deutsche Recht – eine rechtliche Beurteilung, VerfBlog, 18. Dezember 2023, abrufbar unter https://verfassungsblog.de/die-implementation-der-ihra-arbeitsdefinition-antisemitismus-ins-deutsche-recht-eine-rechtliche-beurteilung/.

Anderson, Terence; Schum, David; Twining, William (2005): Analysis of Evidence, 2. Aufl., Cambridge: Cambridge University Press.

Arraiza, José María; Vonk, Olivier (2017): Report on Citizenship Law: Myanmar, RSCAS/GLOBALCIT-CR 2017/14, Oktober 2017, abrufbar unter https://cadmus.eui.eu/bitstream/handle/1814/48284/RSCAS_GLOBALCIT_CR_2017_14.pdf.

Asseburg, Muriel (2022): Amnesty International und der Apartheid-Vorwurf gegen Israel. Politische und rechtliche Relevanz, SWP-Aktuell Nr. 13, Februar 2022.

Backer, David (2010): Watching a Bargain Unravel? A Panel Study of Victims' Attitudes about Transitional Justice in Cape Town, South Africa, IJTJ 4 (2010), S. 443–456.

Bassiouni, M. Cherif; Derby, Daniel (1981): Final Report on the Establishment of an International Criminal Court for the Implementation of the Apartheid Convention and Other Relevant International Instruments, Hofstra Law Review 9 (1981), 2, S. 523–592.

Behr, A.L. (1970): »Bantu Education«, in Potgieter, D.J. et al. (Hrsg.), Standard Encyclopaedia of Southern Africa, Vol. 2, Kapstadt: Nasou Limited, S. 79–89.

Beinart, B. (1957): The South African Senate, The Modern Law Review 20 (1957), S. 549–565.

Bennoune, Karima (2022a): The International Obligation to Counter Gender Apartheid in Afghanistan, Columbia HRLR 54 (2022), S. 1–88.

Booysen, H. (1976): Convention on the Crime of Apartheid, South African Yearbook of International Law 2 (1976), S. 57–96.

Brett, Peggy; Yin Hlaing, Kyaw (2020): Myanmar's 1982 Citizenship Law in Context, TOAEP Policy Brief Series No. 122, abrufbar unter https://www.toaep.org/pbs-pdf/122-brett-kyh/#:~:text

=Article%203%20of%20the%201982,1823%20A.D.%20are%20Burma%20citizens.

Bubenzer, Ole (2009): Post-TRC Prosecutions in South Africa: Accountability for Political Crimes after the TRC's Amnesty Process, Martinus Nijhoff Publishers.

Bultz, Ariel (2013): Redefining Apartheid in International Criminal Law, CLF 24 (2013), S. 205–233.

Burkard, Hannah Katharina (2022): Versöhnung durch Wahrheit? Eine vergleichende Betrachtung der südafrikanischen Wahrheits- und Versöhnungskommission und der Enquete-Kommission zur Aufarbeitung von Geschichte und Folgen der SED-Diktatur in Deutschland, Baden-Baden: Nomos.

Camilleri, Nicola (2021): Staatsangehörigkeit und Rassismus. Rechtsdiskurse und Verwaltungspraxis in den Kolonien Eritrea und Deutsch-Ostafrika, Frankfurt a. M.: Max Planck Institute for Legal History and Legal Theory.

Cassese, Antonio; Gaeta, Paola (2013): Cassese's International Criminal Law, 3. Aufl., Oxford: Oxford University Press.

Chapman, Audrey R.; Merwe, Hugo van der (Hrsg.) (2008): Truth and Reconciliation in South Africa. Did the TRC Deliver?, Philadelphia: University of Pennsylvania Press.

Cillié, P. J. (1990): Baanbrekers vir Vryheid, Kapstadt: Tafelberg.

Clancy, Pearce (2023): Neutral Arms Transfer and The Russian Invasion of Ukraine, ICLQ 72 (2023), S. 527–543.

Clark, Nancy L.; Worger, William H. (2004): South Africa. The Rise and Fall of Apartheid, Harlow et al.: Pearson Education Limited.

Clark, Roger S. (2008): Apartheid, in Bassiouni, M. C., International Criminal Law, Volume I 3. Aufl., Leiden: Nijhoff, S. 599–620.

Cohen, Amichai; Shany, Yuval (2023): Israel's War Cabinet: A Brief History of War Powers and Institutional Ambiguity, Lawfare, 13. November 2023, abrufbar unter https://www.lawfaremedia.org/article/israel%27s-war-cabinet-a-brief-history-of-war-powers-and-institutional-ambiguity.

Collins, Robert (2021): South Africa's Apartheid and North Korea's Songbun: Parallels in Crimes Against Humanity, abrufbar unter https://www.hrnk.org/uploads/pdfs/Collins_Apartheid_Songbun_Final.pdf.

Corder, Hugh (1994): Towards a South African Constitution, The Modern Law Review 57 (1994), S. 491–533.

Corsi, Thomas M. (1987): EEC Sanctions Against South Africa: The Common Commercial Policy and Delimitation of the EEC's Powers, Boston College International and Comparative Law Review 10 (1987), S. 119–124.

Daniel, John (2014): The Truth and Reconciliation Commission Process: A Retrospective, in Jenkins, C.; Du Plessis, M. (Hrsg.), Law, Nation-Building & Transformation: The South African Experience in Perspective, Cambridge/Antwerpen/Portland: Intersentia, S. 65–89.

Davenport, Rodney (1987): South Africa. A Modern History, 3. Aufl., London: Macmillan Press.

Davenport, Rodney; Saunders, Christopher (2000): South Africa. A Modern History, 5. Aufl., London: Parlgrave Macmillan.

De Smith, Stanley Alexander (1961): The Commonwealth and South Africa, University of Malaya Law Review 3 (1961), S. 167–190.

Dembowski, Hans (2023): Why »global south« is not a useful term, 30. April 2023, abrufbar unter https://www.dandc.eu/en/article/some-powerful-nations-especially-china-do-not-fit-di chotomy-global-north-and-south.

Dencker, Friedrich (1996): Kausalität und Gesamttat, Berlin: Duncker & Humblot.

Dewitz, Clivia von (2005): Südafrika, Teilband 8, in Eser, Albin; Sieber, Ulrich; Arnold, Jörg (Hrsg.), Strafrecht in Reaktion auf Systemunrecht, Berlin: Duncker & Humblot.

Dewitz, Clivia von (2024): Gerechtigkeit durch Wiedergutmachung? Zur südafrikanischen Wahrheitskommission und deren Übertragbarkeit auf den Ukraine-Konflikt, Frankfurt a. M.: Westend.

Dinstein, Yoram (2019): The International Law of Belligerent Occupation, Cambridge: Cambridge University Press.

Dooling, Wayne (2005): The Origins and Aftermath of the Cape Colony's »Hottentot Code« of 1809, Cronos (2005), S. 50–61.

Du Bois-Pedain, Antje (2007): Transitional Amnesty in South Africa, Cambridge: Cambridge University Press.

Dugard, John (2008): Introductory Note: Convention on the Suppression and Punishment of the Crime of Apartheid, UNALIL, abrufbar unter https://legal.un.org/avl/ha/cspca/cspca.html.

Dugard, John (2012): »L'apartheid«, in Ascenio, Hervé; Decaux, Emmanuel; Pellet, Alain (Hrsg.), Droit International Pénal, Paris: Pedone, S. 197–207.

Dugard, John; Reynolds, John (2013): Apartheid, International Law, and the Occupied Palestinian Territory, EJIL 24 (2013), S. 867–913.

Eden, Paul (2014): The Role of the Rome Statute in the Criminalization of Apartheid, JICJ 12 (2014), 2, S. 171–191.

Eidam, Lutz (2015): Der Organisationsgedanke im Strafrecht, Tübingen: Mohr Siebeck.

Fletcher, Laurel E.; Weinstein, Harvey M. (2002): Violence and Social Repair: Rethinking the Contribution of Justice to Reconciliation, Human Rights Quarterly 24 (2002), S. 573–639.

Fox, Mandy (2020): Birma/Myanmar, bpb, 4. November 2020, abrufbar unter https://www.bpb.de/themen/kriege-konflikte/dossier-kriege-konflikte/54586/birma-myanmar/#node-content-title-1.

Fox, Mandy et al. (2021): Wie konnte es zur Krise im Rakhine-Staat in Myanmar kommen? Ein Blick zurück nach vorn, ZFAS 14 (2021), S. 213–224.

Frankel, Philip (2001): An Ordinary Atrocity. Sharpeville and Its Massacre, New Haven: Yale University Press.

Freund, Bill (2011): South Africa: The Union Years, 1910–1948, in Ross, Robert; Mager, Anne Kelk; Nasson, Bill (Hrsg.), The Cambridge History of South Africa, Volume 2, 1885–1994, Cambridge: Cambridge University Press, S. 211–253.

Friedman, Robert (1992): Zealots for Zion: Inside Israel's West Bank Settlement Movement, New York: Random House.

Furlong, Patrick (1991): Between Crown and Swastika: The Impact of the Radical Right on the Afrikaner Nationalist Movement in the Fascist Era, Hanover/New Hampshire: Wesleyan University Press.

Gibson, James L. (2004): Overcoming Apartheid: Can Truth Reconcile a Divided Nation?, New York: Russel Sage Foundation.

Giliomee, Hermann (2003): The Making of the Apartheid Plan, 1929–1948, JSAS 29 (2003), S. 373–392.

Goodman, Alan (2020): Race is real, but it's not genetic, Sapiens, 13. März 2020, abrufbar unter https://www.sapiens.org/biology/is-race-real/.

Graefrath, B. (1974): Apartheid – ein internationales Verbrechen, Neue Justiz 28 (1974), S. 192.

Gready, Paul (2011): The Era of Transitional Justice: The Aftermath of the Truth and Reconciliation Commission in South Africa and beyond, London/New York: Routledge.

Grohs, Gerhard (1983): Kirchen und Staat in Südafrika und Namibia, Africa Spectrum 18 (1983), S. 267–276.

Greenawalt, Alexander K. A. (1999): Rethinking Genocidal Intent: The Case for a Knowledge-Based Interpretation, Columbia Law Review 99 (1999), S. 2259–2294.

Gross, Aeyal (2017): The Writing on the Wall. Rethinking the International Law of Occupation, Cambridge: Cambridge University Press.

Hagemann, Albrecht (1991): Nationalsozialismus, Afrikaaner-Nationalismus und die Entstehung der Apartheid in Südafrika, Vierteljahreshefte für Zeitgeschichte 39 (1991), S. 413–436.

Hall, Christopher K. (2008): »Article 7«, in Triffterer, Otto; Ambos, Kai (Hrsg.), Commentary on the Rome Statute of the International Criminal Court. Observer's Notes, Article by Article, 2. Aufl., Nördlingen: C. H.Beck, S. 159–274.

Hanlon, Joseph (1990): Successes and Future Prospects of Sanctions against South Africa, Review of African Political Economy 47 (1990), S. 84–95. Hasan, Mehdi (2017): Top Israelis Have Warned of Apartheid, so Why the Outrage at a UN Report?, The Intercept, 22. März 2017, abrufbar unter https://theintercept.com/2017/03/22/top-israelis-have-warned-of-apartheid-so-why-the-outrage-at-a-un-report/.

Heese, Hans Friedrich; Böhnke, Thomas H. (1994): Die Neue Übergangsverfassung der Republik Südafrika. Ende der Apartheid — Aufbruch in die Demokratie, Verfassung und Recht in Übersee / Law and Politics in Africa, Asia and Latin America 27 (1994), S. 491–515.

Horrell, Muriel (1952): A Survey of Race Relations in South Africa: 1951–1952, Johannesburg: South African Institute of Race Relations.

Hostovsky Brandes, Tamar (2020b): The diminishing status of international law in the decisions of the Israeli Supreme Court concerning the Occupied Territories, I-CON 18 (2020), S. 767–787.

Hostovsky Brandes, Tamar (2022): Israel's Legal System. Institutions, Principles and Challenges, in Ben-Porat, Guy et al. (Hrsg.), Routledge Handbook on Contemporary Israel, London: Routledge, S. 114–128.

Hostovsky Brandes, Tamar (2023b): The Constitutional Overhaul and the West Bank: Is Israel's Constitutional Moment Occupied?, Israel Law Review 56 (2023), S. 415–425.

Huddleston, Trevor (1958): Naught for Your Comfort, Glasgow: William Collins Sons & Co Ltd

Hussein, Raif (2023): Which Israel Are We Facing? A Different View of Israel, PIJ 27 No. 1 & 2 (2023), abrufbar unter https://pij.org/articles/2167/which-israel-are-we-facing-a-different-view-of-israel.

Jaber, Safaa Sadi; Bantekas, Ilias (2023): The Status of Gaza as Occupied Territory under International Law, ICLQ 72 (2023), S. 1069–1088.

Jackson, Miles (2021): Expert Opinion on the Interplay between the Legal Regime Applicable to Belligerent Occupation and the Prohibition of Apartheid under International Law, Diakonia International Humanitarian Law Centre, 23. März 2021, abrufbar unter https://apidiakoniase.cdn.triggerfish.cloud/uploads/sites/2/2021/05/expert-opinion-apartheid-and-occupation.pdf.

Jackson, Miles (2022): The Definition of Apartheid in Customary International Law and the International Convention on the Elimination of All Forms of Racial Discrimination, ICLQ 71 (2022), S. 831–855.

Jessberger, Florian (2022): §7 VStGB, in Safferling, Christoph (Hrsg.), Münchener Kommentar zum Strafgesetzbuch. Band 9, 4. Aufl., München: C. H. Beck.

Johnson-Castle, Patricia (2014/2021): The Group Areas Act of 1950, SAHO, 19. Dezember 2014, zuletzt aktualisiert am 15. März 2021, abrufbar unter https://www.sahistory.org.za/article/group-areas-act-1950.

Justke, Sebastian; Tripp, Sebastian (2016): Ökonomie und Ökumene. Westdeutsche und südafrikanische Kirchen und das Apartheid-System in den 1970er- und 1980er-Jahren, Zeithistorische Forschungen 13 (2016), S. 280–301.

Karis, Thomas; Gerhart, Gail M. (1977): From Protest to Challenge, Vol. 3: Challenge and Violence 1953–1964, Stanford: Hoover Institution Press.

Kemp, Gerhard; Nortje, Windell (2023): Prosecuting the Crime Against Humanity of Apartheid. The Historic First Indictment in South Africa and the Application of Customary International Law, JICJ 21 (2023), S. 405–423.

Kiswanson, Nada (2023): Introduction, in Kiswanson, Nada; Power, Susan (Hrsg.), Prolonged Occupation and International Law. Israel and Palestine, Leiden/Boston: Brill Nijhoff, S. 1.

Klug, Brian (2003): The collective Jew: Israel and the new antisemitism, Patterns of Prejudice 37 (2003), 117–138.

Klug, Tony (2023): Is Israel an Apartheid State? Is Amnesty International Antisemitic?, PIJ 27 (2023), S. 3.

Kretzmer, David (2023): The »Constitutional Reform« and the Occupation, Israel Law Review 56 (2023), S. 397–414.

Kretzmer, David und Ronen, Yael (2021): The Occupation of Justice, 2. Aufl., Oxford: Oxford University Press.

Krüger, D. W. (Hrsg.) (1960): South African Parties and Policies, 1910–1960. A Select Source Book, Kapstadt: Human & Rousseau.

Kum'a N'dumbe, Alexandre (1980): Hitler voulait l'Afrique. Le projet du 3e Reich sur le continent africain, Paris: L'Harmattan.

Lapping, Brian (1987): Apartheid. A History, London: Paladin Books (zuerst veröffentlicht von Grafton Books 1986).

Leider, Jacques (2018): Rohingya: The History of a Muslim Identity in Myanmar, Oxford Research Encyclopedia of Asian History.

Levy, Philip I. (1999): Sanctions on South Africa: What Did They Do?, The American Economic Review 89 (1999), S. 415–420.

Liel, Alon (2023): Comparable to South Africa? »Within Israel, It Is Not Apartheid. But in the Occupied Territories, It Is«, PIJ 27 No. 1&2 (2023).

Lingaas, Carola (2015a): The Crime against Humanity of Apartheid in a Post-Apartheid World, OSLAW 2 (2015), S. 86–115.

Lingaas, Carola (2015b): The Elephant in the Room: The Uneasy Task of Defining ›Racial‹ in International Criminal Law, ICLR 15 (2015), S. 485.

Lingaas, Carola (2020): The Concept of Race in International Criminal Law, London/New York: Routledge.

Lintl, Peter; Wolfrum, Stefan (2018): Israels Nationalstaatsgesetz, SWP-Aktuell, Nr. 50, September 2018.

Marks, Shula (2011): War and Union, 1899–1910, in Ross, Robert; Mager, Anne Kelk; Nasson, Bill (Hrsg.), The Cambridge History of South Africa, Volume 2, 1885–1994, Cambridge: Cambridge University Press, S. 157–210.

Marx, Christoph (2012): Südafrika. Geschichte und Gegenwart, Stuttgart: Kohlhammer.

Marx, Christoph (2014): Der lange Weg des ANC: Aus dem Widerstand zur Staatspartei, APuZ, 20. Juni 2014, abrufbar unter https://www.bpb.de/shop/zeitschriften/apuz/186876/der-lange-weg-des-anc-aus-dem-widerstand-zur-staatspartei/.

Marx, Christoph (2016): Zukunft durch Apartheid? Verwoerds Rassenideologie, Südafrikas Außenpolitik und der Westen, Zeithistorische Forschungen 13 (2016), S. 210–230.

Marx, Christoph (2020): Trennung und Angst: Hendrik Verwoerd und die Gedankenwelt der Apartheid, Berlin: De Gruyter Oldenbourg.

Mayer, Ann Elizabeth (2000): ›A »Benign« Apartheid: How Gender Apartheid has been Rationalized‹, UCLA Journal of International Law and Foreign Affairs 5 (2000), S. 237–338.

McCormack, Timothy L. H. (2004): Crimes Against Humanity, in McGoldrick, Dominic; Rowe, Peter; Donnelly, Eric (Hrsg.), The Permanent International Criminal Court. Legal and Policy Issues, Oxford/Portland: Hart Publishing, S. 179–201.

Medina, Barak / Bloch, Efra (2023): The Two Revolutions of Israel's National Identity. Israel Law Review 56 (2023), 305–319.

Melber, Henning (2012): Dag Hammarskjôld, the United Nations and Africa, Review of African Political Economy 39 (2012), S. 151–159.

Mendel, Meron (2023): Über Israel reden. Eine deutsche Debatte, Köln: Kiepenheuer & Witsch.

Mendeloff, David (2004): Truth-seeking, Truth-telling, and Post-conflict Peacebuilding: Curb the Enthusiasm?, International Studies Review 6 (2004), S. 355–380.

Mettraux, Guénaël (2020): International Crimes: Law and Practice. Volume II: Crimes Against Humanity, Oxford: Oxford University Press.

Metzler, Gabriele (2018): Die Auflösung der europäischen Imperien und ihre Folgen, IZPB, 20. November 2018, abrufbar unter https://www.bpb.de/shop/zeitschriften/izpb/europa-zwischen-kolonialismus-und-dekolonisierung-338/280665/die-aufloesung-der-europaeischen-imperien-und-ihre-folgen/.

Mphahlele, Ezekiel [Es'kia] (1959): Down Second Avenue, London: Faber.

Mugumbate, Jacob; Nyanguru, Andrew (2013): Exploring African philosophy: The value of ubuntu in social work, AJSW 3 (2013), S. 82–100.

Nerlich, Volker (2002): Apartheidkriminalität vor Gericht. Der Beitrag der südafrikanischen Strafjustiz zur Aufarbeitung von Apartheidunrecht, Berlin/Baden-Baden: Berlin Verlag/Nomos.

Nerlich, Volker (2009): The contribution of Criminal Justice, in du Bois, F.; du Bois-Pedain, A. (Hrsg.), Justice and Reconciliation in Post-Apartheid South Africa, Cambridge: Cambridge University Press, S. 90–115.

Ohlin, Jens David (2007): Group Think: The Law of Conspiracy and Collective Reason, J.Crim. L. & Criminology 98 (2007), S. 147–206.

Pfahl-Traughber, Armin (2015): Antizionistischer Antisemitismus, antiimperialistische Israelfeindlichkeit und menschenrechtliche Israelkritik, Jahrbuch für Antisemitismusforschung 24 (2015), S. 293–318.

Pienaar, Jacques (2020): The life and work of G. B. A. Gerdener with special reference to his contributions to Afrikaner identity formation and the racial discourse in South Africa from 1925 to 1950, Dissertation, Stellenbosch University.

Pienaar, Jacques (2023): »A Policy of Sacrifice«: G. B. A. Gerdener's Missionally Founded Racial Theory and the Religionization of Apartheid, Religions 14, Aufsatznr. 39.

Posel, Deborah (1991): The Making of Apartheid – 1948–1961, Oxford: Clarendon Press.

Posel, Deborah (2011): The Apartheid Project, 1948–1970, in Ross, Robert; Mager, Anne Kelk; Nasson, Bill (Hrsg.), The Cambridge

History of South Africa, Vol. 2, Cambridge: Cambridge University Press.

Puppe, Ingeborg (2022): Vorsatz und überschießende Innentendenzen, JuristenZeitung 77 (2022), S. 454–458.

PWG (2023): PWG Position Paper – Recognizing and Ending Israeli Apartheid, PIJ 27

Quigley, John (1991): Apartheid Outside Africa: The Case of Israel, Ind.Int'l&Comp. L.Rev 1 (1991), S. 221–251.

Raday, Frances (2023): Amnesty's Distorted Framing of an Evolving Tragedy, PIJ 27 No. 1&2 (2023), S. 3–4.

Ragués i Vallès, Ramon (2007): La ignorancia deliberada en Derecho penal, Barcelona: Atelier.

Reynolds, John (2023): »Apartheid and International Law in Palestine«, in Kiswanson, Nada; Power, Susan (Hrsg.), Prolonged Occupation and International Law. Israel and Palestine, Leiden/Boston: Brill Nijhoff, S. 104–132.

Richardson, Neville (1986): Apartheid, Heresy and the Church in South Africa, The Journal of Religious Ethics 14 (1986), S. 1–21.

Roberts, Paul; Zuckerman, Adrian (2022): Roberts and Zuckerman's Criminal Evidence, 3. Aufl., Oxford: Oxford University Press.

Ronen, Yael (2017): Taking the Settlements to the ICC? Substantive Issues, AJIL Unbound 111 (2017), S. 57–61.

Rosenne, Shabtai (1978): Israel and the United Nations: Changed Perspectives, 1945–1976, The American Jewish Year Book 78 (1978), S. 3–57.

Rothe, Stefan (1990): Der Südafrikanische Kirchenrat (1968–1988): Aus liberaler Opposition zum radikalen Widerstand, Erlangen: Verlag der Ev.-Luth. Mission.

Roxin, Claus; Greco, Luís (2020): Strafrecht. Allgemeiner Teil I, 5. Aufl., München: C.H.Beck.

Rubin, Neville (1974): Law, Race and Color in South Africa, A Journal of Opinion 4 (1974), S. 6–11.

Sarch, Alexander (2019): Criminally Ignorant, Oxford: Oxford University Press.

Sarkin, Jeremy (2004): Carrots and Sticks: The TRC and the South African Amnesty Process, Antwerpen: Intersentia.

Saunders, Christopher (2011): Hammarskjöld's visit to South Africa, African Journal on Conflict Resolution 11 (2011), S. 15–34.

Sayegh, Fayez (2012): Zionist Colonialism in Palestine (1965), Settler Colonial Studies 2 (2012), S. 206–255.

Schabas, William (2016): The International Criminal Court A Commentary on the Rome Statute, 2. Aufl., Oxford: Oxford University Press.

Schliesser, Christine (2018): Der lange Weg zur Versöhnung: das Beispiel der weißen »Dutch Reformed Church« (DRC) in Südafrika, ZORA (2018), S. 1–22, abrufbar unter https://doi.org/10.5167/uzh-162122.

Schneider, Richard (2023): Die Sache mit Israel, Hamburg: DVA GmbH.

Scholtz, G. D. (1974): Dr Hendrick Frensch Verwoerd – 1901–1966, Vol. 1, Johannesburg: Perskor.

Schopenhauer, Arthur (2016): »Die Kunst, Recht zu behalten«, vollständige Neuausgabe von Karl-Maria Guth, Berlin: Kindle Edition.

Schwartzmann, Kathleen C.; Taylor, Kristie A. (1999): What Caused the Collapse of Apartheid?, Journal of Political & Military Sociology 27 (1999), S. 109–139.

Shany, Yuval (2005): Faraway, So Close: The Legal Status of Gaza after Israel's Disengagement, Yearbook of International Humanitarian Law 8 (2005), S. 369–383.

Sharansky, Natan (2004): Foreword, JPSR 16 (2004), S. 5–8.

Siegfried, Detlef (2012): Westeuropäische Reaktionen auf das Apartheid-System in Südafrika. Eine Skizze, Sozial. Geschichte Online 8 (2012), S. 47–64.

Siegfried, Detlef (2016): Aporien des Kulturboykotts. Anti-Apartheid-Bewegung, ANC und der Konflikt um Paul Simons Album »Graceland« (1985–1988), Zeithistorische Forschungen 13 (2016), S. 254–279.

Skaar, Elin (2009): Truth and Reconciliation in South Africa: Did the TRC Deliver? ed. Audrey R. Chapman and Hugo van der Merwe; Narrating Political Reconciliation: South Africa's Truth and Reconciliation Commission, Claire Moon, IJTJ 3 (2009), S. 150–152.

Skinner, Rob (2017): »Every Bite Buys a Bullet«: Sanctions, Boycotts and Solidarity in Transnational Anti-Apartheid Activism, Moving the Social 57 (2017), S. 97–114.

Stahn, Carsten (2019): A Critical Introduction to International Criminal Law, Cambridge: Cambridge University Press.

Strauss, Annette (1993): The 1992 Referendum in South Africa, The Journal of Modern African Studies 31 (1993), S. 339–360.

Stuckenberg, Carl-Friedrich (2007): Vorstudien zu Vorsatz und Irrtum im Völkerstrafrecht, Berlin: De Gruyter Rechtswissenschaften.

Tomuschat, Christian (1995): Crimes against the Peace and Security of Mankind and the Recalcitrant Third State, Israel Yearbook on Human Rights 24 (1995), S. 41–62.

Tomuschat, Christian (2005): La compétence universelle en matière pénale à l'égard du crime de génocide, des crimes contre l'humanité et des crimes de guerre, Annuaire de l'Institut de Droit International 71, S. 213–388.

Ullrich, Peter; Arnold, Sina; Danilina, Anna; Holz, Klaus; Jensen, Uffa; Seidel, Ingolf; Weyand, Jan (2024): Was ist Antisemitismus? Begriffe und Definitionen von Judenfeindschaft, Göttingen: Wallstein Verlag (zit. als Autor in Ulrich et al. 2024).

Van den Herik, Larissa; Braga da Silva, Rafael (2022): Article 7, in Ambos, Kai (Hrsg.), Rome Statute of the International Criminal Court. Article-by-Article Commentary, 4. Aufl., München: Beck/Nomos/Hart.

Van der Merwe, Hugo (2023): Südafrika: Die offenen Rechnungen der Apartheid, in Hoeres, Peter; Knabe, Hubertus, Nach der Diktatur. Die Aufarbeitung von Gewaltherrschaften, Berlin/Boston: De Gruyter Oldenbourg, S. 161–222.

Volk, Klaus (1993): Dolus ex re, in Haft, Fritjof et al. (Hrsg.), Strafgerechtigkeit. Festschrift für Arthur Kaufmann zum 70. Geburtstag, Heidelberg: Müller, S. 611.

Waquant, Loïc (2023): Immer Ärger mit »Race«. Eine Agenda für den Umgang mit einer heiklen Kategorie, Berliner Journal für Soziologie 33 (2023), S. 9–32.

Waxman, Dov (2023): Israel, Amnesty, and the Apartheid Accusation: A Wake-Up Call, PIJ 27, abrufbar unter https://www.pij.org/articles/2168/israel-amnesty-and-the-apartheid-accusation-a-wakeup-call.

Welsh, David (2010 [2009]): The Rise and Fall of Apartheid, Johannesburg/Kapstadt: Jonathan Ball Publishers.

Werle, Gerhard; Jessberger, Florian (2020): Völkerstrafrecht, 5. Aufl., Tübingen: Mohr Siebeck.

Werle, Gerhard; Vormbaum, Moritz (2018): Transitional Justice: Vergangenheitsbewältigung durch Recht, Berlin: Springer.

Wilhelm, Michaela (2023): Aus Solidarität zum Boykott, Digitales Deutsches Frauenarchiv, 22. Mai 2023, abrufbar unter https://www.digitales-deutsches-frauenarchiv.de/blog/aus-solidaritaet-zum-boykott.

Williams, Glanville; Baker, Dennis (2021): Treatise of Criminal Law, 5. Aufl., London: LexisNexis Butterworths.

Winant, Howard (2000): Race and Race Theory, Annual Review of Sociology 26 (2000), S. 169–185.

Wolfe, Patrick (2006): Settler colonialism and the elimination of the native, Journal of Genocide Research 8 (2006), S. 387–409.

Zechlin, Lothar (2021): Antisemitismus als Rechtsbegriff. KJ 54 (2021), S. 31–46.

Zilbershats, Yaffa (2013): Apartheid, International Law, and the Occupied Palestinian Territory: A Reply to John Dugard and John Reynolds, EJIL 24 (2013), S. 915–928.

2. Lexikonartikel

Britannica (2024): »Apartheid«, in Encyclopaedia Britannica, 2. Januar 2024, abrufbar unter https://www.britannica.com/topic/apartheid.

Britannica (2023): »Khoekhoe«, in Encyclopaedia Britannica, 24. November 2023, abrufbar unter https://www.britannica.com/topic/Khoekhoe.

Gebhard, Julia (2018): Apartheid, in Wolfrum, Rüdiger; Peters, Anne (Hrsg.), Max Planck Encyclopedia of Public International Law (MPEPIL), Oxford: Oxford University Press.

Marx, Christoph (2015): Siedlerkolonien, EGO, 16. Juli 2015, abrufbar unter http://ieg-ego.eu/de/threads/europa-und-die-welt/herrschaft/christoph-marx-siedlerkolonien.

Merriam-Webster (2024a): »Apartheid«, abrufbar unter https://www.merriam-webster.com/dictionary/apartheid.

Merriam-Webster (2024b): »Bantu«, abrufbar unter https://www.merriam-webster.com/dictionary/Bantu.

Merriam-Webster (2024c): »khaki election«, abrufbar unter https://www.merriam-webster.com/dictionary/khaki%20election.

Nelson Mandela Foundation: »Apartheid«, abrufbar unter https://www.nelsonmandela.org/content/page/apartheid.

Renno, Tatiana (2021): »Circumstantial Evidence«, in Fabri, R. (Hrsg.), Max Planck Encyclopedia of International Procedural Law.

Schneider, Hans-Peter (2017): »Apartheid« in Görres-Gesellschaft; Verlag Herder (Hrsg.), Staatslexikon, Erster Band, 8. Aufl., Freiburg/Basel/Wien: Herder.

Wissen.de: »Burenkrieg«, abrufbar unter https://www.wissen.de/lexikon/burenkrieg.

3. Zeitungsartikel/News/Blogeinträge u. Ä.

Ambos, Kai (2021b): »Solid jurisdictional basis?« The ICC's fragile jurisdiction for crimes allegedly committed in Palestine, EJIL:Talk!, 2. März 2021, abrufbar unter https://www.ejiltalk.org/solid-jurisdictional-basis-the-iccs-fragile-jurisdiction-for-crimes-allegedly-committed-in-palestine/.

AP (2023): Former Mossad chief Pardo claims Israel is enforcing »apartheid«, system in West Bank, The Times of Israel, 6. September 2023, abrufbar unter https://www.timesofisrael.com/liveblog_entry/former-mossad-chief-pardo-claims-israel-is-enforcing-apartheid-system-in-west-bank/.

Ashraph, Sareta; Nia, Gissou; Radhakrishnan, Akila; Sarkarati, Nushin; Yamamoto, Alyssa (2023): Why the Crimes against Humanity Treaty Should Codify Gender Apartheid, Just Security, 5. Oktober 2023, abrufbar unter https://www.justsecurity.

org/89193/why-the-crimes-against-humanity-treaty-should-codify-gender-apartheid/.

Baldwin, Clive; Max, Emilie (2021): Human Rights Watch Responds: Reflections on Apartheid and Persecution in International Law, EJIL:Talk!, 9. Juli 2021, abrufbar unter https://www.ejiltalk.org/human-rights-watch-responds-reflections-on-apartheid-and-persecution-in-international-law/.

Barskanmaz, Cengiz; Samour, Nahed (2020): Das Diskriminierungsverbot aufgrund der Rasse, VerfBlog, 16. Juni 2020, abrufbar unter https://verfassungsblog.de/das-diskriminierungsverbot-aufgrund-der-rasse/.

Bennoune, Karima (2022b): The Best Way to Mark the Anniversary of Taliban Takeover? Launch a Global Campaign Against Gender Apartheid in Afghanistan, Just Security, 12. August 2022, abrufbar unter https://www.justsecurity.org/82651/the-best-way-to-mark-the-anniversary-of-taliban-takeover-launch-a-global-campaign-against-gender-apartheid-in-afghanistan/.

bpb (2021): Militärputsch in Myanmar, 26. Februar 2021, abrufbar unter https://www.bpb.de/kurz-knapp/hintergrund-aktuell/327681/militaerputsch-in-myanmar/.

Croitoru, Joseph (2020): Was ist Antisemitismus? SZ 20.7.2020, abrufbar unter https://www.sueddeutsche.de/kultur/politische-geschichte-was-ist-antisemitismus-1.4972967

Ebbighausen, Rodion (2018): Krise im Rakhine-Staat, DW, 24. August 2018, abrufbar unter https://www.dw.com/de/chronologie-der-krise-im-rakhine-staat/a-43323534.

Erakat, Noura (2021): Beyond Discrimination: Apartheid is a Colonial Project and Zionism is a form of Racism, EJIL:Talk!, 5. Juli 2021, abrufbar unter https://www.ejiltalk.org/beyond-discrimination-apartheid-is-a-colonial-project-and-zionism-is-a-form-of-racism/.

Goldberg, Amos (2023): Apartheid ist unsere Realität in Israel, Frankfurter Allgemeine Zeitung, 23. August 2023, abrufbar unter https://www.faz.net/aktuell/feuilleton/debatten/nahost-konflikt-apartheid-ist-unsere-realitaet-in-israel-19120442.html.

Goldberg, Amos (2024): From the River to the Sea gibt's viel Raum für Interpretationen, Geschichte der Gegenwart 31. Januar 2024, abrufbar unter https://geschichtedergegenwart.ch/from-the-river-to-the-sea-gibts-viel-raum-fuer-interpretationen/.

Gurvitz, Yossi (2014): What is NGO Monitor's connection to the Israeli government?, +972 Magazine, 29. April 2014, abrufbar unter https://www.972mag.com/what-is-ngo-monitors-connection-to-the-israeli-government/.

Hostovsky Brandes, Tamar (2020a): Constitutional Adjudication of International Law Violations, VerfBlog, 14. Juni 2020, abrufbar unter https://verfassungsblog.de/constitutional-adjudication-of-international-law-violations/.

Hostovsky Brandes, Tamar (2023a): Annexation is in the Details, VerfBlog, 3. Januar 2023, abrufbar unter https://verfassungsblog.de/annexation-is-in-the-details/.

HRW (2007): India: »Hidden Apartheid« of Discrimination Against Dalits, 13. Februar 2007, abrufbar unter https://www.hrw.org/news/2007/02/13/india-hidden-apartheid-discrimination-against-dalits.

HRW (2022): Myanmar: The Rohingya's Decade of Detention, 15. Juni 2022, abrufbar unter https://www.hrw.org/news/2022/06/15/myanmar-rohingyas-decade-detention.

Kattan, Victor; Johnson, David (2023): The Crime of Apartheid beyond Southern Africa: A Call to Revive the Apartheid Convention's »Group of Three«, EJIL:Talk!, 21. September 2023, abrufbar unter https://www.ejiltalk.org/the-crime-of-apartheid-be

yond-southern-africa-a-call-to-revive-the-apartheid-conventions-group-of-three/.

Kern, Joshua (2021): Uncomfortable truths: how HRW errs in its definition of »Israeli apartheid«, what is missing, and what are the implications? EJIL:Talk!, 7. Juli 2021, abrufbar unter https://www.ejiltalk.org/uncomfortable-truths-how-hrw-errs-in-its-definition-of-israeli-apartheid-what-is-missing-and-what-are-the-implications/.

Klimke, Romy (2018): Die Verfolgung der Rohingya in Myanmar – Ein Fall für den internationalen Strafgerichtshof?, VerfBlog, 10. Februar 2018, abrufbar unter https://verfassungsblog.de/die-verfolgung-der-rohingya-in-myanmar-ein-fall-fuer-den-internationalen-strafgerichtshof/.

Kontorovich, Eugene (2021): The Apartheid Accusation Against Israel is Baseless – and Agenda-Driven, EJIL:Talk!, 8. Juli 2021, abrufbar unter https://www.ejiltalk.org/the-apartheid-accusation-against-israel-lacks-is-baseless-and-agenda-driven/.

Koplow, Michael (2022): The Strange Case of Erasing Nationalism from a National Conflict, Israel Policy Forum, 3. Februar 2022, abrufbar unter https://israelpolicyforum.org/2022/02/03/the-strange-case-of-erasing-nationalism-from-a-national-conflict/.

Kremnitzer, Mordechai (2018): Jewish Nation-state Law Makes Discrimination in Israel Constitutional, Haaretz, 20. Juli 2018, abrufbar unter https://www.haaretz.com/israel-news/2018-07-20/ty-article/.premium/nation-state-law-makes-discrimination-in-israel-constitutional/0000017f-db7b-df62-a9ff-dfff281b0000.

Kring, Franziska (2024): Verstößt Israels Besatzung gegen Völkerrecht?, LTO 16.2.2024, abrufbar unter https://www.lto.de/persistent/a_id/53897/.

Lingaas, Carola (2021): Jewish Israeli and Palestinians as distinct »racial groups« within the meaning of the crime of apartheid?, EJIL:Talk!, abrufbar unter https://www.ejiltalk.org/jewish-israeli-and-palestinians-as-distinct-racial-groups-within-the-meaning-of-the-crime-of-apartheid/.

Lynk, Michael (2018): Prolonged Occupation or Illegal Occupant?, EJIL:Talk!, 16. Mai 2018, abrufbar unter https://www.ejiltalk.org/prolonged-occupation-or-illegal-occupant/.

Machona, Gwinyai (2024): Die Diskriminierung der Anderen begreifen. Für erkenntnistheoretische Reflexion in Debatten um Antisemitismusdefinitionen. Verfassungsblog 27.1.2024, abrufbar unter https://verfassungsblog.de/die-diskriminierung-der-anderen-begreifen/

Megiddo, Tamar; Levine-Schnur, Ronit; Berda, Yael (2023): Israel is Annexing the West Bank. Don't be Misled by its Gaslighting, Just Security, 9. Februar 2023, abrufbar unter https://www.justsecurity.org/85093/israel-is-annexing-the-west-bank-dont-be-misled-by-its-gaslighting/.

Mendel, Meron (2022): Amnesty International. Eine Einladung zur Selbstzerstörung, ZEIT ONLINE, 8. Februar 2022, abrufbar unter https://www.zeit.de/kultur/2022-02/amnesty-international-israel-apartheidstaat.

Munz, Achim (2017): Die Vertreibung der Rohingya, hss News, 10. Oktober 2017, abrufbar unter https://www.hss.de/news/detail/die-vertreibung-der-rohingya-news1139/.

o. A. (1985): Eine »Notstandskonferenz« über Südafrika, FAZ, 5. Dezember 1985, S. 4.

o. A. (2021): Myanmar – was der Putsch des Militärs bedeutet, Deutschlandfunk, 4. November 2021, abrufbar unter https://www.deutschlandfunk.de/staatsstreich-myanmar-was-der-putsch-des-militaers-bedeutet-100.html.

Power, Susan (2022): UN General Assembly Committee Adopts Resolution Requesting Second Advisory Opinion from ICJ on Occupied Palestinian Territory, EJIL:Talk!, 22. Dezember 2022, abrufbar unter https://www.ejiltalk.org/un-general-assembly-committee-adopts-resolution-requesting-second-advisory-opinion-from-icj-on-occupied-palestinian-territory/.

Rajagopal, Balakrishnan (2007): The caste system – India's Apartheid?, The Hindu Newspaper, 18. August 2007, abrufbar unter https://www.thehindu.com/todays-paper/tp-opinion/The-caste-system-mdash-Indiarsquos-apartheid/article14818155.ece.

Reuters (2017): Senior U. N. official quits after »apartheid« Israel report pulled, 17. März 2017, https://www.reuters.com/article/us-un-israel-report-resignation/senior-u-n-official-quits-after-apartheid-israel-report-pulled-idUSKBN16O24X.

Ronen, Yael (2023): Will history repeat itself? Anticipating the ICJ advisory opinion on the legal status of Israel's occupation and its consequences, EJIL:Talk!, 30. Januar 2023, abrufbar unter https://www.ejiltalk.org/will-history-repeat-itself-anticipating-the-icj-advisory-opinion-on-the-legal-status-of-israels-occupation-and-its-consequences/.

SAPA (1996): Pressemitteilung: Amnesty Cut-Off Date Extended, 13. Dezember 1996, abrufbar unter https://www.justice.gov.za/trc/media/1996/9612/s961213d.htm.

Shim, Elizabeth (2015): Ex-U. N. official: North Korean caste system is the new apartheid, UPI, 22. Oktober 2015, abrufbar unter https://www.upi.com/Top_News/World-News/2015/10/22/Ex-UN-official-North-Korean-caste-system-is-the-new-apartheid/1571445526152/.

Smotrich, Bezalel (2017): Israel's Decisive Plan, abrufbar unter https://hashiloach.org.il/israels-decisive-plan/

Thimm, Katja; Grolle, Johann (2006): »Angst vor dem Geruch von Blut«, Spiegel-Gespräch mit Pumla Gobodo-Madikizela, DER SPIEGEL 07.05.2006, abrufbar unter https://www.spiegel.de/wissenschaft/angst-vor-dem-geruch-von-blut-a-50fa8c21-0002-0001-0000-000046847803?context=issue.

Uddin, Nasir (2020): Die Flüchtlingskrise der Rohingya, bpb, 28. April 2020, abrufbar unter https://www.bpb.de/themen/migration-integration/laenderprofile/308437/die-fluechtlingskrise-der-rohingya/#node-content-title-0.

Wiese, Lisa (2024): Muss Israel raus aus dem Westjordanland?, LTO 14.2.2024, abrufbar unter https://www.lto.de/recht/hintergruende/h/israel-netanyahu-besatzung-annexion-westjordanland-palaestina-siedlungen-un-igh/

II. NGO-/NRO-Berichte

Adalah (2018): Adalah's Position Paper: Proposed Basic Law: Israel – The Nation State of the Jewish People, 16. Juli 2018, abrufbar unter https://www.adalah.org/uploads/uploads/Adalah%20Position%20Paper%20-%20Basic%20Law%20Jewish%20Nation%20State%20-%20ENGLISH%20-%2015072018%20-%20FINAL.pdf.

Adalah (2018): Petition for an Order Nisi, HCJ 5866/18, August 2018, abrufbar unter https://www.adalah.org/uploads/uploads/Jewish_Nation_State_Law_Petition_English_Final_October_2018.pdf.

Adalah (2020): Initial analysis of the Israeli Supreme Court's decision in the Settlements Regularization Law Case, 15 June 2020, 15. Juni 2020, abrufbar unter https://www.adalah.org/en/content/view/10035.

Adalah (2023): Adalah's Analysis for the New Israeli Government's Guiding Principles and Coalition Agreements and their Implications on Palestinians' Rights, 10. Januar 2023, abrufbar unter https://www.adalah.org/uploads/uploads/37_govt_position_paper_Eng_100123.pdf.

AI (2017): »Caged without a roof«: Apartheid in Myanmar's Rakhine State, 21. November 2017, abrufbar unter https://www.amnesty.org/en/documents/asa16/7484/2017/en/.

AI (2022): Israel's apartheid against Palestinians: Cruel system of domination and crime against humanity, 1. Februar 2022, abrufbar unter https://www.amnesty.org/en/documents/mde15/5141/2022/en.

Association of Civil Rights in Israel: One Rule, Two Legal Systems: Israel's Regime of Laws in the West Bank, 24. November 2014, abrufbar unter https://law.acri.org.il/en/wp-content/uploads/2015/02/Two-Systems-of-Law-English-FINAL.pdf.

Bauchner, Shayna (2022): »Nothing Called Freedom«. A Decade of Detention for Rohingya in Myanmar's Rakhine State, 10. Juni 2022, abrufbar unter https://www.hrw.org/content/382193.

B'Tselem (2011): Route 443 – West Bank road for Israelis only, 1. Januar 2011, abrufbar unter https://www.btselem.org/freedom_of_movement/road_443.

B'Tselem; Kerem Navot (2021): This Is Ours – And This, Too. Israel's Settlement Policy in the West Bank, verfasst von Eyal Hareuveni und Dror Etkes, März 2021, abrufbar unter https://www.btselem.org/sites/default/files/publications/202103_this_is_ours_and_this_too_eng.pdf.

B'Tselem (2022): Not a »Vibrant Democracy«. This Is Apartheid, 28. Oktober 2022, abrufbar unter https://www.btselem.org/sites/default/files/publications/202210_not_a_vibrant_democracy_this_is_apartheid_eng.pdf.

Foundation for Human Rights; Webber Wentzel (2021): Press Release: Historic Crimes against Humanity Indictment in COSAS 4 Case, 23. November 2021, abrufbar unter https://unfinishedtrc.co.za/press-release-historic-crimes-against-humanity-indictment-in-cosas-4-case/.

HRW (2013): »All You Can Do is Pray«. Crimes Against Humanity and Ethnic Cleansing of Rohingya Muslims in Burma's Arakan State, abrufbar unter https://www.hrw.org/reports/burma0413_FullForWeb.pdf.

HRW (2020): »An Open Prison without End«. Myanmar's Mass Detention of Rohingya in Rakhine State, 8. Oktober 2020, abrufbar unter https://www.hrw.org/report/2020/10/08/open-prison-without-end/myanmars-mass-detention-rohingya-rakhine-state.

HRW (2021): A Threshold Crossed. Israeli Authorities and the Crimes of Apartheid and Persecution, 27. April 2021, abrufbar unter https://www.hrw.org/report/2021/04/27/threshold-crossed/israeli-authorities-and-crimes-apartheid-and-persecution.

HSRC (2009): Occupation, Colonialism, Apartheid? A re-assessment of Israel's practices in the occupied Palestinian territories under international law, Hrsg. Virginia Tilley, Mai 2009, abrufbar unter https://www.hlrn.org/img/documents/HSRC%20study%20-%20Occupation,%20Colonialism,%20Apartheid%20-%20full.pdf.

International Commission of Jurists (2019): Citizenship and Human Rights in Myanmar: Why Law Reform is Urgent and Possible, Juni 2019, abrufbar unter https://www.icj.org/wp-content/uploads/2019/06/Myanmar-Citizenship-law-reform-Advocacy-Analysis-Brief-2019-ENG.pdf.

IHRC at Harvard Law School / Addameer Prisoner Support and Human Rights Association (2022): Apartheid in the Occupied

West Bank: A Legal Analysis of Israel's Actions, 28. Februar 2022, abrufbar unter http://hrp.law.harvard.edu/wp-content/uploads/2022/03/IHRC-Addameer-Submission-to-HRC-COI-Apartheid-in-WB.pdf.

NGO Monitor (2021): False Knowledge as Power: Deconstructing Definitions of Apartheid that Delegitimise the Jewish State, gemeinsam verfasst von Joshua Kern und Anne Herzberg, Dezember 2021, abrufbar unter https://ngo-monitor.org/pdf/NGOMonitor_ApartheidReport_2021.pdf.

NGO Monitor (2022): Michael Lynk's Final Fiction, 22.3.2022, abrufbar unter https://www.ngo-monitor.org/reports/michael-lynks-final-fiction/.

NGO Monitor (2022): Amnesty International's Cruel Assault on Israel: Systematic Lies, Errors, Omissions & Double Standards, verfasst von Salo Aizenberg, April 2022, abrufbar unter https://www.ngo-monitor.org/pdf/SaloAizenberg_Amnesty_Rebuttal.pdf; s. auch https://www.ngo-monitor.org/reports/amnesty-internationals-cruel-assault-on-israel/.

NGO Monitor (2022): A Threshold Crossed: Documenting HRW's »Apartheid« Fabrications, verfasst von Salo Aizenberg, November 2022, abrufbar unter https://ngo-monitor.org/pdf/ThresholdCrossed_2022.pdf; s. auch https://www.ngo-monitor.org/reports/threshold-crossed-hrw-apartheid/.

Russell Tribunal on Palestine (2011): Findings of the South African Session, Kapstadt.

The Israeli Centre for Public Affairs; Breaking the Silence (2020): Highway to Annexation. Israeli Road and Transportation Infrastructure Development in the West Bank, abrufbar unter https://www.breakingthesilence.org.il/inside/wp-content/uploads/2020/12/Highway-to-Annexation-Final.pdf.

The Israeli Law Professors' Forum for Democracy (2023): Position Paper No 24: Implications of the Agreement Subordinating the Civil Administration to the Additional Minister in the Ministry of Defence, 5. März 2023, abrufbar unter https://www.lawprofsforum.org/post/pp24-e.

Yesh Din (2020): The Israeli Occupation of the West Bank and the Crime of Apartheid: Legal Opinion by Adv. Michael Sfard, Juni 2020, abrufbar unter https://s3-eu-west-1.amazonaws.com/files.yesh-din.org/Apartheid+2020/Apartheid+ENG.pdf.

Zentrum für Antisemitismusforschung (ZfA) (2023): Gutachten zur IHRA-Arbeitsdefinition von Antisemitismus, 27.11.2023 (im Archiv des ZfA) [früher schon Ullrich, Gutachten, Oktober 2019, abrufbar unter https://www.rosalux.de/publikation/id/41168/gutachten-zur-arbeitsdefinition-antisemitismus-der-ihra].

III. UN-Rechtsquellen

Albanese, Francesca (2022): Report of the Special Rapporteur on the situation of human rights in the Palestinian territories occupied since 1967, UN Doc. A/HRC/77/356, 21. September 2022.

Amor, Abdelfattah (1999): Report of the Special Rapporteur on religious intolerance, UN Doc. E/CN.4/1999/58, 11. Januar 1999, abrufbar unter https://digitallibrary.un.org/record/269030?ln=en.

Bennett, Richard (2023): Situation of women and girls in Afghanistan – Report of the Special Rapporteur on the situation of human rights in Afghanistan and the Working Group on discrimination against women and girls, UN Doc. A/HRC/53/21, 15. Juni 2023, abrufbar unter https://www.ohchr.org/en/docu

ments/country-reports/ahrc5321-situation-women-and-girls-afghanistan-report-special-rapporteur.

CERD (1990): General Recommendation VIII: Identification with a particular racial or ethnic group, A/45/18, 22. August 1990.

CERD (2002): General Recommendation No. 30, angenommen am 1. Oktober 2010.

CERD (2019): Admissibility of the Inter-state communication submitted by Qatar against the United Arab Emirates, UN Doc. CERD/C/99/430.8.2019, 30. August 2019.

CERD (2020): Concluding observations on the combined seventeenth to nineteenth reports of Israel, UN Doc. CERD/C/ISR/CO/17-19, 27. Januar 2020, abrufbar unter https://digitallibrary.un.org/record/3863934?ln=zh_CN.

CESCR (2019): Concluding Observations on the fourth periodic report of Israel, UN Doc. E/C.12/ISR/CO/4, 12. November 2019, abrufbar unter https://digitallibrary.un.org/record/3865447.

CESCR (I2022): Information received from Israel on follow-up to the concluding observations on its fourth periodic report, UN Doc. E/C.12/ISR/FCO/4, 23. März 2022 abrufbar unter https://digitallibrary.un.org/record/3965885.

ESCWA (mitverfasst von Falk, Richard; Tilley, Virginia Q.) (2017): Israeli Practices towards the Palestinian People and the Question of Apartheid, Palestine and the Israeli Occupation 1, S. 1–65, UN Doc. E/ESCWA/ECRI/2017/1.

Dugard, John (2007): Report of the Special Rapporteur on the situation of human rights in the Palestinian territories occupied since 1967, UN Doc. A/HRC/4/17, abrufbar unter https://www.refworld.org/docid/461e52b12.html.

Falk, Richard (2010): Report of the Special Rapporteur on the situation of human rights in the Palestinian territories occupied since 1967, UN Doc. A/HRC/13/53/Rev.1, abrufbar unter https://www.refworld.org/docid/4c3199152.html.

Falk, Richard (2014): Report of the Special Rapporteur on the situation of human rights in the Palestinian territories occupied since 1967, UN Doc. A/HRC/25/67, abrufbar unter https://digitallibrary.un.org/record/774028?ln=en.

HRC (2009): Report of the UN Fact-Finding Mission on the Gaza Conflict, (›Goldstone Report‹), UN Doc. A/HRC/12/48, 25. September 2009, abrufbar unter https://digitallibrary.un.org/record/666096?ln=en.

HRC (2014): Report of the detailed findings of the commission of inquiry on human rights in the Democratic People's Republic of Korea, UN Doc. A/HRC/25/CRP.1, 7. Februar 2014, abrufbar unter https://digitallibrary.un.org/record/766462?ln=en.

HRC (2018): Report of the detailed findings of the Independent International Fact-Finding Mission on Myanmar, (»HRC Myanmar Report«), UN Doc. A/HRC/39/CRP.2, 17. September 2018, abrufbar unter https://digitallibrary.un.org/record/1643079?ln=en.

HRC (2022a): Report of the Independent International Commission of Inquiry on the Occupied Palestinian Territory, including East Jerusalem, and Israel, UN Doc. A/HRC/50/21,9. Mai 2022, abrufbar unter https://digitallibrary.un.org/record/3976157?ln=en.

HRC (2022b): Report of the Independent International Commission of Inquiry on the Occupied Palestinian Territory, including East Jerusalem, and Israel, UN Doc. A/77/328, 14. September 2022, abrufbar unter https://digitallibrary.un.org/record/3991392?ln=en.

HRCt (2022): Concluding observations on the fifth periodic report of Israel, UN Doc. CCPR/C/ISR/CO/5, 5. Mai 2022, abrufbar unter https://digitallibrary.un.org/record/3977037?ln=en.

ILC (1991): Yearbook of The International Law Commission Volume II Pt. Two – Report of the Commission to the General Assembly on the work of its forty-third session, UN Doc. A/CN.4/SER.A/1991/Add. l (Part 2), abrufbar unter https://digitallibrary.un.org/record/188711?ln=en.

ILC (1996): Draft Code of Crimes against the Peace and Security of Mankind with commentaries, abrufbar unter https://www.legal-tools.org/doc/5e4532/.

ILC (1996): Yearbook of The International Law Commission Volume II Pt. Two – Report of the Commission to the General Assembly on the work of its forty-eighth session, UN Doc. A/CN.4/SER.A/1996/Add. l (Part 2), abrufbar unter https://digitallibrary.un.org/record/407980?ln=en.

ILC (2001): Yearbook of the International Law Commission Volume II Pt. Two – Report of the Commission to the General Assembly on the work of its fifty-third session UN Doc. A/CN.4/SER.A/2001/Add. I (Part 2), abrufbar unter https://digitallibrary.un.org/record/616951?ln=en.

ILC (2001): Draft articles on Responsibility of States for Internationally Wrongful Acts, with commentaries. 2001, abrufbar unter https://legal.un.org/ilc/texts/instruments/english/commentaries/9_6_2001.pdf.

ILC (2006): Agenda Item 11 – Report of the Study Group of the International Law Commission. Fragmentation of International Law: Difficulties arising from the Diversification and Expansion of International Law, UN Doc. A/CN.4/L.682/Add.1, 13. April 2006, abrufbar unter https://digitallibrary.un.org/record/574816?ln=en.

ILC (2019): Report of the International Law Commission. Seventy-first session (29 April–7 June and 8 July–9 August 2019), UN Doc. A/74/10, abrufbar unter https://digitallibrary.un.org/record/3827355?ln=en.

ILC (2022): Report of the International Law Commission. Seventy-third session (18 April–3 June and 4 July–5 August 2022), UN Doc. A/77/10, 12. August 2022, abrufbar unter https://digitallibrary.un.org/record/3987284?ln=en.

Lynk, Michael (2017): Report of the Special Rapporteur on the situation of human rights in the Palestinian territories occupied since 1967, UN Doc. A/72/556, 23. Oktober 2017, abrufbar unter https://digitallibrary.un.org/record/1317859?ln=en.

Lynk, Michael (2022): Report of the Special Rapporteur on the situation of human rights in the Palestinian territories occupied since 1967, UN Doc. A/HRC/49/87, 12. August 2022, abrufbar unter https://digitallibrary.un.org/record/3993927?ln=en.

UN (2001): World Conference Against Racism, Racial Discrimination, Xenophobia and Related Intolerance, Draft Declaration, UN Doc. A/CONF.189/4, 20. August 2001, abrufbar unter https://digitallibrary.un.org/record/447736?ln=en.

UN (2002): World Conference Against Racism, Racial Discrimination, Xenophobia and Related Intolerance, Declaration and Programme of Action, Durban, Südafrika, abrufbar unter https://www.ohchr.org/sites/default/files/Documents/Publications/Durban_text_en.pdf.

UN Diplomatic Conference of Plenipotentiaries on the Establishment of an International Criminal Court (1998): Official Records Volume III – Reports and other documents, UN Doc. A/CONF.183/13, abrufbar unter https://digitallibrary.un.org/record/473096.

UN Diplomatic Conference of Plenipotentiaries on the Establishment of an International Criminal Court (1998): Committee of the Whole – Summary Record of the Third Meeting, UN Doc. A/CONF.183/C.1/SR.3, 20. November 1998, abrufbar unter https://digitallibrary.un.org/record/1494279?ln=en.

UNGA (1950): Res. 395 (V), Treatment of people of Indian origin in the Union of South Africa, UN Doc A/RES/395(V), 2. Dezember 1950, abrufbar unter https://digitallibrary.un.org/record/209555?ln=en.

UNGA (1962): Res. 1761 (XVII), The policies of apartheid of the Government of the Republic of South Africa, UN Doc A/RES/1761(XVII), 6. November 1962, abrufbar unter https://digitallibrary.un.org/record/204274?ln=en.

UNGA (1965a): Res. 2054 (XX), The policies of apartheid of the Government of the Republic of South Africa, UN Doc A/RES/2054(XX), GAOR 20th Session, 15. Dezember 1965, abrufbar unter https://digitallibrary.un.org/record/660424?ln=en.

UNGA (1965b): Res. 2074 (XX), Question of South West Africa, UN Doc A/RES/2074(XX), 17. Dezember 1965, abrufbar unter https://digitallibrary.un.org/record/203567.

UNGA (1966a): Res. 2142 (XXI), Elimination of all forms of racial discrimination, UN Doc A/RES/2142(XXI), 26. Oktober 1966, abrufbar unter https://digitallibrary.un.org/record/203204?ln=en.

UNGA (1966b): Res. 2202 (XXI), The policies of apartheid of the Government of the Republic of South Africa, UN Doc A/RES/2202(XXI), 21st Session, 16. Dezember 1966, abrufbar unter https://digitallibrary.un.org/record/660204?ln=en.

UNGA (1967): Res. 2307 (XXII), The policies of apartheid of the Government of the Republic of South Africa, UN Doc A/

RES/2307(XXII), 13. Dezember 1967, abrufbar unter https://digitallibrary.un.org/record/202888?ln=en.

UNGA (1968a): Res. 2391(XXIII), Convention on the Non-Applicability of Statutory Limitations to War Crimes and Crimes Against Humanity, A/RES/2391(XXIII), 26. November 1968, abrufbar unter https://digitallibrary.un.org/record/202665?ln=en.

UNGA (1968b): Res. 2396 (XXIII), The policies of apartheid of the Government of South Africa, UN Doc A/RES/2396 (XXIII), 2. Dezember 1968, abrufbar unter https://digitallibrary.un.org/record/202567.

UNGA (1970): Res. 2671 (XXV), The policies of apartheid of the Government of South Africa, UN Doc A/RES/2671 (XXV), 8. Dezember 1970, abrufbar unter https://digitallibrary.un.org/record/645550.

UNGA (1971): Res. 2775 (XXVI), The policies of apartheid of the Government of South Africa, UN Doc A/RES/2775 (XXVI), 29. November 1971, abrufbar unter https://digitallibrary.un.org/record/644399?ln=en.

UNGA (1973a): Res. 3068 (XXVIII), International Convention on the Suppression and Punishment of the Crime of Apartheid, UN Doc A/RES/3068(XXVIII), 30. November 1973, abrufbar unter https://digitallibrary.un.org/record/191217?ln=en.

UNGA (1973b): Res. 3151 G (XXVIII), Situation in South Africa resulting from the policies of apartheid, UN Doc. A/RES/3151(XXVIII)[G], 14. Dezember 1973, abrufbar unter https://digitallibrary.un.org/record/642340.

UNGA (1975): Res. 3379 (XXX), Implementation of the Programme for the Decade for Action to Combat Racism and Racial Discrimination, UN Doc. A/RES/3377(XXX), 10. November 1975, abrufbar unter https://digitallibrary.un.org/record/189596?ln=en.

UNGA (2018a), Report of the independent international fact-finding mission on Myanmar, UN Doc A/HRC/39/64, 12. September 2018, abrufbar unter https://digitallibrary.un.org/record/1648304.

UNGA (2018b): Res. 73/364, Situation of human rights in Myanmar, UN Doc A/Res/73/264, 22. Dezember 2018, abrufbar unter https://digitallibrary.un.org/record/1661564?ln=en.

UNGA (2022): Res. 77/247, Israeli practices affecting the human rights of the Palestinian people in the Occupied Palestinian Territory, including East Jerusalem, UN Doc A/RES/77/247, 20. Dezember 2022, abrufbar unter https://digitallibrary.un.org/record/4000001?ln=en.

UNSC (1960): Res. 134 (1960), UN Doc S/RES/134(1960), 1. April 1960, abrufbar unter https://digitallibrary.un.org/record/112105.

UNSC (1963a): Res. 181 (1963), UN Doc S/RES/181(1963), 7. August 1963, abrufbar unter https://digitallibrary.un.org/record/112181.

UNSC (1963b): Report of the Special Committee on the Policies of Apartheid of the Government of the Republic of South Africa, UN Doc S/5426 und A/5497, 16. September 1963, abrufbar unter https://digitallibrary.un.org/record/540143.

UNSC (1976): Res. 392 (1976), Situation in South Africa: killings and violence by the apartheid regime in South Africa, in Soweto and other areas, UN Doc. S/RES/392(1976), 19. Juni 1976, abrufbar unter https://digitallibrary.un.org/record/93718.

UNSC (1980): Res. 473 (1980), UN Doc. S/RES/473(1980), 13. Juni 1980, abrufbar unter https://digitallibrary.un.org/record/25614?ln=es.

UNSC (1984): Res. 556 (1984), UN Doc. S/RES/556(1984), 23. Oktober 1984, abrufbar unter https://digitallibrary.un.org/record/71588.

UNSC (1985): Res. 569 (1985), UN Doc. S/RES/569(1985), 26. Juli 1985, abrufbar unter https://digitallibrary.un.org/record/87856/usage?ln=en.

UNSC (1988): Draft Resolution, UN Doc. S/19585, 7. März 1988, abrufbar unter https://digitallibrary.un.org/record/158700?ln=en.

Wibisono, Marakim (2015): Report of the Special Rapporteur on the situation of human rights in the Palestinian territories occupied since 1967, UN Doc. A/HRC/28/78, abrufbar unter https://digitallibrary.un.org/record/789123?ln=en.

IV. Sonstige (rechtliche) Quellen

Bundesregierung (2022) (Beauftragter der Bundesregierung für jüdisches Leben in Deutschland und den Kampf gegen Antisemitismus), Nationale Strategie gegen Antisemitismus und für jüdisches Leben, November 2022, abrufbar unter https://www.antisemitismusbeauftragter.de/SharedDocs/downloads/Webs/BAS/DE/nasas.pdf?__blob=publicationFile&v=5

Europäische Kommission (2021), Generaldirektion Justiz und Verbraucher, Steinitz, B., Stoller, K., Poensgen, D., et al., Handbuch zur praktischen Anwendung der IHRA-Arbeitsdefinition von Antisemitismus, Publications Office, 2021, abrufbar unter https://data.europa.eu/doi/10.2838/687372

Expertenkreis Antisemitismus (2017), Bericht des Unabhängigen Expertenkreises Antisemitismus, BTDrS 18/11970, 7.4.2017, abrufbar unter https://dserver.bundestag.de/btd/18/119/1811970.pdf

ICC (2015): Report on Preliminary Examination Activities (2015), 12. November 2015, abrufbar unter https://www.icc-cpi.int/sites/default/files/iccdocs/otp/OTP-PE-rep-2015-Eng.pdf.

ICC (2020): Report on Preliminary Examination Activities 2020, 14. Dezember 2020, abrufbar unter https://www.icc-cpi.int/sites/default/files/itemsDocuments/2020-PE/2020-pe-report-eng.pdf.

Knesset (1992): Basic Law: Human Dignity and Liberty, verabschiedet am 17. März 1992, abrufbar unter https://main.knesset.gov.il/EN/activity/documents/BasicLawsPDF/BasicLawLiberty.pdf.

Knesset (1994): Basic Law: Freedom of Occupation, im Original verabschiedet am 3. März 1992, zweite Fassung verabschiedet am 9. März 1994, abrufbar unter https://main.knesset.gov.il/EN/activity/documents/BasicLawsPDF/BasicLawOccupation.pdf.

Knesset (2018): Basic Law: the Nation State of the Jewish People, verabschiedet am 19. Juli 2018, abrufbar unter https://main.knesset.gov.il/EN/activity/documents/BasicLawsPDF/BasicLawNationState.pdf, deutsche Fassung unter https://www.swp-berlin.org/publications/products/sonstiges/2018A50_Anhang_IsraelNationalstaatsgesetz.pdf.

SAHO (2011/2020): Hendrik Frensch Verwoerd, 17. Februar 2011, zuletzt aktualisiert am 5. November 2020, abrufbar unter https://www.sahistory.org.za/people/hendrik-frensch-verwoerd.

SAHO (2011/2022): Congress of the People and the Freedom Charter, 21. März 2011, zuletzt aktualisiert am 8. Juli 2022, abrufbar unter https://www.sahistory.org.za/article/congress-people-and-freedom-charter.

SAHO (2011/2023): Apartheid Legislation 1850s–1970s, 21. März 2011, zuletzt aktualisiert am 22. September 2023, abrufbar unter https://www.sahistory.org.za/article/apartheid-legisla tion-1850s-1970s.

SAHO (2011/2020): Nasionale Party (NP), 30. März 2011, zuletzt aktualisiert am 26. Oktober 2020, abrufbar unter https://www.sahistory.org.za/article/national-party-np.

SAHO (2011/2019): The Congress of the People, Kliptown 1955, 31. März 2011, zuletzt aktualisiert am 27. August 2019, abrufbar unter https://www.sahistory.org.za/article/congress-people-kliptown-1955.

SAHO (2011/2023): Sharpeville Massacre, 21 March 1960, 31. März 2011, zuletzt aktualisiert am 19. März 2023, abrufbar unter https://www.sahistory.org.za/article/sharpeville-massacre-21-march-1960.

SAHO (2011/2023): South African Students' Movement (SASM), 31. März 2011, zuletzt aktualisiert am 21. Juli 2023, abrufbar unter https://www.sahistory.org.za/article/south-african-stu dents-movement-sasm.

SAHO (2011/2019): The formation of SASO and the Black People's Convention, 10. Juni 2011, zuletzt aktualisiert am 27. August 2019, abrufbar unter https://www.sahistory.org.za/article/formation-saso-and-black-peoples-convention.

SAHO (2012/2019): The 1992 Whites only referendum »For« or »Against« a negotiated constitution, 26. März 2012, zuletzt aktualisiert am 27. August 2019, abrufbar unter https://www.sahistory.org.za/article/1992-whites-only-referendum-or-against-negotiated-constitution.

SAHO (2013/2021): The Natives Land Act of 1913, 6. März 2013, zuletzt aktualisiert am 15. März 2021, abrufbar unter https://www.sahistory.org.za/article/natives-land-act-1913.

Truth and Reconciliation Commission of South Africa (1998): Final Report, Vol. 1–5, abrufbar unter https://www.justice.gov.za/trc/report/, zitiert als: TRC, Vol. X (1998), S. para.

Truth and Reconciliation Commission of South Africa (2002): Final Report, Vol. 7, abrufbar unter https://www.justice.gov.za/trc/report/, zitiert als: TRC, Vol. VII, (2002), S. para.

Truth and Reconciliation Commission of South Africa (2003): Final Report, Vol. 6, abrufbar unter https://www.justice.gov.za/trc/report/, zitiert als: TRC, Vol. VI (2003), S. para.

U. S. Government (2023): The U. S. National Strategy to Counter Antisemitism, May 2023, abrufbar unter https://www.whitehouse.gov/wp-content/uploads/2023/05/U.S.-National-Strategy-to-Counter-Antisemitism.pdf.

Wissenschaftliche Dienste (WT) Deutscher Bundestag (BT) (2020): Ausarbeitung. BDS-Beschluss des Deutschen Bundestags (Drucksache 19/10191), WD 3 – 3000 – 288/20, 2020, abrufbar unter https://www.bundestag.de/resource/blob/814894/cf6a69d010a1cc9b4a18e5f859a9bd42/WD-3-288-20-pdf-data.pdf

V. Rechtsprechung

ICJ (1966): South West Africa, Second Phase, Judgment, 18. Juli 1966, ICJ Reports 1966, S. 6, abrufbar unter https://www.icj-cij.org/sites/default/files/case-related/47/047-19660718-JUD-01-00-EN.pdf.

ICJ (1971): Advisory Opinion on the Legal Consequences for States of the Continued Presence of South Africa in Namibia, 21. Juni 1971, abrufbar unter https://www.refworld.org/cases, ICJ,4023a2531.html.

ICJ (2004): Legal Consequences of the Construction of a Wall in the Occupied Palestinian Territory, Advisory Opinion 9 July 2004, ICJ Reports 2004, 136, abrufbar unter https://www.refworld.org/cases,ICJ,414ad9a719.html.

ICJ (2015): Application of the Convention on the Prevention and Punishment of the Crime of Genocide, Croatia v. Serbia, Judgement of 3 February 2015, abrufbar unter https://www.icj-cij.org/sites/default/files/case-related/118/118-20150203-JUD-01-00-EN.pdf.

ICJ (2021): Application of the ICERD (Qatar v. United Arab Emirates), Preliminary Objections, Judgment, 4. Februar 2021, abrufbar unter https://www.icj-cij.org/sites/default/files/case-related/172/172-20210204-JUD-01-00-EN.pdf.

ICJ (2024a): Application of the Convention on the Prevention and Punishment of the Crime of Genocide in the Gaza Strip, South Africa v. Israel, Order, 26. Januar 2024, abrufbar unter https://icj-cij.org/sites/default/files/case-related/192/192-20240126-ord-01-00-en.pdf.

ICJ (2024b): Application of the International Convention for the Suppression of the Financing of Terrorism and of the International Convention on the Elimination of All Forms of Racial Discrimination, Ukraine v. Russian Federation, Judgment, 31. Januar 2024, abrufbar unter https://www.icj-cij.org/sites/default/files/case-related/166/166-20240131-jud-01-00-en.pdf.

ICJ (2024c): Legal Consequences arising from the Policies and Practices of Israel in the Occupied Palestinian Territory, including East Jerusalem«, Anhörung vom 19.2.–26.2.2024, abrufbar unter https://www.icj-cij.org/case/186

ICC (2021): Pre-Trial Chamber I, Public Decision on the Prosecution request pursuant to article 19(3) for a ruling on the Court's territorial jurisdiction in Palestine, 5. Februar 2021, AZ

No. ICC-01/18-143, abrufbar unter https://www.icc-cpi.int/court-record/icc-01/18-143.

ICTY (1997), Prosecutor v. Tadic, Opinion and Judgment, 7. Mai 1997, AZ No. 94-1-T, abrufbar unter https://www.icty.org/x/cases/tadic/tjug/en/tad-tsj70507JT2-e.pdf.